부패한 중국은
왜 성장하는가

지은이 위엔위엔 앙 Yuen Yuen Ang

존스홉킨스대학교 정치학 교수. 미국 콜로라도대학교에서 공부하고 스탠퍼드대학교에서 박사
학위를 받았다. 중국의 정치 경제와 글로벌 영향력 분야에서 세계적인 권위자 중 한 명으로, 그
의 연구는 학계와 대중 모두에게 큰 호응을 얻었다. 2021년, 정책 입안자를 위한 커뮤니티 '아폴
리티컬Apolitical' 선정 '정치학계에서 가장 영향력 있는 학자 100인'에 이름을 올렸다.
첫 번째 단독 저서《중국은 어떻게 빈곤의 덫에서 탈출했는가How China Escaped the Poverty Trap》로 미
국정치학협회가 수여하는 시다 스코치폴 상Theda Skocpol Prize을 수상했고 그 외에 피터 카젠스타
인 상Peter Katzenstein Prize, 비비아나 젤라이저 상Viviana Zelizer Prize을 수상했다. 두 번째 책《부패한 중
국은 왜 성장하는가》는 더글러스 노스 베스트북Douglass North Best Book에 선정되었고 앨리스 앰스던
상Alice Amsden Best Book Award, 배링턴 무어 상Barrington Moore Award을 수상했다. 그 외 대표작으로《여성
사업가를 위한 중국China for Businesswomen》(공저) 등이 있다.

옮긴이 양영빈

경제 전문지《이코노미21》기자. 서울대학교 천문학과를 졸업하고 같은 학교 대학원에서 경제
학을 공부했다. 트레이딩 솔루션 기업에서 직장 생활을 하면서 선물·옵션 거래 시스템을 개발했
고, 이후 소프트웨어 개발 회사를 경영하기도 했다. 2009년부터 본격적으로 중국 금융·투자 컨
설팅을 시작해 10여 년 이상 현장 감각을 갈고닦았다. 이때의 경험과 전문 지식을 바탕으로 각
종 매체와 SNS에 글로벌 금융과 중국 경제에 대한 날카로운 분석과 통찰이 돋보이는 글을 쓰고
있다.

부패한 중국은 왜 성장하는가

ⓒ 위엔위엔 앙, 2023

초판 1쇄 인쇄 2023년 4월 13일
초판 1쇄 발행 2023년 4월 20일

지은이 위엔위엔 앙
옮긴이 양영빈
펴낸이 이상훈
인문사회팀 최진우 김경훈 **마케팅** 김한성 조재성 박신영 김효진 김애린 오민정

펴낸곳 ㈜한겨레엔 www.hanibook.co.kr
등록 2006년 1월 4일 제313-2006-00003호
주소 서울시 마포구 창전로 70(신수동) 화수목빌딩 5층
전화 02-6383-1602~3 **팩스** 02-6383-1610 **대표메일** book@hanien.co.kr

ISBN 979-11-6040-976-5 03300

※ 책값은 뒤표지에 있습니다.
※ 파본은 구입하신 서점에서 바꾸어 드립니다.

부패한 중국은
왜 성장하는가

부패의 역설이 완성한
중국의 도금 시대

부패한
중국은
왜
성장하는가

위엔위엔 앙 지음 | 양영빈 옮김

CHINA'S GILDED AGE
The Paradox of Economic Boom and Vast Corruption

한겨레출판

지은이 위엔위엔 앙 Yuen Yuen Ang

존스홉킨스대학교 정치학 교수. 미국 콜로라도대학교에서 공부하고 스탠퍼드대학교에서 박사학위를 받았다. 중국의 정치 경제와 글로벌 영향력 분야에서 세계적인 권위자 중 한 명으로, 그의 연구는 학계와 대중 모두에게 큰 호응을 얻었다. 2021년, 정책 입안자를 위한 커뮤니티 '아폴리티컬Apolitical' 선정 '정치학계에서 가장 영향력 있는 학자 100인'에 이름을 올렸다.

첫 번째 단독 저서《중국은 어떻게 빈곤의 덫에서 탈출했는가How China Escaped the Poverty Trap》로 미국정치학협회가 수여하는 시다 스코치폴 상Theda Skocpol Prize을 수상했고 그 외에 피터 카젠스타인 상Peter Katzenstein Prize, 비비아나 젤라이저 상Viviana Zelizer Prize을 수상했다. 두 번째 책《부패한 중국은 왜 성장하는가》는 더글러스 노스 베스트북Douglass North Best Book에 선정되었고 앨리스 앰스던 상Alice Amsden Best Book Award, 배링턴 무어 상Barrington Moore Award을 수상했다. 그 외 대표작으로《여성 사업가를 위한 중국China for Businesswomen》(공저) 등이 있다.

옮긴이 양영빈

경제 전문지《이코노미21》기자. 서울대학교 천문학과를 졸업하고 같은 학교 대학원에서 경제학을 공부했다. 트레이딩 솔루션 기업에서 직장 생활을 하면서 선물·옵션 거래 시스템을 개발했고, 이후 소프트웨어 개발 회사를 경영하기도 했다. 2009년부터 본격적으로 중국 금융·투자 컨설팅을 시작해 10여 년 이상 현장 감각을 갈고닦았다. 이때의 경험과 전문 지식을 바탕으로 각종 매체와 SNS에 글로벌 금융과 중국 경제에 대한 날카로운 분석과 통찰이 돋보이는 글을 쓰고 있다.

부패한 중국은 왜 성장하는가

ⓒ 위엔위엔 앙, 2023

초판 1쇄 인쇄 2023년 4월 13일
초판 1쇄 발행 2023년 4월 20일

지은이 위엔위엔 앙
옮긴이 양영빈
펴낸이 이상훈
인문사회팀 최진우 김경훈 **마케팅** 김한성 조재성 박신영 김효진 김애린 오민정

펴낸곳 ㈜한겨레엔 www.hanibook.co.kr
등록 2006년 1월 4일 제313-2006-00003호
주소 서울시 마포구 창전로 70(신수동) 화수목빌딩 5층
전화 02-6383-1602~3 **팩스** 02-6383-1610 **대표메일** book@hanien.co.kr

ISBN 979-11-6040-976-5 03300

10년 전 시진핑 주석이 집권 후 강력한 반부패 운동을 벌이기 시작했을 때 한 중국 친구는 내게 다음과 같이 말했다. 중국에서 관료들의 부패는 5000년 동안 변수가 아니라 상수였기 때문에 시진핑 주석의 강도 높은 사정 작업은 부패를 척결하지 못할 것이며 정치 엘리트들 간의 권력 투쟁에 불과하다⋯ 과연 그런가? 중국의 관료 체제에 대해 한편에서는 부패가 만연한 정실 자본주의의 전형으로 곧 붕괴에 가까운 미래가 도래할 것이라고 판단한다. 다른 한편에서는 서구의 자유 민주주의 체제와 달리 능력과 덕을 갖춘 자가 선발되어 통치하는 능력주의의 좋은 사례이며 그렇기에 중국의 앞날은 밝다고 예측한다.

이 책은 중국의 관료 체제에 대한 양극단의 이분법적 묘사의 틈을 날카롭게 파고 들어가 부패의 유형을 세분화하고 개혁 개방 이후 중국의 부패가 어떻게 진화해 왔는지 여러 사회 과학적 방법을 동원해 체계적으로 분석한다. 나아가 통시적, 공시적으로 다른 국가들과의 비교를 통해 중국의 부패와 경제 발전 사이의 관계에 대해 설득력 있게 설명한다.

19세기 말 미국은 급속 성장을 하고 있었지만 부패가 만연했던 도금 시대를 극복하고 신모의 시대를 열 수 있었나. 시진핑 체제의 중국은 도금 시대를 극복하고 새로운 진보의 시대를 열어 나갈 수 있을 것인가? 이 책은 그 예측에 있어 가장 과학적인 분석의 틀을 제시하고 있는 연구라고 할 수 있겠다. 중국의 미래에 관심 있는 독자들에게 일독을 권한다.

_하남석 서울시립대학교 중국어문화학과 교수

- 저자는 중국의 발전 과정과 이를 뒷받침하는 독특한 전략을 설명하는 데 있어 동 세대 학자들 중 가장 뛰어나다. 그의 연구는 지적인 견고함과 광범위한 중요도를 자랑하고 무엇보다 엄청나게 흥미롭다. 연구자, 실무자, 일반 독자 모두에게 특별하게 다가갈 것이다.

  _마이클 울콕, 하버드대학교 교수, 세계은행 수석 연구원

- 이 책은 다양한 형태의 부패와 중국의 도금 시대를 비교 역사학 관점에서 설명함으로써 현대 사회의 핵심 의문에 대해 통찰력 넘치는 시각을 제시한다. 또 급속한 산업화를 맞이했던 시기의 미국에 만연했던 부패를 돌아보게 만든다.

  _앤드루 월더, 스탠퍼드대학교 교수

- 중국 공산당을 비판하는 사람이나 시진핑 모두 부패가 국가 발전에 부정적이라는 데 동의한다. 저자는 이 단순한 개념을 뛰어넘어 모든 부패가 꼭 발전에 나쁜 것만은 아님을 보여 준다. 그의 분석은 중국의 초고속 성장 과정을 설명하고 앞으로 닥칠 치명적인 문제에 대해 경고한다.

  _훙호펑, 존스홉킨스대학교 교수

- 이 획기적이고 독창적인 연구는 부패와 발전의 연관성에 대한 우리의 생각을 바꿀 것이다.

  _브루스 딕슨, 조지워싱턴대학교 교수

- 상당한 논란의 중심에 선 책. 중국의 경제 성장 과정에서 부패가 어떤 역할을 했으며, 이것이 중국의 미래에 어떤 영향을 미칠지 설명한다. 부패를 세분화함으로써 부패와 행위자가 서로 다른 방식으로 작동한다는 것을 보여 준다. 이 책을 읽고 나면 부패가 다 똑같은 것은 아니며 다양한 형태와 방법이 있음을 알게 될 것이다.

  _필립 니컬스, 펜실베이니아대학교 와튼스쿨 교수

부패한 중국은 왜 성장하는가

- 중국의 경제 성장의 근원을 이해하고 싶다면, 부패 문제에 대해 서구 중심적 관점에서 벗어나 더 냉정하게 이해하고 싶다면 반드시 이 책을 읽어야 한다.
  _브랑코 밀라노비치, 뉴욕시립대학교 대학원 교수

- 중국이 작동하는 방식에 대한 깊은 통찰력과 혁신적인 연구를 결합한 책.
  _앤드루 네이선, 컬럼비아대학교 교수

- 저자는 앞으로 수행될 반부패 연구를 위한, 전혀 새롭고 매우 뛰어난 방식을 마련했다.
  _조지프 포츠가이, 오사카대학교 교수

- 나는 중국의 다양한 부패 유형에 대해, 수년간 지속해 온 연구보다 이 책과 저자로부터 더 많은 것을 배울 수 있었다.
  _프랭크 브라운, 반부패거버넌스센터 소장

- 이 책은 우리의 사고를 자극한다. 그리고 결코 부패를 옹호하지 않는다. 다만 부패가 스테로이드처럼 불균형한 성장을 초래한다고 지적한다.
  _데이비드 레니, 《이코노미스트》 칼럼니스트

- 이 책은 국가 경영과 부패를 연구하는 학자들뿐 아니라 일반 경제학자들에게도 풍부한 정보를 선사한다.
  _캐럴린 커츠, 《중국정치학저널》 칼럼니스트

- 저자는 공식 통계와 언론 보도, 400명의 인터뷰를 더해 새로운 데이터베이스를 구축했고, 이처럼 철저한 연구를 통해 매우 어려운 문제의 베일을 벗기고 있다.
  _던컨 그린, 《빈곤과 권력》 저자

차 례

:

1장 · 부패는 무조건 나쁘다는 착각

2장 · 독이 되는 부패 약이 되는 부패

3장 · 중국의 부패는 어떻게 진화했는가

4장 · 중국식 관료주의가 이익을 공유하는 방법

5장 · 부패와 경제 성장이 공존할 수 있는 이유

6장 • 시진핑의 반부패 운동과 중국의 미래

7장 • 중국과 미국의 도금 시대로 살펴본 부패의 역설

부패는 무조건
나쁘다는 착각

CHINA'S GILDED AGE

많은 사실이, 부패가 점점 심해지면 결국에는 당과 국가를 망하게 하는 결과를 가져올 것이라고 말해 주고 있다. 우리는 각성해야 한다. 최근 몇 년간 당 내에 심각한 기율과 법 위반이 있었다. 이는 본질적으로 매우 악랄했고 정치적으로 매우 파괴적이었으며 보기만 해도 몸서리쳐질 정도였다.

_시진핑 주석, 2012년 11월 19일

2012년 중국 공산당Chinese Communist Party, CCP은 최대 정치적 스캔들과 직면했다. 공산당 내에서 최고위층 중 한 명인 보시라이薄熙來가 권력 남용과 부패 혐의로 체포된 것이다. 2012년 후반기에 시진핑이 중국 최고 지도자가 됐을 때 시주석은 부패가 "당과 국가를 멸망으로 이끌 것"[1]이라고 경고했다. 그리고 바로 이어서 공산당 역사상 가장 강도 높은 반부패 운동이 시작됐다. 시주석이 지도자가 되기 수십 년 전부

터, 중국 관찰자들은 중국의 심각한 부패 문제를 지적해 왔다.[2]

일반 통념에 의하면 부패는 경제 성장을 저해한다.[3] 국가 간 회귀 분석은 부패와 빈곤 사이에 강력한 상관관계가 있음을 보여 준다. 개발 기구나 많은 학계에서는 부패를 근절하는 것이야말로 경제 발전의 선결 조건이라고 한다.[4] 최근 몇 년간 부패는 대중의 불만을 더욱 고조시켰고 이집트와 튀니지에서 볼 수 있듯이 권위주의 체제를 전복하기까지 이르렀다.[5]

그러나 중국은 부패의 역설을 보여 준다. 세계은행에 의하면 1978년 개방 이래 중국은 "역사적으로 가장 빠르고 지속적으로 경제 규모를 확대해 왔다."[6] 광범위한 부패에도 불구하고 중국의 경제 성장은 왜 빠르게, 오랜 기간 지속될 수 있었을까?

이 책은 중국이 우리가 생각하는 것보다 예외적이지 않다는 것을 보여 준다. 중국과 가장 유사한 것은 19세기 말의 미국이다. 이 시기의 미국은 맹렬한 성장과 눈에 띄는 불평등, 그리고 재력가들과 결탁한 부패 정치인들로 특징지어진다. 지금 우리가 목도하는 것은 1978년 이후 중국의 '도금 시대'가 건설되는 과정이다. 중국을 설명하기 위해서는 부패와 자본주의 관계에 대한 기존 관념을 바꿔야만 한다.

광범위한 부패와 초고속 성장

- -

부패 지수에서 가장 널리 쓰이는 것은 부패인식지수Corruption Perception Index, CPI다. 이 지수는 국제투명성기구Transparency International, TI에서 매년 발표한다. 시주석이 부패가 당의 생존에 실존적 위협을 가하고 있다고 언급한 2012년, CPI에 의하면 중국은 100점 만점에 39점을 받아 174개국 중 80위를 차지했다.[7] 이 점수대에는 엘살바도르, 말라위, 자메이카, 세르비아, 스리랑카 등 경제적으로 훨씬 덜 발전한 나라들이 있다. 이렇게 대략적으로 비교해 보면 중국은 통계적으로 봤을 때 '거대한 특이치$_{gigantic\ outlier}$'에 속한다는 결론을 내릴 수 있다.[8]

중국은 '거대한 특이치'이지만 대부분의 전문가들이 생각하는 것과는 다르다. 〈그림 1-1〉을 보면 사실 중국의 1인당 국내총생산$_{GDP}$ 수준에서는 대체로 높은 부패 정도를[9] 보여 준다.[10] GDP 성장률에 대해

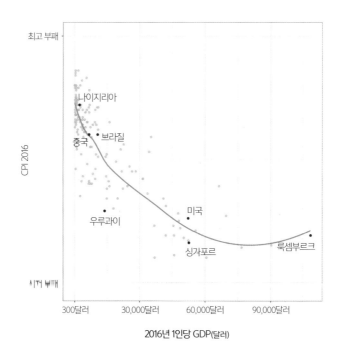

〈그림 1-1〉 부패와 1인당 GDP.

부패 수준을 표시할 때 중국은 특이치는 아니다.[11] 부패 지수가 높은 나라들은 가난한 경향이 있으며 가난한 국가들은 보통 부유한 나라들보다 더 높은 성장률을 가진다.[12]

중국 사례가 정말로 놀라운 점은 비슷한 부패 지수를 가진 그 어떠한 나라도 중국에 필적할 만한 경제 성장을 이룩하지 못했다는 것이다. 〈그림 1-2〉를 보면 1995년부터 2016년까지 미국 달러 기준으로 11조 달러의 경제 성장을 한 나라는 단 두 곳뿐이다. 바로 중국과 미국이다. 대중에 각인된 중국의 비정상성 이미지는 두 초강대국 사이의 극명한 대조를 보여 준다. 미국은 세계에서 가장 청렴한 나라이고 반대로 중국은 부패한 나라라는 이미지다. 다른 개발도상국들이 전진

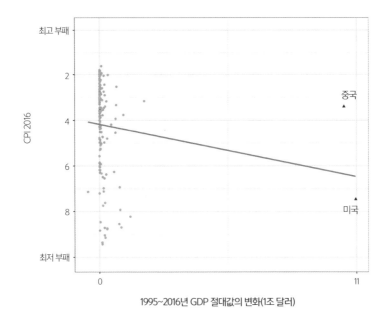

〈그림 1-2〉 미국과 비교했을 때의 중국의 특이치.

부패한 중국은 왜 성장하는가

과 후퇴를 되풀이했지만 40년간 고속 성장을 유지한 중국의 경험은 매우 이례적인 것이다.[13] 이러한 사정은 중국의 성장이 나이지리아와 러시아에서 볼 수 있는 상품 시장 활황이나 행운에 의해 결정되는 일회성 운에 의한 것이 아님을 보여 준다.[14]

'점증'하며 '파괴적인' 부패에[15] 대한 여러 보고가 있고, 또 거대한 규모로 지속되어 온 중국 경제의 성장세가 최근 늦춰졌지만 이를 단순히 붕괴가 임박했다고 평가 절하해서는 안 된다.[16] 비록 현재 지도자들이 부패를 심각하고 충격적인 문제로 보고 있지만, 빈곤한 공산주의 체제에서 미국과 대등하게 경쟁하는 자본주의 초강대국으로 변모한 중국의 사례는 반드시 설명이 필요하다. 이것이 이 책의 의도다.

중국의 부패에 대한 기존 연구의 한계

중국의 부패에 관한 연구들은 도서관을 채울 정도로 매우 많다. 많은 책이 개혁 시기 부패의 심각성과 형식의 변화를 대상으로 한다.[17] 이러한 작업들은 부패 사례를 폭로함으로써 중국 공무원의 '발전 지향적 마인드'와 '기업가적 마인드'에 대한 반대 담론을 제시한다.[18] 그러나 이것은 중국이 만연한 부패 속에서 어떻게 발전했는가를 설명하지 못한다.

창궐한 부패로 인해 중국 경제와 체제가 곧 붕괴할 것이라는 통속적인 주장이 있다.[19] 민신 페이Minxin Pei는 2006년 중국 공산당을 '무능'하고 '약탈적'인 체제로 묘사하며 경고했다. "국제 사회는 중국이 장기간 정체에 빠질 수 있는 비관적 전망에 대해 준비해야 한다." 10여 년 후 그는 이 진단을 되풀이한다. "정실 자본주의crony capitalism의 불가피한 결과는 레닌주의 체제의 쇠퇴다."[20] 페이의 암울한 묘사는 수수께끼만 더 강화시켰다. 만약 상황이 이 정도로 나쁘다면 중국은 왜 이미 오래전에 붕괴하지 않았을까?

일부는 시장 개혁 이후 중국의 성장이 너무 빨라서 부패가 발 디딜틈이 없었다고 주장한다. 현재까지 이런 주장을 가장 포괄적으로 펼친 앤드루 위드먼Andrew Wedeman은 이런 비유를 들었다. "중국의 닭장은 점차 튼튼해졌으며 여우(관료)들이 먹는 것보다 더 많은 달걀을 생산할 수 있었다."

그러나 '공공연한 약탈적 부패'[21]가 매우 심각한 수준이었다는 위드먼의 주장을 보면 중국의 빠른 성장이 독직과 부패에 대한 면역제가 될 수 있었던 이유로는 부족하다. 사실 성장하던 경제 체제들 중 많은 경우가 부패한 정부하에서 몰락했다. 페르디난드 마르코스Ferdinand Marcos 체제의 필리핀이 정확히 그런 경우다.[22]

위드먼의 또 다른 설명은 당의 반부패 운동이 "부패가 제어할 수 없을 정도로 심화되는 것을 방지"했다는 것이다.[23] 그러나 이 주장은 2012년, 약한 견제로 인해 부패가 위험 수준까지 만연했다는 시진핑 주석의 단호한 언사와는 배치된다. 다른 연구들은 시진핑 시기 이전의 반부패 척결은 단편적이거나 비효율적이었다고 평가한다.[24]

마지막 설명은 중국의 부패가 다른 나라에 비해 '덜 파괴적'이었기 때문에 빠른 성장을 방해하지 않았다는 것이다. 쑨옌Yan Sun에 의하면 개혁이라는 빅뱅이 러시아에 무법천지의 부패를 가져왔다면 중국에서는 "이익 공유profit-sharing 협의가 개혁에 대한 잠재적 반대파를 지지자"
로 만들었기 때문에 "러시아에 비해 부패로 인한 피해가 적었다."[25]

이 이론은 그럴듯하지만 심각한 문제점이 몇 가지 있다. 첫째, 쑨옌
은 '이익 공유'를 비유적으로만 사용한다. 이익 공유에 협의가 작동하
는 방식을 보여 주지는 못하는 것이다. 둘째, 중국의 부패 속성에 대
한 비교 연구는 주관적 인상에 머물고 있으며 가끔 상호 모순적인 경
우도 있다.[26] 체계적인 데이터가 없다면 우리는 누구의 주장이 맞는지
판단하기 어렵다. 셋째, 중국의 부패는 덜 파괴적인 변종이라는 쑨옌
의 주장은 증거가 빈약하다. 쑨옌의 책은 정반대의 결론을 증명하고
있다. '국가 기관과 능력의 약화'는 '더 악화된 부패'[27]를 낳고 따라서
우리는 다시 출발점으로 돌아오게 된다. 부패가 정말로 나쁜 것이고
점점 심화된다면 왜 중국은 발전했는가?

다시 말하지만, 여러 문헌이 존재함에도 불구하고 이 역설은 여전
히 풀리지 않은 수수께끼로 남아 있다. 만족할 만한 설명을 위해 이
책은 '부패 세분화'라는 이전과는 다른 접근 방식을 제시한다. 이 방식
은 4가지 핵심적인 특징을 가지고 있다. 첫째, 모든 부패가 성장을 저
해한다는 전통적인 접근 방식 대신에 나는 이 가설을 수정할 것이다.
둘째, 중국 부패에 대하여 일화나 주관적인 인상에 기반한 분석보다
는 객관적 기준을 제시하고 다른 나라와 중국의 부패 구조를 비교할
수 있는 데이터를 제공할 것이다. 셋째, 5000만이 넘는 거대한 중국
공무원 사회를 하나의 균일한 덩어리로 보지 않고 일선 공무원과 정
치 엘리트를 구분해서 볼 것이다.[28] 넷째, 내 연구는 논리를 뒷받침하
기 위해 중국과 다른 나라의 광범위한 정량적 및 정성적 데이터를 기

초로 할 것이다.

부패라고 다 같은 부패가 아니다
- -

부패는 전통적으로 사적 이익을 취하기 위한 공무원의 권력 남용으로 정의된다. 이런 광범위한 정의는 CPI와 세계은행의 부패 지수처럼 한 나라에 하나의 점수를 부여한다. 이런 접근 방식은 모든 부패가 동일하게 나쁜 것은 아니라는 사실을 은폐한다. 실제로 나는 어떤 종류의 부패는 심각한 위험과 왜곡을 가져올 수 있지만 단기적으로 경제 성장에 도움이 될 수 있다고 주장한다.

부패와 자본주의의 관계를 보기 위해서는 먼저 부패를 세분화하여 질적으로 다른 범주화 과정을 거쳐야 한다. 유용한 분류 체계는 구체성과 추상성nuance and parsimony 사이에 적절한 균형을 이루어야 한다. 범주가 너무 많아도, 너무 적어도 안 된다. 이를 염두에 두고 나는 2차원의 분류 체계를 제안한다. 첫째는 교환 대 절도로 분류한 부패, 둘째로 엘리트 대 비엘리트와 관련된 부패, 이렇게 두 체계다.

2차원의 분류 체계

첫째, 나는 공무원과 사회 행위자[29] 간의 쌍방향 교환—이것은 뇌물을 포함하지만 뇌물에 국한되지는 않는다—과 횡령이나 갈취를 포함하는 절도와 관련된 부패를 구별한다. 부패에 관한 고전적인 모델은 주로 뇌물에 집중했다.[30] 여러 연구 중에서도 2가지 사례를 든다면 안드레이 슐라이퍼Andrei Shleifer와 로버트 비쉬니Robert Vishny의 부패에 관한 선구적인 연구를 들 수 있는데 이들은 오직 뇌물만을 다루었다.[31] 그리고 레이먼드 피스먼Raymond Fisman과 미리엄 골든Miriam Golden의 부패에 대한 입문서는 "정부의 혜택과 서비스를 받기 위해서 뇌물을 제공할 것인가"로 시작한다.[32] 그러나 이러한 접근은 부패의 중요한 형태를 빠뜨리고 있는데, 그것은 바로 국가 공무원이 공공 재원으로부터 훔치거나 어떤 행위에 대한 보답 없이 갈취하는 부패다.[33]

둘째, 나는 정치가나 지도층 인사 같은 엘리트의 부패와 보통 공무원, 경찰, 검사원, 세관원, 대민 봉사의 최일선에 있는 공무원 같은 비엘리트의 부패의 차이를 강조해서 볼 것이다. 이런 구분을 통해 고위급과 하위 공무원 세계에서 벌어지는 '거대한grand' 부패와 '사소한petty' 부패를 파악할 수 있다.[34] 정치 엘리트는 특별한 거래를 승인하거나 접

	비엘리트	엘리트
도둑질	바늘도둑	소도둑
교환	급행료	인허가료

〈그림 1-3〉 부패를 4종류로 세분화하기.

근을 봉쇄할 수 있고 공공 재원에 대한 접근도 제어할 수 있다. 이런 종류의 부패는 상당한 금전적 이해관계나 토지 및 입법 활동에 대해 자원을 배분하는 것과 관계가 깊다. 이에 비해 일선 공무원은 자신들의 업무 범위에 국한된 것, 예를 들면 인허가나 입학 등록 같은 관료적 재량권을 행사한다.

부패의 4가지 유형

부패를 2가지 차원에서 분류하면 〈그림 1-3〉처럼 전부 4가지 범주로 볼 수 있다. 각 범주를 이해하기 위해 각 부패의 특징적인 사례를 보자.

- 바늘도둑Petty theft: 태국 방콕에서는 경찰의 갈취에 대한 제보가 늘어나고 있다. 반부패 활동을 하는 한 정치인은 "수쿰윗 거리에 가면 담배꽁초를 버리는 관광객을 적발해 여권을 압수하지 않는 대가로 2000바트(약 60달러)를 요구하는 경찰을 볼 수 있다"고 말했다.[35]

- 소도둑Grand theft: 나이지리아의 군부 독재자인 사니 아바차는 40억 달러 규모의 자금을 중앙은행에서 그의 해외 계좌로 불법 예치했는데 이는 1998년 나라 전체 GDP인 550억 달러의 10퍼센트에 해당하는 금액이었다. 최근 스위스 당국은 3억 달러의 '아바차 장물'을 나이지리아 정부에 돌려줬다.[36]

- 급행료Speed money: 인도의 소매점은 성수기에도 문을 닫았는데 뇌물을 바치지 않으면 장사가 불가능했기 때문이다. 일반적인 규모의 슈퍼마켓은 40여 개의 인허가를 받아야 하며 인허가를 빨리 받기 위해서는 공무원에게 뇌물을 제공해야 한다. 이것이 수익성을 악화시키는 이유였다.[37]

- 인허가료Access money: 중국 양저우시의 전임 서기였던 지젠예李建業는 자신과 오랫동안 정실 관계를 맺었던 회사에 거의 독점에 가까운 정부 건설 사업과 재건축 프로젝트를 허가해 준 대가로 각종 선물, 뇌물, 회사 주식을 받았다. 6년간의 재임 기간 동안 관련 회사의 수익은 15배가 되었지만 지젠예 서기가 부패 조사를 받자마자 회사의 주가는 떨어졌다.[38]

이러한 사례로부터 부패는 매우 다양한 방식으로 작동하고 있음을 알 수 있다. 다양한 부패의 작동 방식을 하나의 범주나 점수로 총괄해서 보게 되면 현실을 호도할 수 있다. 일반적으로 표현한다면 〈그림 1-3〉의 4가지 범주는 다음을 포함한다.

- 바늘도둑은 절도, 공공 자원의 잘못된 사용 또는 일선 관료의 갈취를 의미한다.
- 소도둑은 공공 재원을 통제하는 정치 엘리트가 공공 재원을 횡령하거나 유용하는 것을 의미한다.
- 급행료는 업계 종사자나 시민들이 장애물을 우회하거나 시간을 단축시키기 위해 관료에게 주는 뇌물이다.
- 인허가료는 높은 수준의 이해관계를 기반으로 비즈니스 행위자가 막강한 권한을 가진 고위 관료에게 시간 단축에 그치지 않고 배타적이고 수익성이 높은 특권을 받기 위해 주는 뇌물을 의미한다.

바늘도둑, 소도둑, 급행료는 거의 모든 경우 불법이지만 인허가료는 합법적인 것과 불법적인 것 모두를 포함한다. 불법적인 형태의 인허가료는 큰 규모의 뇌물과 리베이트―중국에서는 일반적이다―를 동반한다. 또한 인허가료는 법적으로 모호하거나 현금 뇌물을 주고받지 않는, 합법적인 교환도 포함한다. 예를 들면 정치적 자원 구축, 선거 운동 자금 제공, 사적 기업과 공적 부문 사이의 '회전문 인사revolving door'와 영향력 행사 등이다.[39]

뇌물을 다룬 대다수 문헌들은 '급행료'에 집중하지만 '인허가료'는 빠뜨린다.[40] 흔히 '바퀴에 윤활유를 치는' 거추장스러운 규제나 마찰을 극복한다는 비유는 내 분류 체계에서는 급행료에 해당한다.[41] 인허가료는 특별한 거래나 수익성이 높은 권리를 매입하는 것으로, 윤활유보다는 폐기물에 가깝다.

막스 베버가 이야기했듯이 이념형은 "없어서는 안 될 분석적 가치를 지닌다. 이는 거의 모든 경우에 혼합된 형태로 등장하는 역사적 실재를 구별한다."[42] 사실 나의 4가지 분류 체계는 종종 혼합되거나 겹친다. 예를 들어 중국 정치 엘리트의 부패 구조는 소도둑, 위조된 대출 협약, 내부자 거래, 폭력배와의 결탁 등을 수반한다. 그러나 바로 그 현실의 복잡성 때문에 우리 연구에 가장 부합하는 분류 체계가 필요하다.[43]

부패 유형별로 살펴보는 폐해와 부작용

모든 부패는 나쁘지만 모든 유형의 부패가 동일하게 경제에 악영향을 주는 것은 아니다. 가장 좋은 비유는 약물이다.(〈표 1-1〉) 내 분류 체계에서 바늘도둑과 소도둑은 유해 약물이다. 둘 다 공공 재산과 사유 재산을 소진하며 경제적으로 가장 유해하다.[44] 이런 유형의 부패가 더욱 안 좋은 것은 법과 질서를 뒤집으려 하고 투자자, 관광객, 심지어는 해외 원조자를 단념하게 만들기 때문이다.[45]

교환에 기반한 부패가 가져오는 효과는 훨씬 모호하다. 어떤 이들은 급행료(소규모 뇌물)가 행정적인 장애나 지연을 극복할 수 있는 수단을 제공하기 때문에 효율적이라고 주장한다.[46] 새뮤얼 헌팅턴Samuel Huntington이 썼듯이, "부패는 경제 발전을 저해하는 전통적인 법 체제나 관료주의적 규제를 극복하는 방법일 수 있다."[47] 그러나 이런 종류의 부패는 시민과 업계에 비용을 유발하며 결국에는 세금의 성격을 띠게 된다.[48] 특별히 빈곤층에게는 작은 규모의 뇌물도 참담한 수준의 부담이 된다. 따라서 급행료는 바늘도둑과 소도둑만큼 경제를 쇠약하게 만들지는 않지만 경제 성장에 박차를 가하지는 않는다. 대신에 급행료는 진통제라고 볼 수 있다. 고통을 경감하지만 건강에 도움이 되지

	도둑질과 교환	엘리트와 비엘리트	합법성	경제적 효과	비유
바늘도둑	도둑질	비엘리트	불법	성장에 저해	유해 약물
소도둑	도둑질	엘리트	불법	성장에 저해	유해 약물
급행료	교환	비엘리트	불법	시간 지연을 단축하지만 비용 수반	진통제
인허가료	교환	엘리트	불법과 합법	성장에 도움되지만 왜곡, 위험, 불평등 수반	스테로이드

〈표 1-1〉 부패를 약물에 비유하여, 부패가 가져오는 다양한 해악과 방식을 살펴보았다.

는 않는다. 오히려 과도한 진통제 사용은 해가 될 수 있다.

한편 인허가료는 자본주의의 스테로이드다. 스테로이드는 심각한 부작용이 있는 '성장 촉진제'로 알려져 있다. 빈부와 동서양을 막론하고 스테로이드에 대한 유혹을 떨치기가 힘들다. 기업가의 입장에서 인허가료는 세금이라기보다 투자에 가깝다. 예를 들어 중국 기업가가 당의 고위 간부와 인맥을 쌓기 위한 수단으로 전국인민대표가 되는 과정에 뇌물을 쓰는 행위는 비용보다는 투자에 가깝다.[49] 이런 행위는 미국도 마찬가지인데 거대 기업은 매년 수십억 달러를 로비에 지출한다. 수익이 비용보다 높기 때문이다.[50] 특권에 대한 보상으로 비용을 지불하는 자본가를 키우거나 자본가의 이익을 지켜주는 정치인에 대해 보답함으로써 인허가료는 GDP 성장으로 직결되는 상업 거래와 투자를 촉진한다.

그러나 이러한 설명은 인허가료가 경제에 '좋다'는 것을 의미하지는 않는다. 오히려 인허가료는 자원 배분을 왜곡하고 체계적인 위험을 잉태하며 불평등을 악화시킨다. 중국을 예로 들면, 은행 대출은 정치적 연줄이 있는 기업들에게 불평등한 방식으로 주어지고,[51] 현금이 부족한 기업들은 '그림자 금융 통로'를 사용해 높은 금리로 자금 대출을 받는다. 연줄이 있는 기업들은 과도한 신용으로 자금이 넘쳐 나며 이 자금들은 부동산에 투자되거나 무책임하게 쓰이곤 한다. 이런 식으로 나타나는 왜곡들은 연간 소득이나 성장률 사이의 관계를 표준적 방식의 선형 회귀 분석하는 것으로는 파악할 수 없다.[52]

인허가료의 폐해는 위기의 순간에 폭발적으로 드러난다. 중국 지도층은 이러한 위험을 잘 알고 있으며 균형을 유지하기 위해 애쓰고 있다.[53] 전에도 이러한 도취감이 부패와 연결된 위기에 앞섰던 사례가 있었다. 1839년 미국의 첫 대공황(위험한 공공 융자와 정부-은행 간 담합에 의해 발생),[54] 1997년 동아시아 금융 위기, 그리고 2008년 미국 금융 위기가 그랬다.[55]

내 연구는 '세분화' 접근 방식을 통해 부패의 양과 질을 분명히 구분한다. 부유한 경제는 표준적인 국가 간 지수로 봤을 때 부패 총량이 적을 수 있지만 부패가 없다는 것을 의미하지는 않는다. 오히려 그런 나라들의 부패는 질적으로 다를 수 있다. 부유한 국가들의 부패는 인허가료에 집중된 탓으로 파악하기 힘들고 곧바로 성장을 방해하지도 않는다. 일반적인 생각과 다르게 자본주의는 부패의 근절과 함께 성장한 것은 아니다. 그보다는 부패가 폭력과 도둑질에서 권력과 이익의 교환이라는, 질적 진화를 거치며 성장했다. 중국보다 먼저 성장한 다른 나라들과 비교했을 때 중국은 여전히 이러한 진화의 초기 단계에 있다.

부패한 중국은 어떻게 성장할 수 있었을까
- -

왜 중국은 거대한 부패 속에서도 번영할 수 있었는가? 나는 4가지로 나누어 설명하고자 한다. 첫째, 2장에서 보겠지만 중국에서 두드러진 부패 유형은 바늘도둑과 소도둑이 아니라 인허가료 부패다. 파올로 마우로Paolo Mauro에 의하면 "부패는… 민간 투자를 억제하고 따라서 경제 성장을 저해한다."[56] 이 주장이 놓치고 있는 것은, 인허가료는 실제로 민간 투자를 촉진할 수 있다는 점이다.[57] 심지어 중국의 부동산업처럼 과잉 투자로 이어지기도 하며 위기 발생 이전까지는 성장에 기여한다.

왜 중국에서는 명백한 도둑질보다 인허가료가 부패의 중요한 유형이 되었는가? 시장 개방 이후 중국의 정치 시스템은 엘리트와 비엘리트 모두 자신들의 관할 구역에서 창조된 부를 향유하는 이익 공유의 논리를 따랐다. 관료들이 수많은 거래에 관여하는 와중에도 전체 중국 관료주의는 발전 독려에 대해 인센티브가 있었다. 이런 작동 방식을 이해하기 위해서는 공산당이 직접 임명한 50만 명의 고위급(엘리트) 관료 사이에서 이루어지는 이익 공유와 5000만 명에 이르는 하위 공무원들 사이에서 이루어지는 이익 공유의 메커니즘을 구별해야 한다.[58]

정치 엘리트는 경력이나 금전적 차원 등 모든 측면에서 발전을 적극적으로 촉진하려는 인센티브가 있다. 지방 리더의 승진은 경제 성장과 연동된다고 하지만[59] 실제로는 승진 자리의 수가 적기 때문에 모든 리더가 더 높은 직급으로 승진을 원하는 것은 아니다.[60] 따라서 보다 더 확실한 인센티브는 금전적 인센티브다. 지방 경제가 번영하면 할수록 지방 리더의 수익은 더 많아진다.[61] 성공적인 중국 정치인들은 일석이조를 택한다. 발전을 촉진하고 선호하는 기업에 프로젝트를 밀어주어 정치적 목적을 이루고 또 한편으로는 뇌물을 받는다.(5장) 민주적으로 선출된 정치인들과는 다르게 권위주의적 지방 리더들은 자의적으로 오래된 건물을 철거하고 새로운 프로젝트를 발주하고 어마어마한 규모의 자원을 동원할 수 있다.

하위 공무원들 사이에서 이익 공유는 수당을 통해 이루어진다. 그들의 공식적 월급은 한없이 낮은 수준이지만 보너스, 선물, 무료 식사, 보조금 등 다양한 부가 혜택들을 통해 보충된다. 4장에서 보겠지만 이것은 관료제 보상의 4분의 3을 차지한다. 이러한 부가 혜택들은 재정적 성과와 연동돼 있다. 지방 정부가 세금을 많이 거둘수록 또는 수수료나 발급료 같은 비세금 수입이 많을수록 직원들에게 줄 수 있는 부가 혜택은 더 많아진다. 경제학 용어로 설명하면 중국 관료주의에서 부가 혜택은 '효율 임금efficiency wage'[62]으로 기능한다. 부가 혜택은 수익을 발생시키는 인센티브로도 작용하고 관료들이 바늘도둑 같은 작은 규모의 부패에 의존하는 것을 막는 기능도 한다.

왜 중국에서는 이익 공유가 자리를 잡았으나 다른 가난한 나라들에서는 그렇지 못했을까? 나는 덩샤오핑의 역사적인 결정, 공산당의 일당 독재를 유지함과 동시에 공산당 관료들에게 자본주의적 성장의 이익을 나누어 준 시장 개방을 주목한다.[63] 지대rents, 租 같은 중국의 부패는 그들의 노력과 참여를 보상해 준다.[64] 이것은 소련과 극명한 대조를 이룬다. 소련의 급격한 정치, 경제적 변화(페레스트로이카와 글라스노스트)는 당원들이 전체적으로 당을 저버리는 결과를 가져왔다.[65] 맨슈어 올슨Mancur Olson의 유명한 강도질 비유를 한다면, 이익 공유제는 중국 관료를 '정주형 강도stationary bandits'로 만들었다. 따라서 중국 관료는 전체적인 후생을 높이려고 했는데 이로부터 일정 비율의 이익을 안정적으로 떼어 낼 수 있기 때문이다. 단순하게 강도질하고 도망가는 것을 반복하는 '떠돌이 강도roving bandits'와는 다르다.[66]

세 번째 설명은 정부가 기업가적 도전과 성장을 가로막는 부패를 억제했다는 것이다. 이 설명은 '정실 자본주의'나 '점증하는 부패' 모두가 놓치고 있는 핵심적 사항이다.[67] 부패는 공산당 관료에게 열정적으로 시장 개혁을 도입할 유인을 제공한다. 그러나 중앙 정부는 부패(도둑질과 갈취)가 성장을 가로막고 성과를 좀먹지 않도록 해야 한다.[68] 3장에서 나는 2000년 이래 뇌물이 폭발적으로 성장했지만 동시기에 '도둑질과 관련된 부패'인 공적 사금에 대한 횡령과 유용은 감소했음을 설명한다. 1980년대와 1990년대에 창궐했던 수수료나 벌금 형태의 갈취는 이제 덜 생기고 있다. 또한 2장에서 보여 줄 조사에 의하면 인도나 러시아처럼 부패 지수가 높은 나라에 비해 급행료(작은 뇌물)도 덜 광범위하다.[69]

1998년 주룽지 총리에 의해 시작된 야심 찬 역량 강화 프로그램으로 인해 이런 형태의 부패—바늘도둑, 소도둑, 급행료—는 관리되고 있으며 그 프로그램은 지금도 여전히 확대되고 있다.[70] 이 프로그램은 공무원법, 세율 표준화, 회계와 예산 계획에 대한 감시 기능 강화, 수수료 등을 현금으로 납부하는 방식을 전자 지불 거래로 전환, 공공의 은행 계좌를 통합하는 등 다양한 개혁적 장치들을 확립했다. 이러한 개혁들은 무미건조하고 주목을 끌지 못했기 때문에 언론의 관심을 받지 못했고 학계의 관심도 끌지 못했다. 그러나 이러한 개혁들의 효과는 실질적이었다. 국가의 감시 기능과 직접적 교환이 수반되지 않는 부패와 '급행료' 문제를 처벌할 수 있는 국가의 능력을 향상시켰다.

넷째, 중국에서는 약탈적 부패를 감시하는 기능이 선거를 통한 것이 아니라 지역 간 경쟁을 통해 이루어졌다. 프로젝트나 투자자들을 유치하려는 극심한 경쟁에 직면한 지방 리더들은 하위 공무원들에게

부패한 중국은 왜 성장하는가

'약탈하는 손'으로 작용하는 것을 자제했다.(옮긴이 주: 경제학에는 여러 유형의 손이 등장한다. 애덤 스미스의 보이지 않는 손이 대표적이다. 정부의 역할을 규정할 때 크게 도움의 손helping hands과 약탈의 손grabbing hands으로 구분한다.) 그런 노력들은 어떤 경우에는 종교적 열정 수준까지 승화된다. 후베이의 사례를 보면 "투자자는 하느님이다. 투자자를 데려오는 사람은 영웅이다. 관료들은 공복이다. 기업의 이익을 침해하는 자들은 죄인이다"라는 구호가 등장했을 정도였다.[71] 이게 전부는 아니다. 계약 체결은 강력한 성장 촉진제였다. 리더들은 '우대 정책'을 제공하려고 애썼다. 5장에서 볼 수 있듯이, 리더들은 경쟁에서 앞서 나가기 위해 자기 지방의 위치와 그 전략적 중요성, 상업적 이점, 브랜드 등을 통해 경쟁력을 보여 주어야 했고 발전 전략을 개선해야 했다.

요약하자면 중국의 역설은 크게 4가지 요소로 정리할 수 있다.

- 현재 중국의 주요한 부패 유형은 인허가료다. 이는 성장을 돕기는 하지만 왜곡과 위험을 만들어 낸다.
- 인허가료가 우세한 것은 중국의 정치 시스템이 이익 공유 원리로 작동하기 때문이다. 이 모델에서 리더와 관료들이 받는 보상은 경제적 성과와 연동된다.
- 2000년대부터 시작된 전체 역량 강화 개혁은 도둑질, 급행료와 관련된 부패를 억제했다.
- 지역 신 생성은 약탈적 부패를 견제했고 발전을 촉진했으며 비가역적인 전진을 이루어 냈다.

이러한 요소들은 중국의 역설을 설명할 뿐 아니라, 중국의 정치 경제의 모순을 해소할 수 있다. 중국의 성장은 인상적이지만 여전히 불균형적이고 위험하다. 지방의 관료들은 부패했지만 여전히 성장을 추구하고 있다. 중국의 체제는 권위주의적이고 정치적으로는 중앙집권적이지만 지방은 경제적으로 탈중앙화되었고 매우 경쟁적이다.

미국과 중국의 도금 시대

앞에서 이야기한 특징들은 19세기 미국을 묘사하는 데 쓰일 수 있다. 경제사학자인 에드워드 글레이저Edward Glaeser와 클라우디아 골딘Claudia Goldin은 "그 당시의 역설은 부패가 정부의 한 부분을 차지했지만 경제는 국가 전체적으로도 지방 차원에서도 발전했다는 사실이다"고 이야기한다.[72] 당시에도 의원들 매수하기, 내부자 거래, 정치적 후견 등이 만연했다. 그러나 중국과 매우 비슷하게 미국의 경제도 급속히 성장했다.

미국 주 정부들은 재정적으로 독립적이었으며 선거에서 이기기 위해 그리고 부를 쌓기 위해 발전을 촉진하는 데 노력을 기울였다. 인허가료는 경제 발전을 위해 사회 간접 자본 건설에 필요한 금융과 긴밀하게 얽혀 있었다. 물론 그 결과로 몇 안 되는 재계의 거물들이 어마어마한 이익을 거둘 수 있었다.[73] 결과적으로 이러한 부패에 내재한 위험은 1893년 발발한 위기로 인해 은행의 파산을 초래했고 곧이어 개혁 요구로 이어졌다.[74] 이때부터 미국은 지속적으로 진화해 왔다.

한 역사학자는 진보 시대the Progressive Era(1890~1920년)를 두고 "횡령의 가장 두드러진 특징은 진보 시대에 거의 발생하지 않았다는 점이다"라고 언급했다.[75]

현재의 중국과 19세기의 미국이 닮았다고 해서 둘이 동일하다는 것을 의미하지는 않는다. 중국은 일당 독재 체제이고 미국은 민주주의 체제다. 리베카 메네스Rebecca Menes가 강조하듯이 미국에서는 "가장 부패한 시기에도 부패한 시장과 시의회는 선거를 통해 퇴출될 수 있었다."[76] 투명성 의무, 추문을 폭로하는 기자들, 헌신적인 검사들은 개혁 시대에 미국이 부패와의 전쟁을 치를 때 중심적 역할을 했다. 한편 시진핑은 아래로부터의 대책들을 거부한다. 대신 강력한 당 기관을 통해 부패를 척결하고자 한다.[77] 그는 동시에 국가 부문을 확대하고 정치적 통제를 강화한다.[78]

오늘날 중국이 직면한 위협들(인허가료에 의해 가속화된 과잉 투자와 과도한 부채)은 미국의 도금 시대를 떠올리게 하지만 이것은 중국이 결국 붕괴할 것임을 의미하지는 않는다. 미국과 동아시아 금융 위기에 앞서 존재했던 망각과는 달리 중국의 위험은 널리 알려져 있고 지속적인 감시의 눈길을 받고 있기 때문이다. 중국 붕괴에 대한 서구의 오랜 기대는 오히려 중국이 각성하는 의도하지 않은 결과를 가져올 수 있다.[79]

현재 중국 지도부는 경제 성장을 유지하는 것과 동시에 경제, 금융 시스템의 위험을 제거하기 위해 필사적으로 노력하고 있다. 이것은 미국과 중국의 무역 전쟁에 의해 한층 위태로워진 위험천만한 줄타기와 같다. 중국 지도부가 균형을 유지할 것인가는 중국의 운명을 결정할 뿐 아니라 21세기의 전 지구적 권력의 균형도 결정하게 될 것이다.

부패 연구를 위한 원천 자료들

중국의 부패에 관한 서적들은 각각 하나의 자료 원천에 의존한다. 지역에서의 민족지학民族志學,[80] 법원 기소 통계나 사건들,[81] 다양한 기사나 2차 문헌들,[82] 그리고 대부분의 서적이 자주 참조하는 중국 미디어에 소개된 스캔들[83] 같은 자료에 의존한다. 부패는 어떠한 환경에서도 연구하기가 어렵다. 하물며 권위주의적 체제에서는 더욱 어렵기 때문에 이해할 만하다. 그럼에도 불구하고 이 자료들이 결론을 내리고 있기 때문에, 우리는 미디어가 소개하는 부패 이야기에 전적으로 의존하는 경우에 조심해야 한다.[84] 5장에서 보겠지만, 오로지 스캔들 사례만 이용하면 왜곡된 관점을 가지게 된다.

이 책은 번영과 부패의 역설을 조망하기 위해 다양한 자료와 방법들을 동원하려고 노력한다. 이 책의 모든 장들은 구별되면서도 적당한 자료 원천을 바탕으로 다양한 연구 주제를 다룬다. 2장에서는 중국을 포함한 15개국의 독특한 부패 유형을 측정하는 전문가 조사를 포함했다. 수사가 진행된 부패에 대한 공공 통계를 사용했고,(3장) 미디어에 언급된 텍스트를 분석했으며,(3, 5, 7장) 낙마한 지도자들에 대한 심층 분석도 진행했다.(5장) 또한 현급(옮긴이 주: 현縣은 중국의 지방 행정 구역의 하나다. 지방 행정 구역은 성-시-현-향-촌으로 구분된다.) 수준에서의 보상과 인센티브 구조에 대한 것도 있다.(4장) 시진핑의 반부패 운동 시기에 낙마한 시정부급 지도자들과 관련한 1차 자료들을 활용했다.(6장) 마지막으로 400건이 넘는 중국 관료와 기업가의 인터뷰를 통해 현장의 목소리를 독자들에게 전하고 있음을 강조하고 싶다.

부패의 아이러니를 어떻게 볼 것인가

이 책은 6개의 장으로 나누어져 있다. 2장 '독이 되는 부패 약이 되는 부패'에서는 부패를 하나의 덩어리로 측정하는 전통적인 방법을 비판하고 세분화한 부패 지수Unbundled Corruption Index, UCI를 대안으로 제시한다. 이것은 내가 분석틀로 제시한 바늘도둑, 소도둑, 급행료, 인허가료의 4가지 범주를 기반으로 측정한 전문가 조사다. 세분화한 부패 지수는 중국의 부패가 다른 국가에서 발견되는 약탈적인 부패와 매우 다른 특징을 지니고 있음에 대한 사전적이며 체계적인 증거를 제시한다.

3장 '중국의 부패는 어떻게 진화했는가'에서는 인허가료가 중국 부패 구조에서 지배적인 형태가 된 과정을 살핀다. '점증하는' 부패라는 일반적 통념과는 다르게 2000년대 이후 오직 뇌물만이 빈도와 규모 측면 모두에서 폭발적으로 증가했고 횡령, 공공 자금 유용, 관료주의적 갈취는 감소했음을 보인다. 2가지 요인이 이러한 진화를 이끌었는데, 1993년 이후 시장의 확대와 1998년 이후 정부가 주도한 역량 강화 정책이니.

4장 '중국식 관료주의가 이익을 공유하는 방법'에서는 제대로 이해되지 않고 때로는 '조직적 부패'로 오해되는 중국의 거대한 관료 조직

내 이익 공유의 기제를 설명한다. 원본 자료와 광범위한 인터뷰를 종합해 중국 관료주의 내에서 부가적인 보상은 금융적 성과와 연동되었으며 공공 부문에서 이익 공유의 특이한 변형들을 만들어 냈음을 보인다. 게다가 나는 황금알을 낳는 거위 비유(당장의 이익에 매몰되지 않고 미래의 장기적 이익을 추구하는)가 단지 교훈적인 것이 아닌 실재하는 것임을 보였다. 따라서 중국의 관료주의가 다른 곳에서 볼 수 있는 근시안적이고 약탈적인 것과는 다름을 확인할 수 있다. 또한 4장은 세계 경제 성장과 관련해서 빈곤하고 허약한 국가들이 빈곤과 부패의 악순환의 고리를 끊을 수 있는 방법—내가 '과도적 행정 기관transitional administrative institutions'으로 명명한 것을 통해—에 대한 힌트를 준다.

5장 '부패와 경제 성장이 공존할 수 있는 이유'에서는 국가 수준과 지방 수준의 지도자들에게 주목한다. 지도자들 사이의 이익 공유는 다른 논리를 따르게 된다. 지역이 더 높은 경제적 번영을 구가할수록 지도자들은 거대한 뇌물을 받을 수 있으므로 개인적으로 얻을 수 있는 수익도 커진다. 낙마한 두 관료—보시라이(충칭의 서기 역임)와 지젠예(난징 시장 역임)—의 경력을 살펴봄으로써 거래를 성사시키는 것과 관련된 부패가 적극적인 경제 성장과 양립할 수 있는 이유를 밝힌다. 5장은 인허가료가 가져오는 구조적 왜곡과 위험을 더욱 구체화해 살펴본다.

2012년 시진핑의 반부패 운동이 시작한 이래로 이 운동은 세계의 이목을 끌었다. 시진핑의 엄중한 타격이 중국 경제와 정치에 미치는 영향은 무엇일까? 6장 '시진핑의 반부패 운동과 중국의 미래'에서는 시진핑의 반부패 운동 시기에 시정부급 리더들의 몰락을 결정하는 요인들을 살펴본다. 내 분석은 지방 리더들이 비정상적인 압박과 정치적 위험에 처한 상태를 보여 주며 매우 높은 낙마율을 발견했다. 또한 성과에 의한 것이 아닌 후견에 의존한 경우 낙마 가능성이 높음을 발견했다. 엄격한 조사, 변동성, 높은 업무 성과 요구는 중국 정치의 또 다른 문제인 복지부동을 가속화시킨다.

7장 '중국과 미국의 도금 시대로 살펴본 부패의 역설'에서는 부패와 관련된 사료를 통해 개혁 시기의 중국과 미국의 도금 시대를 비교해 둘의 유사점과 다른 점을 다시 살펴본다. 마지막으로 나는 중국의 정치 경제와 부패 그리고 자본주의라는 큰 주제가 가져오는 시사점을 광범위하게 살펴본다.

2장

독이 되는 부패
약이 되는 부패

CHINA'S GILDED AGE

원리적으로 보면 우리는 가치가 있다고 여기는 것을 측정해야 하지만 현실은 정반대로 종종 측정할 수 있는 것에 대해 가치를 매긴다. 이것은 부패를 연구할 때 가장 적합한 표현 같다. 부패는 본질적으로 수량화하거나 측정하기 어렵기 때문이다. 부패에 대한 이해, 부패와 경제적 번영과의 관계는 부패를 측정하는 전통적 방식과 1차원적으로 깊게 연결되어 있다.

부패에 대한 표준적인 지표들은 각국에 하나의 점수를 부여하고 매년 순위를 매긴다. 국제투명성기구에서[1] 발표하는 부패인식지수CPI 같은 지표들은 매우 큰 영향력을 지니고 있다. 미디어는 CPI 발표를 다룰 때 점수가 높은 국가를 칭송하고 점수가 낮은 국가들을 비판하는 일종의 경주 대회처럼 여긴다. 다국적 기업들은 해외 투자를 결정할 때 CPI 지수를 통해 위험을 측정한다.[2] 연구자들은 부패가 투자와 성장에 미치는 영향을 검증하기 위해 이 지수를 사용한다.[3] 중국 연구자들도 중국을 평가할 때 CPI를 남용한다.[4]

그러나 부패를 하나의 척도로 측정하면 오해의 소지가 있다. 첫째, 이러한 지표들은 질적으로 다른 유형의 부패를 구분하지 못한다. 예를 들어 현금 뇌물을 받는 행위, 공공 자금을 훔치는 행위, 친척을 회사 이사회에 등록하는 행위들은 모두 부패에 속하지만 매우 다른 결과를 낳는, 다른 종류의 부패다.

둘째, 통상적인 측정 방식은 불법적인 형태의 부패(빈곤 국가를 좀먹는 뇌물이나 명백하게 국가 자산을 횡령하는)를 특별히 주목한다.[5] 한편 부유한 나라에서 부자들과 권력자들 사이에 교환을 수반하는 부패는 종종 교묘하게 위장되며 심지어는 합법적인 경우도 있다. 이러한 유형은 부패 감시 레이더에서 사라지곤 한다.[6] 결과적으로 연구자가 한 덩어리로 표현된 CPI 같은 지수를 국민 소득에 대한 그래프로 나타내면 빈곤한 국가는 부패가 만연하고 부유한 국가는 청렴한 것처럼 보이게 된다.

부패를 세분화하는 것은 부패와 자본가의 재산과의 관계에 대한 가정들을 재정립하는 첫걸음이다. 앞선 연구들이 다양한 부패 유형을 제시했지만,[7] 다른 형태의 부패를(특히 국가별 부패 유형을) 측정하려는 시도는 매우 드물었다.[8] 이 장에서 나는 이러한 핵심적인 공백을 메꾸는 것으로 시작한다. 중국을 포함한 15개국의 전문가 인식 조사를 통해 나는 바늘도둑, 소도둑, 급행료, 인허가료의 4가지 부패 범주를 측정했다. 이 조사는 부패에 대한 인식 수준을 나라별로 비교할 뿐 아니라 각 나라마다 부패의 구성이 다르다는 것을 이해하는 체계적 근거

부패한 중국은 왜 성장하는가

를 제공한다.

어떤 유형의 부패가 가져오는 해악은 장기간에 걸친 것도 있지만 즉시 치명적인 것도 있다. 부패가 성장에 미치는 영향을 조사하면서 연구자는 어떤 유형의 부패가 지배적으로 작동하는지 알아야 한다. 중국은 급증하는 부패로 인해 위기에 직면했다는 악명이 높지만, 내 조사는 중국 부패 구조가 나이지리아나 러시아의 악명 높은 부패와는 구별된다는 것을 보였다. 중국의 부패는 주로 인허가료와 관계가 깊다. 이는 한국과 미국의 부패와 같은 유형이다.

표준 부패 측정법이 놓치는 것들

많은 사람이 CPI가 부패를 측정하는 권위 있는 지표라고 주장한다. CPI 지표가 해마다 조금만 변해도 이것을 마치 온도계의 눈금처럼 해석한다. 2014년 중국의 CPI가 40에서 36으로 하락했을 때 CNN은 "강도 높은 반부패 운동에도 불구하고 중국의 부패인식지수가 미끄러졌다"고 대서특필했다.[9] 2년 후 중국의 CPI가 다시 40으로 복귀했을 때 해설자들은 중국의 반부패 운동이 결실을 보고 있다고 논평했다.[10]

CPI는 널리 쓰이는 지표이긴 하지만 실제로 CPI 사용자들은 이 지표가 어떻게 만들어지는가에 대해 거의 질문하지 않는다. 내가 학생들에게 이 질문을 던졌을 때 대부분 국제투명성기구가 모든 나라에서 자체 조사를 할 것이라고 추측했다. 이렇게 조사하면 이상적이지만 비용과 시간이 너무 많이 소요된다. 따라서 국제투명성기구는 예

를 들면 이코노미스트 인텔리전스 유닛the Economist Intelligence Unit이나 폴리
티컬 리스크 서비스 가이드Political Risks Services Guide 같은 제3자 기구에 의해
수행된 조사를 취합해 각국에 대한 하나의 지표를 만든다. 소시지 제
조에 비유하자면, 다양한 고기를 가지고 CPI를 제조하지만 사내에서
제공된 원료는 하나도 없다고 할 수 있다.[11]

　CPI를 개발한 요한 람스도르프Johann Lambsdorff를 포함한 비평가들은
많은 정보를 합쳐서 만든 부패 지수의 여러 문제점을 지적한다.[12] CPI
가 제3자 기구의 조사로부터 통합됐기 때문에 국제투명성기구는 설
문 설계나 자료 원천의 질에 대해 아무런 통제를 할 수 없다. 국가별
지표가 해마다 변하는 이유는 단순히 국제투명성기구가 제3자 기구
를 변경했거나 선택한 제3자 기구 자체가 변화된 것에서 기인할 수
있기 때문이다. 게다가 CPI는 부유한 선진국의 편견을 반영한다. 국
제투명성기구가 행하는 모든 조사는 서구에 기반한 기구들에 의해 수
행되며 그들 대부분이 이코노미스트 인텔리전스 유닛[13] 같은 비즈
니스 친화적인 기구다. 이러한 조사는 해외에 거주하는 선진국 기업
가를 대상으로 하며 이런 기업가들은 부유한 모국의 영향력 행사에
의한 알선 수뢰는 간과하지만 저소득 국가의 부패는 잘 찾아내는 성
향이 있다.

　비평가들에 의해 이전에 지적되지 않은 세 번째 문제점은 설문 조
항의 표현이다. 예를 들어 CPI 자료 원천 중 하나인 세계경쟁력연감
은 고위직 기업가들에게 다음과 같이 매우 간단한 질문을 던진다.

　뇌물과 부패: 있다 또는 없다

다른 조사들은 여러 가지 다양한 유형의 부패를 하나의 전체적인 숫자로 총괄해서 나타낸다. CPI의 또 다른 자료 원천인 폴리티컬 리스크 서비스 가이드는 응답자에게 한 국가의 부패 정도를 0부터 6까지 평가하도록 한다. 이때 긴 설명을 통해 가이드를 제시하는데 이것은 마치 한 숲에 서식하는 동물들의 평균으로 숲을 평가하는 것처럼 보인다.

> 이 설문은 정치 시스템의 부패를 평가하는 것입니다. 비즈니스를 할 때 가장 보편적으로 직면하는 부패는 특별한 돈을 요구하는 금전적 부패와 수출입 허가, 외환 통제, 세금 산정, 경찰의 보호, 대출과 연관된 뇌물입니다. 여기서 측정하는 것은 과도한 후원, 정실 인사, 일자리 제공, 상호 호의 베풀기, 비밀스러운 자금 제공, 정치와 비즈니스의 의구심이 드는 밀접한 관계가 있습니다.

이런 식의 너무나 두리뭉실한 질문은 타당성 문제를 야기한다. 이런 방식의 조사는 의도하는 것 또는 주장하는 것을 제대로 측정할 수 없기 때문이다. 여기서 강조한 오류들이 있음에도 불구하고 하나의 덩어리로 계산한 CPI와 세계은행의 부패통제지수는 매년 간편한 수치로 나라별 부패 인식 수준을 비교할 수 있게 한다. 만약 이 작업을 자체적으로 조사한다면 난이도도 높고 비용도 많이 들기 때문이다. 국제투명성기구가 이 지수를 통해 전 세계적으로 반부패 운동에 기여하는 것은 칭찬받을 만하다. 내가 지적하는 문제는 부패 지수를 없애자는 것이 아니다. 이러한 지수를 사용하고 해석할 때 유의해야 한다는 것이다. 또한 연구자들은 내 연구가 수행한 것처럼 기존의 측정 방법을 개선하려고 노력해야 한다.

세분화한 부패 지수란 무엇인가

어느 한 나라의 총체적인 부패 수준보다 부패 구조(어떤 유형의 부패가 지배적이고 그 정도는 어느 정도인가)는 경제적, 사회적 결과에 더 큰 영향을 줄 수 있다. 이렇게 질적인 편차를 파악하기 위해서는 다른 종류의 측정 방식이 필요하다.

내가 아는 한, 내 연구는 질적으로 구별되는 국가별 부패 유형에 대해 처음으로 발표되는 지표를 제공한다. 나는 이것을 세분화한 부패 지수UCI라고 부른다. UCI는 바늘도둑, 소도둑, 급행료, 인허가료로 분류한 네 범주를 통해 국가별 전문가들의 인식을 조사한 원천 자료에 기반했다(1장에 나온 이론적 근거를 참조하라).

전문가 조사

연구자들은 일상적으로 국가 단위에서 제도나 정치적 상황을 측정하기 위해 전문가 조사를 사용한다. 그 사례로 CPI, 세계은행의 세계 거버넌스지수, 지구진실성기구의 아프리카진실성지수Global Integrity's Africa Integrity Indicators, 민주주의다양성지수Varieties of Democracy, 아비지트 배너지Abhijit Banerjee와 로히니 판데Rohini Pande의 정치적부패지수 등이 있다. 이러한 조사에서는 전문가를 대상으로 하는데 이들이 한 나라에서 비즈니스를 하거나 기사를 쓰거나 또는 연구를 할 때 전체 정치 경제를 넓은 시야로 조감할 경향이 높기 때문이다. 반면에 일반 시민의 경험은 일반적으로 일상에서 마주치는 자잘한 부패에 국한된다.[14]

2017년과 2018년에 걸쳐 수행한 UCI 조사는 이러한 전문가 응답을 기반으로 했다. 전문 분야의 학자들, 기자들, 그리고 비즈니스 리더들과 한 나라에서 10년 이상 경험이 있는 전문직 종사자들이 대상이었다. 선진국 편견 문제를 극복하기 위해 전문가 응답자들 중 45퍼센트는 조사 대상 국적으로 한정했다.

국가별 범주

나의 체계에 따르면 〈표 2-1〉에서 보듯이 4가지 범주를 보다 세분화하여 부패에 대해 자세히 측정했다. 각 하위 범주에 대해서 점수를 합산해 범주 합을 구했고 이는 다시 총체적 UCI 부패 지수로 더해진

	비엘리트	엘리트
도둑질	바늘도둑	소도둑
	하위 공무원의 불법적인 수수료 징수, 보호비 명목으로 갈취, 공공 서비스의 대가로 비용 강요, 공공 자금으로 단체 여행	고위 공무원이 개인 계좌로 공공 자금 횡령, 가족 명의로 된 가짜 고용, 국가 재산을 사적으로 유용, 국유 기업의 고위직이 횡령을 위해 담합
규찰	급행료	인허가료
	벌금을 피하기 위해 경찰에게 뇌물 제공, 기부 의류 서비스를 받기 위해 팁 제공, 허가를 받기 위해 제공하는 작은 규모의 뇌물, 뇌물을 받기 위해 만든 과도한 규제	계약 성사를 위해 지불하는 큰 규모의 뇌물, 계약을 위해 정치인 가족들에게 경비 지출, 정치인이 가족들에게 일자리 마련, 간접적인 뇌물을 받기 위한 정치인들의 후견주의 네트워크 만들기, 규제를 유리하게 만들기 위한 로비, 회전문 인사, 느슨한 감독과 처벌 면제

〈표 2-1〉 4가지 부패를 하위 범주로 세분화하였다.

다. 내 조사는 중국을 포함한 15개 국가의 점수를 각 범주별로 구했고, 각 범주의 총합도 구했다.

15개국은 저소득 국가(방글라데시, 가나, 인도, 인도네시아, 나이지리아), 중간 소득 국가(브라질, 중국, 러시아, 남아프리카공화국, 태국), 고소득 국가(일본, 싱가포르, 한국, 대만, 미국)로 이루어져 있다. 국가별 민주주의에 대한 전문가 인식 조사에서 상을 받은 민주주의 다양성 연구소V-Dem[15]처럼 국가별로 최소 4명의 전문가를 대상으로 조사를 진행했다.[16] 중국을 포함한 6개 나라는 7개 이상의 응답을 받았다(2장 부록에서 방법론의 세부 사항을 제공한다).

방법론적 혁신

내 조사는 몇몇 방법론에서 혁신적인 특징이 있다. 무엇보다도, 이 연구는 4가지로 분류한 부패 범주들을 직접적으로 측정한다. 비록 이전의 많은 연구가 진일보한 부패에 대한 분류가 없는 것은 아니지만 내가 아는 한 이를 국가별로 측정한 것은 이 연구가 처음이다.[17]

둘째, 내 조사는 모호한 범주인 인허가료(합법적 또는 불법적인 수익성이 있는 특권을 구입)에 대한 표적 지향적 측정을 시도했다. 뇌물과 횡령은 분명히 불법적이고 도덕적으로 비난받아 마땅하다. 그러나 회전문 인사처럼 민간 업체와 공직을 번갈아 맡는 행위와 로비를 통해 규제 기관이 규제 대상에 의해 포획되는 규제 포획은 보다 모호하다. 따라서 현존하는 전문가 인식 조사에서는 이 항목이 제외되곤 한다. 그럼에도 이 범주를 포함한 것은 로런스 레시그Lawrence Lessig가 "제도적 부패"[18]라 부른 것을 포착하기 위함이다. 내 조사는 인허가료를 전면적으로 등장시켰고 〈표 2-1〉에 정리한 것처럼 인허가료의 다양한 형태를 보여 준 첫 실증적 연구다.

세 번째 혁신은 부패 인식을 보다 정확하게 파악하기 위해 분명한 질문을 사용한 것이다. 대부분의 조사는 부패에 대해 조사할 때 응답자에게 매우 두리뭉실한 질문을 사용한다. 예를 들면 이런 식이다.[19]

다음을 평가하시오: 기득권에 의한 국가 포획

공공 자원에 대한 남용이 있었습니까? 정부에 과도한 관료주의적 규제나 등록 요건 등이 없습니까? 그리고 부패 기회가 증가하는 것을 막을 장치는 있습니까?

이러한 표현들은 여러 의미로 해석될 수 있다. 심지어 정반대의 의미로 해석될 수도 있다. 응답자들은 '국가 포획'이나 '공공 자원에 대한 남용'을 평가할 때 다른 정의나 시나리오를 가지게 된다. 이런 것들은 또다시 타당성 문제를 낳는다. 모호한 질문은 측정했다고 주장하는 것을 제대로 측정할 수 없도록 만든다.

측정 타당성을 개선하기 위해 내 연구는 양식화된, 구체적이며 동시에 유사한 부패 행위를 분류하기에 적합한 일반적인 질문지를 사용하여 응답자의 답변을 이끌어 낸다. 질문지는 학자들의 작업에서 보고되거나 언론에 보도된 실제 사건을 기반으로 한다. 예를 들어 어떤 질문은 보시라이의 파란만장한 이야기를 바탕으로(5장) 다음처럼 정실 자본주의에 대해 묻는다.

막강한 권력을 지닌 관료와 밀접한 관계를 형성하고 그의 가족의 경비를 지불함으로써 기업가가 공공 건설 프로젝트에서 독점적 지위를 형성한다. 현재 귀하의 나라에서 이런 방식의 시나리오가 얼마나 일반적입니까?[20]

다른 조사의 질문은 저우융캉周永康 사건—중국의 고위 관료로 2014년 낙마했다—을 기반으로 했는데 질문은 다음과 같다.

최고위급 정치인이 경제의 특정 분야에서 독점적 권력을 행사하는 전임자의 측근, 후견인, 가족 구성원들과 광범위하게 네트워크를 형성하고 있습니다. 그 정치인 자신은 절대로 뇌물을 받지 않지만 거대한 뇌물이 이 네트워크를 통해서 흘러 들어갑니다. 현재 귀하의 나라에서 이런 방식의 시나리오가 얼마나 일반적입니까?

세 번째 질문지는 한 발은 정부에, 다른 한 발은 기업에 걸치는 이익 충돌을 다룬다. 이 질문은 "워싱턴과 월스트리트 사이의 회전문 인사"라는 《뉴욕타임스》 보도에 기반했다. 이 보도에서는 미국의 주택 정책을 설계한 고위급 인사들이 대형 은행 또는 로비 단체의 수장으로 변모한 것을 폭로했다.[21]

주요 인사들이 공적 영역과 사적 영역을 수시로 옮겨 다닌다. 그리고 이러한 관행을 금지하는 법이 없다. 현재 귀하의 나라에서 이런 방식의 시나리오가 얼마나 일반적입니까?

이전 연구들은 응답자들이 잠재적으로 다르게 이해할 수도 있는 질문을 사용한다.[22] 내가 사용한 질문지는 이들과 다르며 문화적 차이와 여러 편향, 부패를 구성하는 것과 부패를 측정할 때 지속적으로 제기되는 문제들을 극복할 수 있도록 설계됐다.[23]

수전 로즈 애커먼Susan Rose Ackerman은 "한 사람의 뇌물은 다른 사람의 선물이다"[24]라고 했다. 내가 수행했던 조사의 질문지는 응답자로 하여금 판단을 요구하거나 어떤 시나리오가 부패인지 결정하도록 요구하지 않는다. 나는 단순히 응답자들에게 그런 일들이 얼마나 자주 일어나는가를 질문할 뿐이다. 응답자들은 양식화된 질문지를 통해 같은 시나리오를 평가하게 된다. 이런 방식으로 나의 측정 전략은 일관성을 제고할 수 있었다.

인식 수준 측정하기

종합하자면, 내 조사 방식은 표준적인 측정 방법에 비해 여러 이점을 제공한다.(〈표 2-2〉) 가장 중요한 차이는 이런 방식이 연구자로 하여금 다양한 형태의 부패를 그 자체로, 그리고 적절한 이론적 범주로 연구할 수 있도록 해 주어 구체성과 추상성을 동시에 가질 수 있게 한다. 내 조사에서 확인할 수 있지만, 같은 CPI 점수의 두 나라(예를 들면 중국과 인도)는 주요 부패 양상이 매우 다르다. 게다가 이 조사는 다양한 형태의(합법적, 비합법적) 인허가료를 파악해 낸다.

마지막으로 모호한 질문지가 아닌 양식화된 질문지를 사용함으로써 측정 유효성을 개선했다. 회의론자들은 인식 수준에 기반한 조사가 근본적으로 잘못되었고 부패 인식 수준이 경험과 잘 맞지 않으므

CPI 같은 표준 방법론의 문제점	UCI가 문제점을 해결한 방식
하나의 덩어리로 수치화된 지수는 부패의 구성 요소들을 은폐한다. 부패를 양적인 차이만 있는, 균질한 것으로 보도록 하고 질적으로 다른 것은 감춘다.	UCI는 질적으로 다른 형태의 부패 그 자체를, 이론적이고 적절한 범주로 연구할 수 있도록 한다. 이러한 측정 방식은 구체성과 추상성을 확보한다.
기존의 조사는 복잡하고 불법적이지 않은 형태의 부패를 파악하기 어렵다. 특히 인허가료 같은 범주를 파악하기 어렵다.	UCI는 4가지 형태의 부패를 측정하기 위해 고안되었다. 이 4가지 범주에 인허가료처럼 모호한 영역이 포함된다.
'국가 포획'이나 '사적 이익을 위한 공공 자원 남용' 같은 두리뭉실한 주제에 대한 평가를 할 때, 응답자들은 조사자의 정확한 요구가 무엇인지 잘 모르거나 질문에 대해 다른 시나리오를 가지곤 했다.	UCI는 양식화된 질문지로 응답자가 같은 시나리오를 평가하도록 했으며 따라서 측정 유효성과 신뢰성을 제고했다.

〈표 2-2〉 인식 수준 조사에서 UCI 방법론의 이점들.

로 폐기되어야 한다고 주장하기도 한다.[25] 그러나 전문가 인식 수준에 기반한 부패 지수는 국가 간 비교에서 가장 많이 사용되고 가장 강한 영향력을 가진 지표다.[26] CPI 같은 국제적 지수는 대외 원조를 결정하며,[27] 기업의 투자 결정과 개혁 정책을 안내하고, 광범위한 미디어의 주목을 받으며, 정부의 이미지에 영향을 준다. 따라서 전문가 인식 수준 지표를 개선하는 것은 지표의 한계에도 불구하고 매우 큰 영향을 주게 된다.

나라별 부패 인식 수준 비교

내 조사 방법을 설명했으므로 이제 결과를 살펴볼 차례다. 2장 부록의 〈표 A2-1〉에 4가지 범주(바늘도둑, 소도둑, 급행료, 인허가료)를 0에서

부패한 중국은 왜 성장하는가

10점까지 나누어서 계산한 UCI 점수를 나타냈다. 10점은 가장 부패가 심한 정도를 의미한다. 4가지 범주의 점수들의 합은 0에서 40점 사이에 있게 된다. 분석을 단순하게 하기 위해 〈그림 2-1〉처럼 점수를 시각화했다. 4가지 범주 중 가장 큰 점수를 차지한 범주는 진한 회색으로 표현했으며 한 나라의 부패 유형 중 가장 지배적인 것을 나타낸다.

각국의 총 UCI 점수와 세분화한 점수는 〈그림 2-2〉에 있으며 가장 부패 지수가 높은 나라부터 낮은 순으로 나타냈다. 가장 부패한 나라는 방글라데시(1위)였고 가장 깨끗한 나라는 싱가포르(15위)였다. 싱가포르, 일본, 대만, 한국은 이른바 동아시아의 '발전주의'[28] 국가들이다. 이 나라들은 미국 다음으로 부패 점수가 낮으며 전체적으로 가장 부패 정도가 낮은 국가들이다. 6위인 중국은 브라질과 남아프리카공화국보다 더 부패하고 러시아, 인도네시아, 나이지리아보다는 덜 부패한 것으로 파악됐다.

그러나 2017년 발표된 CPI 순위와 이 책의 UCI 순위를 비교해 보

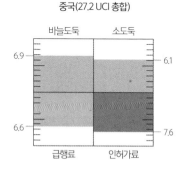

〈그림 2-1〉 중국의 총 UCI 점수와 4가지 범주별 점수.

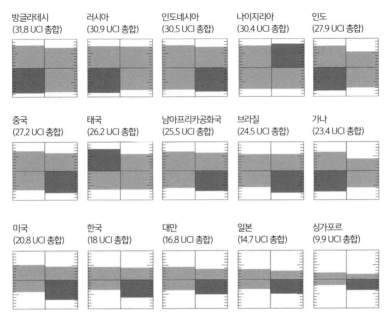

방글라데시
(31.8 UCI 총합)

러시아
(30.9 UCI 총합)

인도네시아
(30.5 UCI 총합)

나이지리아
(30.4 UCI 총합)

인도
(27.9 UCI 총합)

중국
(27.2 UCI 총합)

태국
(26.2 UCI 총합)

남아프리카공화국
(25.5 UCI 총합)

브라질
(24.5 UCI 총합)

가나
(23.4 UCI 총합)

미국
(20.8 UCI 총합)

한국
(18 UCI 총합)

대만
(16.8 UCI 총합)

일본
(14.7 UCI 총합)

싱가포르
(9.9 UCI 총합)

〈그림 2-2〉 국가별 UCI 점수와 순위.

면 차이점이 눈에 띈다. 나는 극단적인 순위의 나라들보다 중국처럼 중간 순위 나라들의 평가와 순위가 다른 평가 방식보다 더 민감하다는 것을 발견했다. 〈그림 2-3〉은 2가지 방식의 부패 점수이며 1위는 가장 부패하고 15위는 가장 덜 부패한 것을 나타낸다.[29]

극단적인 부패 지수를 가진 나라들, 그러니까 최고 또는 최저 수준의 부패 지수를 가진 나라들의 CPI와 UCI의 순위에는 일관성이 있지만 중간 정도로 부패한 나라들의 순위에는 많은 차이가 발견된다. 예를 들어 내 조사에 의하면 중국은 대만, 브라질, 가나보다 더 부패한 것으로 나온다. 그러나 CPI 조사에서 중국은 이 세 나라보다 덜 부패한 것으로 나온다. UCI 순위에서 나이지리아는 러시아와 인도네시아보

부패한 중국은 왜 성장하는가

UCI 순위   CPI 순위

방글라데시 ①   ①
러시아 ②   ②
인도네시아 ③   ③
나이지리아 ④   ④
인도 ⑤   ⑤
중국 ⑥   ⑥
태국 ⑦   ⑦
남아프리카공화국 ⑧   ⑧
브라질 ⑨   ⑨
가나 ⑩   ⑩
미국 ⑪   ⑪
한국 ⑫   ⑫
대만 ⑬   ⑬
일본 ⑭   ⑭
싱가포르 ⑮   ⑮

〈그림 2-3〉 UCI와 CPI 순위 비교.

다 덜 부패하지만 CPI에서는 15개국 중 가장 부패한 것으로 나온다.

두 번째 차이점은 CPI가 미국을 더 우호적으로 평가한다는 것이다. 〈그림 2-3〉에서 보듯이 미국(14위)은 한국(11위), 일본(13위)보다 부패가 적다. 그러나 내 조사는 이와 반대의 결과를 보여 준다. 왜 이런 결과가 나왔을까? 가능한 하나의 설명은 문화적 편견을 들 수 있다.

CPI를 측정할 때 최초 자료 원천은 서구의 비즈니스 컨설팅 기업이 해외에서 일하는 서양 출신 기업인들을 조사한 것이 주를 이룬다. 이러한 응답들은 미국이 덜 부패하다는 선입견을 가질 수 있다.

또 다른 비교를 해 보자. 만약 UCI 총점을 낼 때 20개 하위 범주로부터 얻은 응답을 종합해 점수를 매기는 방식이 아닌, 전체적인 부패 정도를 물어보는 단 하나의 질문으로 했다면 어떤 결과가 나올까? 내 조사에서는 이것이 첫 번째 질문이었다. "한 국가의 부패 정도를 0에서 10으로 나타낸다면(10이 가장 부패가 심한 정도) 이 나라의 부패는 현재 어느 정도일까요?"[30] 이런 유형의 질문은 CPI 조사에 있어서 전형적으로 사용하는 질문이다.[31]

〈그림 2-4〉는 2가지 방법으로 조사한 점수다. 하나는 세분화한 UCI 방식, 다른 하나는 전체적인 부패 정도를 단일 수치로 물어보는 방식을 사용했다. 이를 통해 응답자가 전체적 수준의 부패 정도를 묻는 질문을 받으면 부유한 나라들의 부패는 과소평가하고 가난한 나라들의 부패는 과대평가한다는 것을 알 수 있다. UCI에 따르면 미국과 싱가포르는 단일 수치가 보여 주는 전체적 부패 수준보다 더 부패했다고 할 수 있다. 이에 대한 가능한 설명은, 응답자가 전체적인 부패 수준을 묻는 질문에 답할 때 영향력 행사, 규제 포획 또는 인허가료 같은 비불법적인 것은 간과한다는 것이다. 그러나 인식 조사를 세분화하면 이러한 요소들이 구분되어서 전체에 포함된다.

반대로, 나이지리아와 가나는 세분화한 UCI 총점이 아닌, 전체적인 부패 수준을 나타낸 단일 수치로 봤을 때 더 부패한 것으로 나타난다. 이것은 가나의 주요 부패 유형(급행료)과 나이지리아의 주요 부패

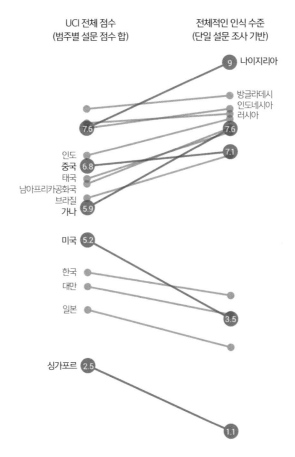

UCI 전체 점수
(범주별 설문 점수 합)

전체적인 인식 수준
(단일 설문 조사 기반)

9 나이지리아

방글라데시
인도네시아
러시아

7.6

7.6

7.1

인도
중국 6.8
태국
남아프리카공화국
브라질
가나 5.9

미국 5.2

한국
대만

일본

3.5

싱가포르 2.5

1.1

〈그림 2-4〉 UCI와 전체적 부패 인식 수준 점수 비교.

유형(소도둑)이 대중에게 잘 알려져 있고 동시에 많은 지탄을 받기 때문이다. 중국은 CPI와 비교해 보면 나의 세분화한 UCI 점수보다 조금 높은 수준의 부패 정도를 보인다. 이는 중국의 미디어가 부패의 심각성을 널리 알리고, 지도자들이 공공연하게 부패를 위기로 간주하는 분위기를 반영하기 때문이다.

어떤 유형의 부패가 지배적일까

UCI 방식으로 부패 인식 수준을 파악할 때의 또 다른 이점은 각 나라에서 어떠한 유형의 부패가 지배적인가를 판단할 수 있다는 것이다. 내 조사 방법은, 특정 부패 유형을 한 나라만의 독특한 것으로 보려는 주관적 분류 방식을 선택하는 대신 여러 하위 범주의 상대적 비중을 조사할 수 있게 한다. UCI 점수를 구성하는 항목 중에서 가장 높은 점수를 받은 범주가 그 나라의 지배적인 부패 유형으로 해석될 수 있다. 이러한 특징을 통해 〈그림 2-2〉에서 진한 회색으로 지배적인 부패 유형을 시각화했다.

결과는 놀라웠다. 중국에서 지배적인 부패 유형은 인허가료였다. 이 부패 유형은 5개의 고소득 국가(일본, 싱가포르, 한국, 대만, 미국)와 같은 것이었다. 또한 3개의 신흥 시장 국가(브라질, 인도네시아, 남아프리카공화국)와 같다. 이에 반해 방글라데시, 가나, 인도, 러시아는 급행료가 지배적이었다. 이것은 특권 구입보다 괴롭힘과 지연을 피하기 위해 뇌물을 자주 이용한다는 것을 의미한다. 대부분 질적인 설명과 일치하듯이,[32] 나이지리아의 부패는 엘리트 계층이 공공 자금과 자원을 횡령하는 소도둑 유형으로 설명된다. 태국에서는 하위 공무원의 갈취 같은 바늘도둑 형태의 부정행위가 가장 두드러진다.[33] 이러한 부정행위는 상호 교환을 목표로 하지 않는다.

중국과 러시아 비교

이 장에서 보여 준 실증적 연구들은 중국 연구자들로 하여금 "중국

부패한 중국은 왜 성장하는가

의 부패는 다른 나라들과 상이한가? 만약 그렇다면 어떻게 다른가?"
라는 질문에 객관적으로 평가할 수 있도록 한다.

나는 중국과 러시아를 비교하는 것으로 시작할 것이다. 공산주의
이후의 사회를 공부하는 학생들은 오랫동안 '경제적 자유화가 왜 중
국에는 활기찬 자본주의적 성장을 불러왔으나 소비에트공화국에는
몰락을, 러시아에는 경기 침체를 가져왔는가'에 대한 의문을 품어 왔
다. 중국과 러시아 모두 체제가 자본주의 경제로 전환하는 시기에 폭
발적인 부패의 성장을 경험했다. 왜 두 나라의 경제적 결과는 이토록
다른가?

대중적으로 설득력 있는 하나의 설명은, 러시아의 부패가 중국의
것보다 '더 파괴적'이었다는 것이다.[34] 올리비에 블랑샤르Olivier Blanchard
와 안드레이 슐라이퍼는 러시아와 다르게 중국은 공산당의 중앙 집권
적 통치 아래서 자본주의화했다고 주장한다. 그 결과 중국에서의 부
패는 혼돈이나 무법 상태로 타락하지 않았다.[35] 쑨옌은 이러한 주장에
동조하면서, 러시아는 무법적인 '약탈'에 의해 망가졌지만 중국은 '지
대 추구'나 '이익 공유' 같은 뚜렷한 차이가 있다고 주장했다.[36] 그러나
위드먼은 동의하지 않는다. "쑨옌이 주장하듯이 약탈에 비해 이익 공
유가 많다고 해서 중국에서의 부패가 공산주의 이후 러시아의 부패와
다르다고 주장하는 것은 틀렸다. 중국은 이 두 가지 부패 모두를 가지
고 있다."[37]

학계 밖의 업계 중역들 역시 일화에 근거해 비교한다. 두 나라에서
모두 일해 본 댄 해리스의 블로그를 보면[38] "나는 러시아에 갔던 횟수
보다 중국에 다섯 배는 더 갔었다. 나는 러시아 경찰로부터 적어도 한

번 이상 뇌물 상납을 요구받았다. 중국에서는 이런 일은 없었다." 그는 또한 중국 당국은 러시아 당국보다 급행료(허가증을 받기 위해 바치는 뇌물이나 수수료)도 덜 요구했다고 말한다. 그에 의하면 "러시아에서의 요구는, 만약 당신이 상표 등록 신청을 빨리 진행하기 위해 수수료를 내지 않는다면 당신의 신청서가 '어두운 구석'에 처박힐 것임을 의미한다. 중국에서는 이러한 일은 일반적이지 않다."

해리스의 개인적인 경험과 관찰이 다른 응답자들에게도 마찬가지일까? 쑨옌이나 위드먼이 맞을까? UCI는 다양한 관찰에서 나온 주장을 객관적인 기준으로 평가할 수 있는 틀을 제공한다. 내 분류법으로 표현하면 3가지 연구 분야로 설명할 수 있다.

- 쑨옌과 위드먼이 '약탈'이라고 불렀던 소도둑 행위는 러시아보다 중국에서 낮은 수준이었는가?
- 쑨옌이 '지대 추구'와 '이익 공유'라고 표현한 인허가료가 러시아보다 중국에서 높은 수준이었는가?

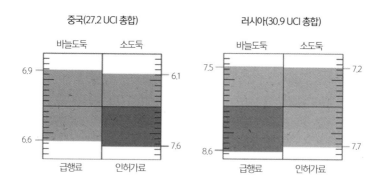

〈그림 2-5〉 중국과 러시아의 UCI 점수.

부패한 중국은 왜 성장하는가

- 해리스가 경험했던 경찰의 요구 '일 처리를 빨리하기 위한 수수료'와 '뇌물을 받기 위한 강탈 위협'이 러시아보다 중국에서 낮은 수준이었는가?

〈그림 2-5〉는 이러한 질문들에 대한 나의 대답을 보여 준다. 첫째, 나는 중국이 소도둑 범주에서는 러시아보다 적은 점수를 받았음을 알아냈다. 내 조사에 따르면 중국은 소도둑 범주에서 10점 만점에 6.1점을 받아 러시아의 7.2점보다 적었다. '정치 지도자가 횡령한 자금을 해외로 빼돌리는 경우가 종종 있는가'라는, 소도둑의 하위 범주 질문에서 중국은 5점 만점에 2.8점을 받았는데(이것은 '가끔 있다'로 해석한다) 러시아의 3.8점('자주 있다')보다 적었다.

둘째, 인허가료 범주에서 중국은 러시아보다 더 높은 수준인가? 그렇지 않다. 두 나라는 거의 비슷한 점수를 받았다. 그러나 중국에서 가장 지배적인 부패 유형은 인허가료다. 반면에 러시아에서는 급행료다. 중국은 두 유형(급행료와 인허가료)의 부패 모두 '많다'던 위드먼의 주장은 맞는가? 이 질문의 대답은 '많다'의 정의에 달려 있다. 중국이 두 유형의 부패를 모두 가지고 있는 것은 사실이다. 그리고 두 유형의 점수도 평균 이상이다. 그러나 러시아와 비교했을 때 중국의 소도둑 유형은 러시아보다는 덜 지배적이다.

중국의 급행료 범주 점수는 러시아보다 낮은가? 그렇다. 중국의 급행료 수준은 6.6점이고 러시아는 8.8점이다. 이 수치는 태국의 6.4점과 가장 비슷하다. 내가 가진 자료에 의하면 러시아는 방글라데시(8.7점)에 이어 두 번째다. 이러한 사실은 해리스가 말한 '신속한 일처리'와 '강탈 위협'을 모면하기 위해 뇌물을 주는 경우가 중국보다 러시아에

범주	질문지	중국 점수	러시아 점수
급행료	적발된 과속 운전자를 뇌물을 받고 현장에서 풀어 줌	2.7	4.5
	허가증 발급 시간을 단축하기 위해 담당 공무원에게 적은 규모의 뇌물을 줌	3.5	4.1

〈표 2-3〉 중국과 러시아의 급행료 비교.

서 더 일반적이었다는 것을 뒷받침한다. 보다 자세한 분석을 위해서 우리는 급행료의 2가지 하위 범주 점수를 비교해 볼 수 있다.(〈표 2-3〉) 2가지 범주 중 하나인 자질구레한 뇌물은 벌금을 모면하기 위한 것이고 또 다른 뇌물은 허가를 얻는 과정에서 시간을 줄이기 위한 것이다. 두 하위 범주 모두 중국의 점수는 러시아보다 낮았으며 차이는 자질구레한 뇌물에서 더 컸다.

비록 내 조사가 결코 완벽한 것은 아니지만 체계적으로 수집된 증거를 통해, 러시아의 부패 구조가 중국과 매우 다르다는 것을 보여 준다. 나는 러시아가 전체 부패 수준이 중국보다 높다는 것을 보였을 뿐 아니라 보다 파괴적인 유형의 부패가 어떤 것인지도 밝혔다. 소도둑, 급행료, 바늘도둑 같은 유형의 부패는 기업 활동을 위축시키고 공공 재산을 낭비하게 만든다. 이렇게 수집된 증거들은 다음 사실을 보여 준다. 러시아는 급격한 정치적 자유화로 인해 모든 형태의 부패가 봉인 해제된 반면 중국은 성장을 저해하는 부패를 보다 효과적으로 통제했음을 말이다. 중국에서는 경찰관들과 하위 공무원에 대한 규율이 좀 더 강했던 것으로 보인다.

부패한 중국은 왜 성장하는가

중국과 인도 비교

부패를 단일 수치로 살펴보면 부패의 중요한 구조적 차이를 못 볼 수 있다. 이것은 중국과 인도를 비교함으로써 명확하게 드러난다. 두 나라는 정치적으로 딴판이다. 인도는 전 세계에서 가장 큰 민주주의 국가이고 중국은 가장 큰 독재 국가다. 두 나라 모두 광대한 영토와 다층적인 정부 구조를 지니고 있다. 표준적인 부패 지수로는 두 나라 모두 전체적인 부패 수치가 상당히 비슷하다. 2017년 중국의 CPI 점수는 41점이었고 인도는 40점이었다. 내 연구에서도 중국과 인도는 서로 나란히 순위가 매겨져 있다. 그렇지만 〈그림 2-6〉이 보여 주듯 부패의 구성에는 많은 차이가 있다.

부패의 구조를 본다면 중국과 인도는 서로 거울에 비친 상과 같다. 바늘도둑과 급행료(일상생활에서 나타나는 부패)는 인도에서 보다 보편적인데 각각 인도가 중국보다 0.7, 1.4점 높다. 한편 소도둑과 인허가료(엘리트와 연관된 부패)는 중국이 인도보다 더 보편적이며 각각 0.6점 높다.

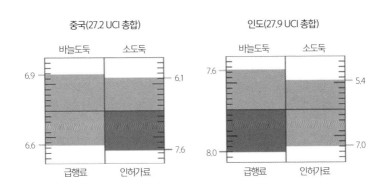

〈그림 2-6〉 중국과 인도의 UCI 점수.

중국과 인도를 비교하면 급행료(행정적 장벽 또는 지연을 넘기 위한 뇌물)와 인허가료(프로젝트에 특별한 접근을 위한 뇌물)의 차이가 극명하게 드러난다. 미묘한 차이를 분석하기 위해 〈표 2-4〉는 중국과 인도의 부패 지수에 대한 4가지 조사를 보여 준다. 2개는 급행료에 관한 것이고 2개는 인허가료에 관한 것이다. 중국 사람들 역시 시도 때도 없는 수수료 갈취나 작은 규모의 뇌물에 대해 불평하지만,[39] 이러한 유형의 부패는 인도에서 더 일반적이다. 예를 들어 《뉴욕타임스》 보도에 의하면 인도의 병원에서는 기본적인 서비스를 제공할 때도 일상적으로 뇌물을 요구한다. 휠체어가 필요하거나 갓 태어난 아기를 안아 볼 때에도 뇌물을 요구한다고 한다.[40] 비즈니스 영역에서는 자질구레한 허가를 빨리 받기 위한 뇌물(고전적인 급행료의 사례)은 인도(4.5점)가 중국(3.5점)보다 더 보편적이다.

이러한 결과는 작은 규모의 뇌물에 대한 시민들의 개인적 경험을

범주	질문지	중국 점수	인도 점수
급행료	공공 병원에서 환자가 가장 기본적인 서비스(휠체어 제공이나 신생아 안아 보기 등)에 대해 팁이나 작은 뇌물을 줌	3.1	3.7
	허가증 발급 시간 단축을 위해 담당 공무원에게 적은 규모의 뇌물을 줌	3.5	4.5
인허가료	공공 건설 프로젝트에 대한 독점적 지위를 얻기 위해 권력이 많은 공무원과 관계를 맺고 그의 가족에게 경비를 대는 행위	4.1	3.3
	최고위급 정치인이 경제의 특정 분야에서 독점적 권력을 행사하는 전임자의 측근, 후견인, 가족 구성원들과 광범위하게 네트워크를 형성함. 비록 정치인 그 자신은 어떠한 뇌물도 받지 않지만 거대한 규모의 뇌물이 이 네트워크를 통해 유입됨	3.5	4.1

〈표 2-4〉 중국과 인도의 급행료 및 인허가료 비교.

부패한 중국은 왜 성장하는가

토대로 작성한 국제부패척도the Global Corruption Barometer, GCB와 일치한다. 국제부패척도는 CPI와는 별도로 국제투명성기구가 여러 나라에 걸쳐서 조사하는 원본 자료를 통해 만든 척도다. 2015년부터 2017년까지 수행된 GCB는 최근 12개월간 공공 서비스를 받기 위해 뇌물을 제공했는가를 묻는다.[41] 이 조사 결과, 인도는 69퍼센트, 중국은 26퍼센트의 응답자가 작은 규모의 뇌물을 제공했다고 이야기한다. GCB에 따르면 중국에서는 작은 규모의 뇌물 문제가 베트남(65퍼센트), 태국(41퍼센트), 인도네시아(32퍼센트)보다 덜 일어나고 있음을 알 수 있다.

중국은 작은 규모의 뇌물 문제가 인도보다 작긴 하지만 인허가료 문제는 넘쳐 났다. 시진핑의 반부패 운동 중에 낙마한 상무위원회 전 위원이었던 저우융캉의 스캔들을 보면, 최고위급 중국 정치인들이 그 자신은 뇌물을 받지 않지만 광대한 네트워크를 형성하고 이 네트워크로 거대한 뇌물이 흘러들게 하는 것을 알 수 있다.[42] 내 연구는 엘리트와 네트워크에 기반한 뇌물이 인도보다 중국에서 더 일반적임을 보여 주었다. 보시라이의 경우처럼 중국에서는 정치 지도자의 가족들에게 특전을 제공해서 정치인과 밀접한 관계를 맺는 것이 보다 일반적이었다.

결론적으로 말하자면, 인도에서는 장애물을 넘어서기 위해 뇌물을 제공하고 중국에서는 수익성이 좋은 사업 계약을 따내기 위해 뇌물을 제공한다. 인도의 뇌물이 윤활유라면 중국의 뇌물은 슬러지(옮긴이 주; 사어 폐기물이 긴 항과 아나오나 산업 배수 처리 때 물속의 부유물이 침전하여 진흙 상태로 된 것을 말한다.)에 가깝다. 이러한 차이는 정치 체제의 차이에서 비롯된다.[43] 발전 지향적인 중국 전제 정치에서 권력은 개별적 지도자들에게 집중되어 있다. 이들은 손쉽게 규제를 해제하거나 문호를 개방할 수 있는 권력을 지녔다. 반면에 견제와 균형의 원리에 근거한 인도의 분절적인 민주주의 정치 체제는 많은 당국자들에게 결정을 막을 권한을 부여하지만 계약을 확대하거나 요구 사항을 일방적으로 승인할 수 있는 권한은 주지 못한다. 프라나브 바르단Pranab Bardhan은 이런 사정을 뉴델리의 고위급 공무원의 말을 인용해 직관적으로 설명한다. "만약 당신이 어떤 소송을 빨리 진행해 달라고 요구한다면 내가 도울 수 있는지는 잘 모릅니다. 하지만 어떤 소송을 중단해 달라고 요구한다면 나는 바로 중단할 수 있습니다."[44]

인허가료와 급행료의 경제적 사회적 효과는 매우 다르다. '나는 뇌물을 제공했다I-Paid-A-Bribe'라는 회사의 공동 창업자인 스와티 라만탄Swati Ramanathan에 의하면 인도에서 "푼돈 뇌물은 일상생활에 영향을 준다."[45] 이러한 유형의 부패는 사업 지연, 비효율성, 비용을 불러온다. 이 중에서 가장 나쁜 것은 이러한 유형의 부패로 인한 부담이 주로 빈자에게 집중된다는 것이다. 반면에 인허가료는 중국이라는 자본주의 기계에 연료를 공급했고, 사업 계약을 위해 인허가료를 지불한 자본가를 부자로 만들었으며, 빠른 성장을 이룩한 공산당 간부에게 두둑한 보상을 주었다. 물론 장기적으로는 불평등과 정책 및 자원 배분의 왜곡을 가져와 심각한 해를 끼칠 수 있다.(5장)

권위주의적 중국과 민주주의적 인도를 비교함으로써 체제 유형(민주주의와 권위주의)과 부패의 관계를 다른 각도에서 생각할 수 있다. 부패 지수를 단일 수치로 살펴보는 기존의 국가 간 분석에 의하면 민주주의적 정책들과 부패와의 상관 계수는 일관적으로 양수도 아니었고

부패한 중국은 왜 성장하는가

음수도 아니었다.[46] 내 분석은 또 다른 인식 지평을 환기한다. 부패의 전체적인 수준보다는 체제 유형이 주요 부패 유형에 미치는 영향을 주목해야 하는 것이다. 그러나 기존의 부패 지수는 질적인 변이를 파악하지 못한다. 이에 대해 매슈 스티븐슨Matthew Stephenson은 적절하게 지적했다. "부패인식지수에 의존하면 부패 유형이 바뀌는 것을 전체 부패 수준의 변화로 오해할 수 있다."[47] 이러한 문제를 교정할 방법은 내가 이 책에서 밝혔듯이 다른 유형의 부패를 측정할 수 있는 새로운 지수를 만드는 것이다.

중국과 미국 비교

이제 우리는 세 번째 흥미로운 비교를 할 것이다. 바로 중국과 미국이다. 전체적인 부패 점수를 보면 두 나라는 비교할 수 없을 정도로 떨어져 있다. 미국은 전 세계에서 가장 부패가 낮은 나라들에 속한다. 미국의 CPI 점수는 180개 국가 중 16위를 차지한다. 중국은 77위다. 중국과 달리 미국의 고위 관료들은 일상과 맞닿은 부패 스캔들을 찾아보기 힘들다. 미국 중산층들도 일반적으로 뇌물을 받는 공무원을 보기가 힘들다.

그러나 두 나라는 무언가 공통점이 있다. 부패의 지배적인 유형이 바로 인허가료라는 점이다. 확실히 해 두기 위해 중국은 4가지 부패 영역 모두에서 그 정도가 미국보다 심하다. 그렇지만 인허가료만 보면 그 차이가 작다. 실제로 미국의 인허가료 범주 점수는 내가 조사한 15개 국가 중 평균 이상(6.9점)이었으며 태국(6.5점), 한국(6.1점), 심지어 가나(5.8점)보다 높았다. 우리가 하나로 총괄한 부채 수치에 의존한다

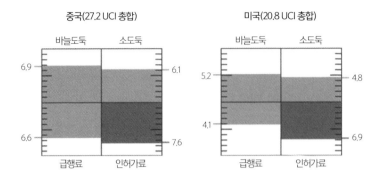

중국(27.2 UCI 총합)

미국(20.8 UCI 총합)

〈그림 2-7〉 중국과 미국의 UCI 점수.

면 이처럼 매우 독특한 통계를 제대로 보지 못하게 된다.

보다 더 재미있는 것은 서로 다른 유형의 인허가료가 중국과 미국에서 지배적이라는 사실이다. 〈표 2-5〉는 3가지 질문지에 기반해 미국과 중국의 차이점을 비교했다.

처음 질문지는 뇌물의 통로가 되는 광범위한 네트워크 형성에 대한 것인데 중국은 확실히 이 분야에서 지배적이다. 그러나 두 번째, 세 번째 질문인 회전문 인사와 로비를 통한 규제 포획을 보면 미국이 더

질문지	중국 점수	미국 점수
최고위급 정치인이 특정 경제 분야에서 독점적 권력을 행사하는 전임자의 측근, 후견인, 가족 구성원들과 광범위한 네크워크를 형성함. 비록 정치인 그 자신은 어떠한 뇌물도 받지 않지만 거대한 규모의 뇌물이 이 네트워크를 통해 유입됨	4.3	3.0
유력 인사가 공적 영역과 사적 영역의 요직을 번갈아 차지하고 이런 관행을 금지하는 법이 없음	3.3	4.4
자신들이 속한 산업의 규제와 법령에 영향을 끼치기 위해 주요 회사가 여러 로비스트를 고용해 정책 결정자들에게 특권을 제공(현금성 뇌물 아님)	3.5	4.6

〈표 2-5〉 중국과 미국의 인허가료 비교.

부패한 중국은 왜 성장하는가

크다. 이는 미국 자본주의, 민주주의에서 인허가료가 제도화된 것을 의미한다. 이미 몇몇 미국 학자들은 이 점을 지적했다.[48] 레시그는 미국 의회를 예로 들며 "우리는 제도 내의 그 어떤 구성원도 부패하지 않았지만 제도 자체가 부패한 것을 생각할 수 있다"[49]라고 말한다. 요약하자면 미국에서는 인허가료가 기본적으로 제도화된 것이다. 중국의 인허가료는 여전히 개인적인 관계, 뇌물, 불법적인 행위와 얽히고 설켰다는 차이가 있을 뿐이다. 중국의 인허가료는 낙후된 인허가료라고 표현할 수 있다.

정말 부패는 성장을 방해하는가

1995년 마우로의 논문 〈부패와 성장〉은 부패가 경제적 성장에 미치는 영향을 연구할 때 가장 많이 인용되는 논문 중 하나다. 저자는 70개 국가의 부패 지수와 비즈니스인터내셔널Business International, BI이 제공한 관료주의 행태에 대한 자료를 바탕으로 회귀 분석을 통해 "부패와 투자의 역의 상관관계는 통계적으로나 경제적으로나 모두 두드러진다"[50]고 결론 내린다. 보다 최신의 통계적 연구들은 마우로의 발견을 지지하지만[51] 몇몇 연구는 그렇지 않다.[52]

내 연구는 이러한 연구 접근 방식에 2가지 중요한 문제점이 있음을 밝혔다. 마우로와 다른 학자들은 하나로 총괄한(단일) 부패 지수에 기반한 연구를 진행했으며 이러한 지수는 인허가료를 과소평가하거나 무시한다. 사실 이런 유형의 부패는 미국의 사례에서 볼 수 있듯

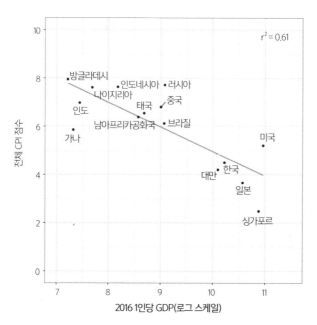

〈그림 2-8〉 UCI 점수와 소득 수준의 음의 상관관계.

이 고소득 국가에서 만연한다. 두 번째 문제는 표준적인 회귀 분석은 부패가 성장률이나 소득 수준별로 미치는 영향만을 분석한다는 사실이다. 이런 방식은 지연 효과나 티핑 포인트를 파악하지 않고, 따라서 2008년 금융 위기처럼 위험과 왜곡이 집적되어 폭발적으로 나타나는 위기를 포착하지 못한다.

내가 연구한 15개 국가의 데이터는 인과성 분석을 하기에는 턱없이 부족하다. 그러나 세분화한 부패 지수와 경제적 성장 사이의 상관관계를 분석하는 데 유용한 통찰을 제공할 수 있다. 〈그림 2-8〉은 UCI 부패 지수와 1인당 GDP 사이에 분명한 음의 상관관계가 있음을 보여 준다. 이런 결과는 부유한 나라가 덜 부패했다는 이전의 연구와 부

부패한 중국은 왜 성장하는가

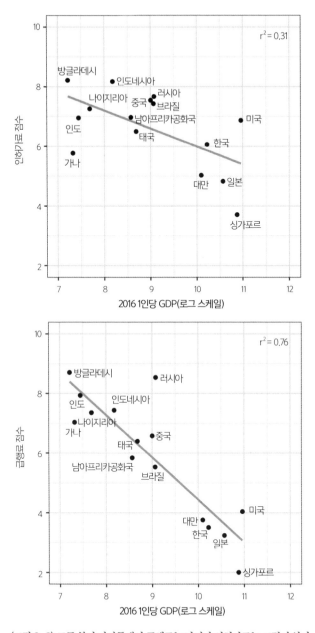

〈그림 2-9〉 모든 부자 나라들에서 급행료는 낮지만 인허가료는 그렇지 않다.

합한다.

그런데 UCI 부패 지수를 급행료와 인허가료로 분해해서 살펴보면 〈그림 2-9〉에서 볼 수 있듯이 부유한 나라들이 가난한 나라들보다 일관적으로 낮은 급행료 부패를 보여 준다.(r^2=0.76) 그러나 부유한 나라들이 항상 낮은 수준의 인허가료 부패를 가지지는 않는다.(r^2=0.31)(옮긴이 주: r^2=1이면 1인당 GDP가 부패를 완벽하게 설명함을 의미한다. r^2=0이면 1인당 GDP는 부패를 전혀 설명하지 못함을 의미한다. 보통 r^2 ⟨ 0.4이면 설명력이 낮다고 판단한다. 따라서 r^2=0.31로 낮은 값을 가지면 1인당 GDP가 인허가료를 잘 설명하지 못하는 것을 의미한다.)

달리 말하자면 부유한 나라가 덜 부패하다는 주장을 확인하기 위해서는 어떤 유형의 부패를 묻고 있는가를 확인해야 한다는 것이다. 단일한 부패 지수와 GDP의 상관관계를 조사한 일반적 연구 관행은 잘못됐지만 여전히 강력한 상식을 제공한다. 부패는 항상 성장을 방해한다는 것 말이다. 더 많은 나라에 대해 세분화한 UCI 부패 지수를 분석한다면 어떤 결과를 얻게 될지 상상해 보라. 아마도 전체적인 부패 수준에만 집착하지 않고, 여러 유형의 부패와 부의 수준과의 관계를 분석하게 될 것이다.

양적 비교와 질적 비교의 차이

내 연구는 부패를 나타내는 양적 수치를 개선하는 것 외에도 체계적이고 질적인 비교에 도움을 준다. 부패와 관련된 훌륭한 질적 연구가

부패한 중국은 왜 성장하는가

많이 있지만 이 연구들은 주관성에 의해 제약을 받는다. 연구자들은 각 국가의 지배적인 부패 유형에 대해 상당히 다른 의견을 가지고 있을 수 있다. 중국의 부패에 대해 상반되는 2가지 설명을 보자.

- 위드먼: "중국의 부패는 개발도상국에서 널리 발견되며 경제적으로 파괴적인 최악의 사례들과 비슷하다."
- 유콘 황Yukon Huang: "중국의 부패는 과도하게 중앙 집권화된 관료주의 사회의 과도한 규제와 통제를 이해하는 데 도움을 준다."[53]

어떤 표현이 맞을까? 부패의 구성을 분석한 자료를 통해서 우리는 두 표현을 객관적으로 평가할 수 있다. 위드먼의 이야기처럼 중국의 부패가 "다른 개발도상국에서 볼 수 있는 경제적으로 파괴적인" 부패와 비슷한가? 내 연구는 그렇지 않음을 이야기한다. 그 사례로 중국과 나이지리아의 UCI를 비교해 보라. 황의 이야기처럼 중국의 부패가 "과도한 규제와 통제를 중심으로 한 것인가?"(나의 용어로 말하자면 급행료에 해당한다.) 내 연구에 의하면 중국의 급행료는 태국과 비교할 수 있는 정도의 보통 수준이고 가장 지배적인 유형의 부패는 특별한 사업 계약을 위해 지불하는 인허가료다.

내 접근 방법은 중국을 넘어서서 다른 국가 간 비교 연구에도 적용할 수 있다. 질적 비교에서 보통 이용하는 방식은 각 나라를 다른 유형으로 살펴보는 것이다. 예를 들어 마이클 존스턴Michael Johnston은 네 나라를 4가지 유형으로 나누었다. 일본은 '영향력 시장Influence markets',(옮긴이 주: 영향력 시장은 고위 관료, 기업이 담합해서 시장 지배력을 가지는 것을 의미한다.) 한국은 '엘리트 담합', 인도는 '과두 정치와 부족', 중국은 '공적인 거물'로 나누었다.[54] 이런 분석의 명백한 단점은 서로 다른 연구자가 자기 관심이나 판단에 따라 동일한 나라를 다른 범주로 분류할 수 있다는 것이다.[55] 또한 이러한 문제점은 중국처럼 규모가 크고 변화 속도가 빠른 나라인 경우 더 두드러진다.[56] 나라별 부패 유형을 연구하는 방식의 또 다른 문제점은 모든 나라가 단 하나의 부패 유형을 가졌다고 가정한다는 것이다.[57] 사실 UCI 지수가 보여 주듯 각 나라들은 다양한 부패 유형이 서로 다른 정도로 전체 부패를 구성한다.

결론: 중국의 부패는 성장을 위한 스테로이드

UCI를 보면 부패는 균일한 것이 아니다. CPI처럼 하나로 총괄해 나타낸 부패 지수는 나라별 부패의 중요한 구조적 다양성을 가려 버린다. 예를 들어 중국과 인도는 부패 지수에서는 거의 비슷하다. 그러나 중국에서는 인허가료가 지배적이고 인도에서는 급행료가 지배적이다. 부유한 나라들의 전체적인 부패 지수는 낮지만 인허가료를 보면 저소득 국가보다 더 높을 수도 있다. 일반적인 수치와 다르게 UCI는 부패의 질과 양을 비교할 수 있게 해 준다. UCI 세부 항목(〈그림 2-1〉)들은 부패의 양(4가지 세부 항목의 점수와 전체 점수)을 나타내며 부패가 어느 범주에 집중되어 있는가를 보여 준다.

　UCI 지수는 초보적 안내로 봐야 하며, 연구 디자인과 실행 차원에서 훨씬 많은 작업을 필요로 한다. 이 연구 양식은 하나의 의견이며 반론 또는 승인을 위해서는 더 많은 연구가 필요하다. 그렇지만 부패 구조를 측정하는 명백하고 상식적인 기준을 제공함으로써 연구자는 개인 의견과 인상에 기반한 것이 아닌 자료 수집 과정에 대해 논쟁할 수 있게 되었다. 이것은 큰 진전이다.

다음은 내 연구가 제시하는 3가지 비교 양식이다.

- 전체적인 부패의 수준만큼 부패의 구조가 중요하다: 부패의 구조가 다르기 때문에 중국의 부패는 러시아의 부패보다 덜 파괴적이다. 두 나라 모두 정실주의가 판을 치지만 중국에서는 성장을 직접적으로 저해하는 부패 수준은 낮다. (급행료, 바늘도둑, 소도둑)

- 체제 유형은 어떤 유형의 부패가 지배적인가에 영향을 미친다: 독재 국가인 중국에서는 자본가가 중요한 결정을 내릴 수 있는 정치인의 권력을 이용하기 위해 애쓴다. 반면 분절된 민주주의 국가인 인도에서는 국가 공무원이 승인 거부를 통해 지대를 수취한다. 따라서 뇌물은 두 개발도상국에서 서로 다른 것을 의미한다. 민주주의가 부패에 미치는 영향은 경제 성장과 국가 운영 능력 수준에 따라 감소하는 경향이 있다. 미국은 100년 이상 행정 및 정치 개혁을 통해 정부가 바늘도둑을 성공적으로 통제한 민주주의 국가이지만 역시 인허가료 유형의 부패가 지배적이다. (7장)

- 모든 체제의 인허가료는 다르다: 미국의 제도적 부패와 비교하면 중국의 인허가료 유형은 조악하다. 엘리트 간 교환이 여전히 대부분 개인적 관계와 얽혀 있고 불법적이며 뇌물을 주고받기 때문이다.

이 장은 중국의 부패와 성장에서 볼 수 있는 역설에 대한 중요한 단서를 제공했다. 중국에서는 도둑과 급행료와 관계된 부패보다는 인허가료 형태가 지배적이다. 비록 인허가료가 장기적으로는 경제적 위험을 가져오고 중국 공산당의 정당성을 갉아먹지만 단기적으로는 민간 영역의 사업과 투자를 방해하지 않는다. 중국은 어떻게 현재의 부패 구조를 가지게 되었을까? 시장 자유화 초기에 중국의 부패상은 어떠했고 그 모습은 시간이 지남에 따라 왜 바뀌었나? 3장에서는 중국 부패의 진화를 추적한다.

3장

중국의 부패는
어떻게 진화했는가

CHINA'S GILDED AGE

중국의 부패가 "증가하고 있고" "더욱 악화되고 있으며" "통제할 수 없을 정도로 커지고 있다."[1] 이는 여러 미디어에서 숨 쉴 틈 없이 쏟아내는 기사들이다. 그러나 대중은 좀처럼 보도의 깊은 내면을 보지 않는다. 중국은 2장에서 확인했듯이 다른 악명 높은 부패 국가들과 같은 방식으로 부패하지는 않았다. 급행료라고 불렸던 작은 규모의 뇌물이 지배적인 인도와 러시아, 공무원이 공적 자금을 횡령하는 유형(소도둑)이 지배적인 나이지리아와 달리 중국 부패의 특징은 엘리트 간 금전과 권력을 교환하는 인허가료가 지배적이라는 점이다.

중국의 부패 구조가 어떻게 현재의 모습을 띠게 되었을까? 이번 장에서 나는 1970년 대 말 개혁부터 현재까지 중국 부패의 진화를 추적할 것이다. 시간이 흐름에 따라 인허가료는, 특히 뇌물로서의 인허가료는 보다 광범위해졌을 뿐 아니라 규모도 커졌고 더 큰 이해관계, 더 강력한 참여자들과 결부되었다. 동시에 거래를 수반하지 않는 부패(횡령, 유용, 관료주의적 갈취)의 수준은 2000년대 이래로 계속 감소 중이다. 따라서 중국에서 부패는 모든 영역에서 '증가하는' 것이 아니다. 사실 정실주의와 뇌물이 여전히 만연하지만 어떤 영역에서의 부패는 감소하고 있다.[2]

나는 중국 부패의 현 상태를 불러온 요인으로 2가지를 강조한다. 첫째는, 1993년 중국 지도부의 중앙 집중적 계획에서 '사회주의 시장 경제'로 이행하는 기념비적 결정이다. '사회주의 시장 경제'는 국가가 지배적인 역할을 하는 시장 경제를 말한다. 공산당 간부들은 민간사업과 새로운 산업에 대해 적극적인 옹호자가 되었으며 동시에 여전히 핵심 자원에 대한 통제권을 가지고 있다.[3] 이 권한은 그들에게 거대한 개발도상국 시장에서 상당한 권력을 부여했으며, 민간 자본가들은 공산당 간부들의 환심을 사려는 노력을 경주했다. 둘째, 중앙 정부가 1998년부터 시작한, 광범위한 행정 개혁을 통한 개혁이 있다. 이러한 개혁은 국가의 공공 금융 감시 능력을 제고했고 거래를 수반하지 않는 뇌물을 억제했다. 중국의 정실 자본주의 발호는 널리 알려져 있지만,[4] 이 두 번째 과정은 대체로 간과되었다.[5]

부패는 중국이 명령 경제에서 시장 경제로 전환하는 데 있어서 추동자이자 산물이었다. 경제와 부패의 공진화를 설명하기 위해서 나는 중국 개혁 과정을 살펴볼 것이다. 그리고 이 목표에 부합하는 최선의 자료를 기반으로 부패 유형의 진화를 밝힐 것이다. 이 연구를 보조하기 위해 나는 미디어에 나온 자료도 참고할 것이다. 이렇게 해서 내 조사는 교환과, 교환에 기반하지 않은 부패가 시간이 지남에 따라 명백하게 역전되었음을 보여 준다. 2000년 이후 교환에 기반한 부패는 급증했고 교환이 없는 부패는 감소한 것이다.

중국 경제와 부패의 시대별 발전사

"중국은 너무 빨리 변합니다!" 이것은 내가 조사한 응답자들이 자주 사용했던 표현이다. 과거 40년간 중국의 변화는 너무 빨랐고 매우 극적이었기 때문에 어느 특정 시기의 중국에 대한 묘사는 순간적인 스냅숏에 불과하다.[6] 1980년대, 1990년대, 2000년대, 2010년대 경제 영역에서 국가의 역할이 바뀔 때마다 지배적인 부패 유형도 함께 바뀌었다. 내 분석은 국가의 지도부 변화, 위기 봉착, 주요 정책 변화를 기점으로 발생하는 여러 단계의 변화를 묘사할 것이다. 또한 필요하다면 부패와 관련된 일부 역사에만 집중하고 자세한 것들은 생략할 것이다.[7]

1980년대: 계획 밖의 성장

마오 시대에도 부패는 존재했지만 규모가 작았고 형태는 단순했다. 바늘도둑은 현물 교환을 통해 이루어졌는데 주로 식량이나 선물을 국가가 할당하는 배급권, 주택 서비스와 교환하는 방식이었다.[8]

마오 시기에 부패가 제한적이었던 것은 열렬한 마오주의자의 믿음처럼 관료가 도덕적으로 깨끗했기 때문이 아니라 처벌이 가혹했고 사람들은 가난했기 때문이다. 어느 한 관료는 "마오 시기에는 아주 작은 부패로도 즉결 처형을 받았다. 그 누구도 감히 부패할 수 없었다"고 회고했다.[9] 게다가 금전적 부패는 드물었지만 권력 남용은 심각했다. 데이비드 바크먼David Bachman은 "당 간부들은 대학 진학을 위해 성 상납 같은 '특전'을 받거나 숙청 할당량이 떨어지면 자기가 싫어하는 사람을 숙청할 수 있었다"[10]고 지적한다. 그러나 시장이 개방되고 경제가 막 살아날 때 부패의 매개체는 산혹한 권력에서 화폐로 이동했다.

1976년 마오의 사망 이후 덩샤오핑은 국가 최고 영도자가 되었고 1978년 공산당의 '두 번째 혁명(개혁과 개방)'을 시작했다. 앤드루 월더 Andrew Walder가 지적하듯이 계획 경제에서 시장 경제로의 전환은 "엘리트들이 부유해질 수 있는 새로운 기회"를 가져온다. 그러나 부유해지는 과정과 결과는 체제의 변화에 달려 있다.[11] 정치적, 경제적 개혁을 동시에 진행했던 소련의 지도부와는 달리 덩샤오핑은 중국 공산당CCP 일당 지배를 유지하면서 시장 자유화를 추진했다.[12] 비록 지방 정부의 경제, 재정 자치를 확대했지만 개혁주의 지도부는 관료들에 대한 임명권과 통제권을 유지했다.[13] 이러한 조치들은 당 간부들에게는, 그들이 당의 변경된 시책을 따르는 한 시장 개혁을 통해 득을 볼 수 있다는 명백한 신호였다.[14] 따라서 소련에서의 시장 전환은 체제를 좀먹는 무법적인 부패와 국가 자산에 대한 약탈로 이어졌지만 중국에서는 부패가 확산되면서도 억제되었다.[15]

경제적 측면을 본다면, 덩샤오핑과 그의 동료들은 계획 경제의 주변부에 시장 활동을 끌어들이는 점진적인 접근 방식을 유지했다. 이것은 '계획 밖의 성장growing out of the plan'으로 불린다.[16] 중국 공산당은 농촌에서 부분적으로 사적 영농을 부활시켰다. 도시에서 국유 기업State-

Owned Enterprises, SOEs 은 할당량을 넘어서는 생산품을 소비자에게 팔 수 있었다. 향과 진 정부는 그들 자신만의 공장을 세웠는데 이것이 향진鄕鎭 기업Township and Village Enterprises, TVEs이다. 공산당이 향진 기업들을 인정하자마자 우후죽순으로 생겨났다. 국가는 가격 통제를 유지했지만 통제 범위를 점차 줄여 나갔다.[17] 이런 모든 시장 개혁은 중앙 계획을 대체했다기보다는 보완적이었다.

1980년대에 시장이 성장하자 부패도 성장했다. 널리 퍼진 부패 유형은, 중앙 계획을 핵심으로 하는 혼합 경제에서 볼 수 있는 전형적인 유형이었다. 예를 들어 국유 기업 경영자는 계획된 가격으로 싸게 상품을 구입해서 시장에 비싸게 팔 수 있었다. 다른 사례로는 예산 외 자금을 자유재량적으로 사용할 권한이 있었다. 지방 정부의 경제 성장과 산업화를 북돋기 위해 중앙 정부는 지방 집체 기업의 모든 수익을 '예산 외 수입extra-budgetary revenue'으로 전용할 수 있게 했다.[18] 그러나 중앙 감시의 부재는 자금 남용과 공적 자금이 불법적으로 다른 곳에 쓰이도록 했다. 모든 지방에서 각종 정부 기관들이 수수료 받기, 벌금, 세금 부과, 부대사업 경영 등 예산 외 수입을 얻기 위한 행렬에 동참했다. 그들의 수입은 '작은 금고small treasuries'라고 불리는 숨겨 둔 계좌에 넣어졌다.[19]

1980년대부터 1990년대까지 부당 이익을 취하는 행태가 널리 퍼졌고 이는 광범위한 불만을 불러일으켰다. 이것을 '3가지 난맥상san luan'(옮긴이 주: 한자로는 '三亂'이며 3가지 문란함을 의미한다.)이라고 부르는데 자의적인 수수료, 벌금, 할당을 지칭한다. 세 번째 항목은 중국어로 '탄파이tanpai'(옮긴이 주: '攤派'는 여러 사람이 함께 분담하는 것을 의미한다.)라 하며 지방 공무원이 강제적 수단으로 할당하는 각종 부담을 의미한다.[20] 예를 들어 수수료와 벌금을 수취하는 것 외에 규제 공무원은 기업들에게 자기들이 발행하는 잡지를 정가 이상으로 구매하도록 강요하거나 그들의 모임에 술과 음식을 후원하도록 했다. 루펑밍Fengming Lu은 이러한 행동을 '조직된 부패'라고 표현했다. 공무원들이 집단적으로 '전체 집단의 금전적 또는 물질적 이익을 얻기 위해' 행동한 것이다.[21] 공무원이 개별적으로 작은 규모의 뇌물을 요구하는 일 역시 만연했다. 이제 막 생겨난, 그래서 정치적으로 취약한 민간 기업가들은 관료주의적 장벽이나 불필요한 관료 체제를 극복하기 위해 급행료를 낼 수밖에 없었다.[22]

그렇지만 이러한 작은 부패들이 경제 성장을 막지는 못했다. 지방 정부와 지방 공무원에게 예산 외 수입을 부여한 것은 전체 국가 차원의 '이익 공유'로 해석할 수 있다. 공무원들이 조직의 수익 일부를 챙겼는데 그것은 세금, 수수료, 또는 이윤으로부터 나올 수 있는 것이다(이에 대해서는 4장에서 더 자세히 다루겠다).[23] 이것은 전체 관료 사회가 시장 개혁을 받아들일 유인을 제공했으며, 관료 사회가 돈을 벌기 위해 앞뒤 가리지 않고 참여하도록 만들었다. 그리고 이는 국가의 공식적인 예산 부담을 완화시켰다. 당-국가 조직과 공공 서비스 제공자가 '자력갱생'할 수 있는 기반을 제공했고, 국가의 자금이 부족하거나 공식 임금이 적을 때 그들의 임금을 올리는 역할을 했다. 이러한 이익 공유의 특수한 맥락에서 (부패에도 불구하고'가 아닌) 부패 덕분에 경제가 성장했다고 이야기할 수 있다. 물론 이런 체제는 분명한 약점들을 만들어 냈다. 과도한 자의적 판단, 관료주의적 갈취, 작은 규모의 뇌물, 부당 이익 등이 그것이다. 이런 부패들 역시 기업에 부담이 되고 대중의 공분을 부추긴다.

덩샤오핑이 계획 경제 주변부에 시장을 부분적으로 도입했지만 1980년대에는 훌륭한 경제적 성과를 이룩했다. 1인당 GDP는 연평균 7.5퍼센트 성장했다. 그러나 이러한 진전은 1989년 천안문 광장에서 대규모 시위가 발생하고 시위가 다른 도시로 옮겨지자 그 즉시 중단됐다. 부패는 시위 대중이 주목했던 정치 개혁의 주요 이슈로 등장했다. 1989년 6월 4일, 시위는 비극적인 유혈 진압으로 끝났다. 그러나 얼마 안 가 보수파가 자유주의적 정책을 짓밟았고 중국은 다시 마오주의로 회귀할 가능성이 생겼다.

그러나 덩샤오핑은 이러한 조류를 다시 바꾸었다. 1992년 그의 유명한 '남순강화'를 통해 중국의 시장 개혁 지속을 강력히 권고했다. 덩샤오핑의 정치적 움직임은 대체로 성공했는데 이것은 1980년대가 광범위한 성장의 황금기였고 경제학자들이 말하는 '낙오자 없는 개혁'의[24] 시대였기 때문이었다. 사회 각계각층에서 삶의 수준이 상승했고 특히 농민의 삶의 수준이 높아졌다. 다시 말해서, 막 시작된 개혁의 불꽃을 다시 붙이려는 대중적 요구가 있었던 것이다. 그리고 덩샤오핑의 피날레는 성냥을 켜는 것이었다. 남순강화의 끝 무렵, 88세의 원로는 중국을 가속화된 시장 개혁의 경로 위에 올려놓았다.(〈그림 3-1〉)

1993~2000년: 사회주의 시장 경제 건설

중국의 개혁은 덩샤오핑의 구호로 유명한 "디딤돌을 두드리며 징검다리 건너기"(옮긴이 주: 다음 디딤돌이 안전한지 확인하는 것처럼 안정적으

〈그림 3-1〉심천에 걸린 플래카드. 덩샤오핑의 어록 중 하나인 "당의 기본 노선을 100년간
견지하라"라고 쓰여 있다.

로 진행해야 한다는 의미다.)로 대중에 널리 알려져 있다. 사실 이 경구는
오직 1980년대에만 적용된다. 당시는 개혁 과정이 매우 실험적이었
고 디딤돌이 흔들리지 않게 잘 놓여 있는지 모르는 상황이었다. 그러
나 1993년에 장쩌민 주석과 주룽지 총리가 사회주의 시장 경제를 확
립하겠다는 당의 결심을 공표했을 때 개혁 전망은 확실해졌다. 바로
1993년 이후 시기가 중국의 엄청난 성장을 추동했던 때이다.

　사회주의 시장 경제란 무엇인가?[25] 서구의 관찰자들은 이 구호를
의례적인 것으로 폄하할 수 있다. 그러나 이 단어의 선택은 흥미로운
사실을 드러내 준다. '사회주의'라는 단어는 '시장 경제'를 이룩하려는
목표를 위한 수식어인 것이다.

　사회주의 시장 경제 건설은 중앙 계획 경제를 시장 구조로 대체하

　　　　　　　　　　　　　　부패한 중국은 왜 성장하는가

고 경제 부문에서 국유화 부분을 극적으로 줄이는 것을 의미한다. 베이징은 국가가 정한 생산 할당량과 가격 통제를 1993년 이후 폐기 처분했다. "정통 계획 시스템은 거의 소리 없이 누구도 눈치채지 못한 채 사라졌다"고 배리 노튼 Barry Naughton 은 이야기한다.[26] 이것은 국유 기업의 규모 축소와 1990년대 개혁의 거대한 물결을 동반했으며 "조대방소抓大放小(큰 것은 잡고 작은 것은 놓아준다. 대형 국유 기업은 집중적으로, 소형 국유 기업은 느슨하게 관리해서 활성화한다는 의미)"로 알려졌다. 수만 개의 작은 국유 기업들이 1990년대에 문을 닫았으며[27] 전략적으로 중요한 부문의 큰 국유 기업들은 병합되어 차이나모바일이나 중국석유천연가스공사 같은 거대 기업들이 나타났다. 이 기업들은 오늘날 국가 자본주의를 대표하는 전형적인 사례다.[28]

한편 1980년대에 유행한 국가와 민간 기업의 혼합체인 향진 기업과 집체 기업들은 일제히 사유화의 길을 걸었다. 비록 이러한 과정이 정치적 내부자와 전임 경영자가 사회 자산을 싸게 구매할 수 있도록 함으로써 부패를 조장했지만 전국에 걸쳐, 특히 농촌 지역에서 민간 기업의 첫 번째 거대한 물결을 만들어 냈다.[29] 국유 기업의 사유화로 인해 부가 과두정으로 순식간에 집중된 러시아와 비교해 보라.[30]

국가 부문이 후퇴하면서 민간 부문은 번영했다. 2000년부터 2009년까지 등록된 민간 기업은 매년 30퍼센트씩 증가했다. 2010년에는 비非국유 기업이 중국 GDP의 70퍼센트를 차지한 것으로 추정된다.[31] 당의 지도부는 민간 기업을 적극적으로 따뜻하게 포용함으로써 이러한 발전을 지원했다.[32] 이처럼 민간 기업에 대한 당의 지원은, 민간 부문이 사회주의 시장 경제의 중요한 구성원이라고 헌법에 명기함으로써 명문화됐다.

민간 부문을 포용하는 것 외에 중국은 1993년 이후 세계 시장에 문호를 개방했다. 이전에는 경제특구에만 허용됐던 해외직접투자FDI가 전 중국에 걸쳐 이루어졌다. 2001년 중국의 WTO 가입은 다양한 국제적 관행과 표준의 도입을 가속화했고 중국이 글로벌 경제에 편입되는 것을 공고히 했다.

경제가 극적으로 민영화되고 개방되면서 중앙의 개혁주의자들은 중국의 제도를 새롭게 가동시켰다. 어설프게 손봤던 1980년대 방식과는 다르게 1993년 이후 개혁은 제도적 뼈대를 전체적으로 설계하고 실행한 것이 특징이다. 이러한 개혁에는 재정과 세금 정책, 은행과 금융, 기업의 소유 경영 구조, 행정 개혁이 포함된다. 중앙 정부의 규제 기능을 수행할 국가 역량뿐 아니라 민간 기업에 대한 호의적 환경 제공이 필요했기 때문에 개혁적인 통치 방식은 최우선 과제였다.

행정 영역의 현대화 운동을 주도한 사람은 주룽지 총리였다.(〈그림 3-2〉) 그는 다혈질과 굳은 결단력의 소유자로 유명했다. 1998년부터 중앙 정부는 광범위한 영역에서 개혁을 추진했다. 이 개혁에는 표준화된 예산 계획과 실행, 단일한 재무 계정 시스템 확립, 조달 구매 원칙 도입, 정부 공무원과 회계 법인 분리, 군부의 부대사업 정리, 새로운 공무원법 발표 등이 있었다(4장에서 더 자세히 다루겠다). 이러한 기술적 개혁들은 학자들의 주목을 크게 끌지 못했고 미디어의 관심도 전혀 받지 못했지만, 달리 양Dali Yang은 "경제적 통치 방식의 재정적, 규제적 근간을 강화했다"고 강조한다.[33]

왜 이런 현대화가 1990년대에서야 진전을 이루어 냈는가? 양은

〈그림 3-2〉 1999년, 백악관에서 빌 클린턴 대통령이 주룽지 총리의 연설을 듣고 있다.

"변화하는 경제 조건, 리더십, 그리고 위기"의 조합이 이 과정의 촉매 역할을 했다고 주장한다.

1993년 장쩌민-주룽지 지도부는 천안문 위기 이후 국가를 전진시키기 위해 노력했다. 기존의 공산당 관료 체제는 계획 경제를 위해 고안된 구조를 가지고 있었다. 글로벌 시장 경제를 받아들이기 위해서는 현대적인 행정 국가에 의해 보완되어야 한다. 양에 따르면 1997년 아시아 금융 위기 당시 지도자들은 경제와 금융 시스템의 안정화를 위해 사력을 다했으며 이는 '현대화 추진에 대한 마지막 추동력'을 제공했다.[34] 내가 더하고 싶은 또 다른 핵심 요인은 이러한 개혁에 협조하는 것이 모든 중국 지방 정부 지도자들의 이익에도 부합한다는 것이다. 행정 조직을 현대화하고 자잘한 부패를 억제함으로써 투자를 유인하고 시장을 확대할 수 있다. 물론 이러한 개혁이 큰 규모의 지대 교환을 막을 수는 없다.

이런 발전을 생각한다면 중국 경제가 1993년 이후 크게 성장했다는 것은 놀랄 만할 일이 아니다. 다음 20년간 GDP는 연간 10퍼센트라는 환상적인 속도로 성장했다. 2010년에는 일본을 추월했고 경제 규모로 전 세계 2등 자리를 확고히 했다. 이러한 통계를 보면 중국의 부패가 극적으로 감소했을 것이라고 생각할 수 있다. 그러나 현실은 정반대였다. 부패에 대한 조사는 1990년대부터 치솟기 시작했다. 이전에는 불과 수천 위안 수준의 상품이나 작은 규모의 뇌물이었지만 이후의 부패 스캔들에는 정치적 스릴러물, 거대한 규모의 뇌물, 정부, 조직 폭력배, 심지어는 살인까지 등장했다. 2017년 〈인민의 이름으로〉라는 TV 드라마는 공전의 히트작이었는데 바로 이런 부패 스캔들을 소재로 한 것이었다. 대중과 지도부의 눈에는 부패 문제가 점점 더 심각해지고 있다.

왜 그럴까? 1993년 이후의 개혁이 경제에서 국가의 역할을 감소시키지는 않았다. 개혁은 역할을 바꾸었을 뿐이다. 1980년대 동안 정부의 최우선 과제는 계획과 명령이었다. 무엇을 얼마나 많이, 얼마의 가격에 생산할 것인지 결정해야 했다. 1993년 중앙 계획이 해체되고 당-국가 공무원은 새로운 역할을 떠맡았다. 새로운 산업 육성, 투자 촉진, 시장에서 자금 융통, 도시 계획, 파괴와 건설 등을 정말 미친 듯이 빠른 속도로 수행해야 했다. 월더에 의하면 이러한 역할은 공산당 간부들에게 "소련에서는 절대로 가능하지 않았던" 새로운 권력의 원천을 제공했다.[35]

따라서 중앙에 의해 진행된 개혁들이 국가의 역량을 증대시키고 교환 없는 형태의 부패를 억제했어도, 새로운 형태의 부패가 번창했다. 새로운 형태의 부패는 정치적 내부자들의 국가 자산 갈취,[36] 밀수꾼과 폭력배와의 결탁,[37] 정부 직책 판매,[38] 그리고 무엇보다 광범위한 뇌물의 네트워크 형성 등을 포함한다.

2000년대: 노다지와 버블 증가

정치권력과 규제를 휘두르는 권력은 토지를 기반으로 한 공공 재정이 빠르게 확산되면서 2000년대에 더욱 강력해졌다.[39] 지방 정부는 비록 토지를 매각할 수는 없지만 일정 기간 동안 토지를 사용할 권리를 '토지출양금土地出让金'이라는 명목으로 팔고 전액 지방 정부의 금고에 귀속시켰다. 토지와 관련된 수입 증가는 전국적으로 1999년 510억 위안에서 2012년 3조 2000억 위안으로 추정된다.[40] 이런 배경은 부동산 시장에서 상상을 초월하는 수준의 수익성이 나도록 만들었다. 또한 부동산 개발업자는 공무원에게 좋은 땅을 받는 조건으로 큰 규모의 리베이트를 기꺼이 냈다.

토지 판매 대금은 2000년대와 그 이후에도 계속해서 공공 인프라 건설 노다지를 금전적으로 지원했다.(〈그림 3-3〉) 2007년에서 2017년 사이에 중국의 고속도로 길이는 5만 4000킬로미터에서 13만 킬로미터로 2배 이상 증가했고 중국 국무원은 웹사이트를 통해 "지구 세 바퀴를 돌고도 남는" 나라 자랑까지 했다.[41] 2011년 이후 매년 1만 킬로미터 추가됐다. 광적인 지하철 건설은 정말 놀랄 만한 것이었다. 중앙 담당자는 2009년에만 19개 도시에서 2100킬로미터에 이르는 8000억

〈그림 3-3〉 항주의 고속 철도 모습. 토지 판매금은 2000년대에 인프라 프로젝트 붐을 이끌었다.

위안 규모의 지하철 건설 계획을 승인했다. 오늘날 베이징과 상하이의 지하철 노선 길이는 뉴욕, 런던, 도쿄의 규모를 앞지른다.[42]

중국 인프라 건설의 물리적인 규모는 압도적이지만 재원을 마련하는 것은 매우 골치 아픈 일이다. 이런 대규모 프로젝트를 위한 재원은 불투명한 '투자 회사investment vehicle, rongzi pingtai'를 통해서 조달된다. 융자 플랫폼融資平台은 지방 정부가 설립한 명목상의 회사인데 대출을 받기 위한 목적으로 세워졌다. 2008년 미국 금융 위기에 대처하기 위해 후진타오-원자바오는 중국 유사 이래 최고 규모(5860억 달러)의 부양책을 발표했다.

대부분의 자금은 국유 기업의 수중으로 흘러들었고 국유 기업은 지방 정부의 투자 회사에 투자해 인프라 건설 속도가 더욱 빨라졌다.[43]

그 결과는 빠른 속도로 쌓여 가는 부채다. 2011년 국무원 소속 회계 감사 기구인 국가심계서는 처음으로 회계 감사 결과를 발표했다. 향을 제외한 지방 정부의 부채는 11조 위안이었다.[44] 2018년 총부채는 18.4조 위안으로 증가했으며 중국 총 GDP의 20퍼센트 정도였다.[45]

중국은 종종 예외적인 것으로 보인다. 그러나 오늘날 중국의 상황은, 19세기 미국의 주 정부가 이리 운하Erie Canal처럼 거대 프로젝트를 건설할 때 세금으로 재원을 마련하지 않고 투자 회사를 통해 채권을 판매해 재원을 마련하고 건설사에는 독점적 지위를 부여했던 것과 비슷하다. '세금 없는 재원 마련'은 광범위한 부패를 낳고, 조건부 부채를 양산한다(조건부 부채는 프로젝트가 실패할 때 예상되는 부채다). 이렇게 축적된 위험이 결국 1837년에 폭발했는데 이것이 미국의 첫 번째 대공황이었다.[46] 오늘날의 중국도 같은 문제를 안고 있다. 그림자 금융은 방대한 규모로 물리적 인프라를 증가시켰으며 동시에 부정한 구석이 있는 계약과 뇌물의 온상이 되었다.

새롭게 꽃피는 경제와 새로운 금융 기법에 중국 공무원들이 미친 영향은 권위주의적 체제에서 개인의 권력 집중에 의해 더욱 확대됐다. 지방에서는 중요한 개발 정책 결정 때 입법부의 논쟁과 공공 논의를 거칠 필요가 없었다. 리더는 지대한 영향을 불러올 중요 사안이라도 '책상을 내리치며' 일방적으로 결정을 내리면 끝났다. 양저우시의 전 당서기였고 후에 난징시 시장을 역임했던 지젠예의 사례는 매우 전형적이다.(5장) 지젠예의 별명은 '불노저 시장'이었다. 난징에서 그는 '무쇠 팔 작전'을 통해 1000만 제곱미터의 무허가 건물을 1년 내에 철거했다. 이 면적은 자금성의 66배에 해당하며 난징시 역사상 가장 큰 규모의 철거였다. 선거를 통해 민주적으로 선출된 정치인이 대중의 보복을 걱정하거나 표심을 잃지 않고 불도저 시장처럼 행동하는 것은 상상하기 힘들다.

오로지 경제적 성장에만 전념하는 독재 권력은 도시화와 성장에 박차를 가했다. 그러나 동시에 부패가 자랄 수 있는 공간도 만들어 냈다. 리더로서 지젠예는 선택한 토지를 상업 용도로 지정할 수 있었고, 토지를 농부들로부터 싼값에 매입해서 부동산 개발업자들에게 비싸게 되팔았다. 여기에는 세금 편의, 그리고 가족과 정실들에게 건설 프로젝트와 많은 금액 조달이 뒤따랐다. 지방의 리더들은 지방 은행과 금융 기관들보다 높은 지위에 있었기 때문에 자신들이 원하는 회사에 신용 대출을 지시하기도 했다. 2013년 지젠예는 총부패 규모가 밝혀졌을 때 1000만 위안 이상의 뇌물을 받은 것으로 기소됐다.

거대한 신흥 시장, 경제에서 확장적인 정부의 역할, 수조 위안에 달하는 불법 자금을 배경으로 권세가를 형성하는 개인들 간의 광대한 네트워크가 형성됐다. 정치인들은 그들 사이, 가족과 민간 기업가들 사이에 상호 의존하는 밀접한 관계를 만들었다.[47] 월더가 예리하게 지적했듯이 그 결과는 '초-후견주의super-clientelism'였다. 이는 과거 수십 년간 상상할 수 없었던 '훨씬 더 강력하고, 부유하고, 수단이 좋은 당 엘리트'의 출현으로 귀결됐으며,[48] 권력과 부의 그물이 최상층부에서 최하층부 수준까지 내려오는 위계적 질서를 만들어 냈다.

2012년~현재: 시진핑의 반부패 운동

시진핑 주석이 권좌에 올라선 2012년은 새로운 시대의 출현을 의미한다. 칼 민즈너Carl Minzner는 "중국의 진보 시대는 끝나고 있다"고[49] 천명했다. 바로 몇십 년 전 중국은 전 세계에서 가장 가난한 나라들 중 하나였다. 이제 중국은 중소득 국가 중에서도 상위 그룹에 속한다. 그러나 중국은 세계 무대에서 많은 자원과 큰 자신감을 보여 주고 있지만 여러 가지 해결할 과제가 많다. 상승하는 임금 비용, 감소하는 인구 보너스 효과, 그리고 미국과의 무역 전쟁 등이 바로 그 과제다.

시진핑은 "부패가 당과 국가를 파멸에 이르게 할 것"이라고 경고하면서 부패와의 전쟁을 행정부의 핵심 과제로 만들었다. 2012년에 그는 공산당 역사에서 가장 원대한 부패 청산 운동을 시작했다(더 자세한 것은 6장 참조). 150만 명 이상의 관료가 기율 처분을 받았으며 여기에는 당의 최고위급 인사들도 있었다. 이러한 엄중 단속을 처음 맡은 사람은 왕치산이었다. 왕치산 부총리는 그를 존경하는 사람들이 붙여 준 '중국이 한 번도 가져 보지 못한 최고의 총리'라는 별칭으로도 유명한, 유능한 최고위급 관료였다.[50] (〈그림 3-4〉)

한편 시진핑의 행정부는 경제에 대한 국가의 역할에 모순적 입장을 가지고 있었다. 2013년 시진핑은 시장이 자원 배분에서 '결정적' 역할을 해야 한다고 선언했다. 그러나 동시에 국가가 '선도적인' 역할을 해야 한다고 이야기했다. 유콘 황은 이를 두고 "원과 같은 넓이의 정사각형을 만드는 것은 어렵다"고[51] (옮긴이 주: "Squaring that circle"은 보통 불가능한 일을 의미한다.) 예리하게 표현했다. 사실 시진핑 체제에서 중국의 경제 개혁은 주춤했으나 경세에서의 국가 주도가 부활했다. 2016년 기준으로 과거 10년간 민간 투자 비율은 국가 투자 비율에 비해 감소했다.[52] 2년 후 민간 산업 기업의 이윤은 전년에 비해 27.9퍼센

〈그림 3-4〉 시진핑 주석과 최고위급 인사들의 모습. 가장 오른쪽에 왕치산이 있다.

트 감소했고 국유 기업은 28.5퍼센트 증가했다.[53] 민간 투자자들은 국가가 불법적으로 민간 자산을 몰수하는 것에 대해 점차적으로 불안감을 느꼈다. 시진핑은 이것을 "경제의 모든 부분에 걸친 당의 영도력을 관철"하는 것이라고 했다.[54] 2018년 시장의 불안감이 몰려오자 시주석은 민간 기업의 최고 경영자들을 안심시키기 위해 그들의 재산권은 보호될 것이라는 주제로 심포지엄을 개최했다. 그러나 그가 약속을 지킬 것인지는 두고 봐야 한다.

도금 시대와 진보 시대의 충돌

서구의 미디어는 중국의 정치 경제를 '국가 자본주의'라고 묘사한다.

부패한 중국은 왜 성장하는가

《이코노미스트》는 거대 기업에 대한 국가의 소유권이라고 표현했다.[55] 이런 표현은 대중에게 중국이 여전히 중앙 계획적이고 국유화된 경제라는 오해를 일으킨다. 사실 중국 경제는 민간 부문에 의해 움직이고 있다. 최근 통계에 의하면 GDP의 60퍼센트, 혁신의 70퍼센트, 고용의 80퍼센트, 신규 고용과 신규 기업의 90퍼센트가 민간 부문에 의해 창출되고 있다.[56] 게다가 러시아와 비교해 보면, 국가 자산에 대한 약탈과 지대는 중국에서 덜 만연했다.[57] 비록 중국의 당 기관원들이 시장으로 전환하는 도중에 더 부유해졌지만, 새로 태어난 수백만 민간 기업들도 마찬가지로 부유해졌다. 또한 앞에서 말한 바와 같이, 중앙 정부는 막대한 제도적 변화를 통해 규제 기관들이 자본주의 경제와 보조를 맞출 수 있도록 감시 능력을 향상시키는 노력을 경주했다.

아마도 현재 중국의 부패의 원천을 이해하는 데 있어서 최고의 방법은 미국의 도금 시대를 살펴보는 것이다. 두 나라 모두 농촌 사회에서 도시 사회로 바뀌는 고통스러운 구조적 전환을 경험했다. 두 나라 모두 글로벌 시장으로부터 격리됐었으며 정치적으로 연결되거나 왕성한 기업 활동을 하는 이들이(아마도 많은 경우에 이 둘을 동시에 겸비한 이들이) 어마어마한 부를 얻을 수 있는 일생일대의 기회를 제공했다. 미국의 도금 시대의 과잉은 중국에서는 일당 독재에 의해 더 강화된다. 중국에서는 엘리트 간부의 개인적인 권력이 선거, 시민 사회 또는 독립 언론에 의해 견제를 받지 않기 때문이다.

두 경우에서 볼 수 있는 또 다른 유사점은 각각의 정부가 모든 유형의 부패가 창궐하도록 두지 않았다는 점이다. 19세기 말, 미국의 도금 시대는 진보 시대에 길을 내줬다. 진보 시대는 작은 규모의 부패와 횡령을 억제한 정치적, 행정적 개혁으로 특징지을 수 있다.[58] 이와 중국이 다른 부분은 중국의 도금 시대와 진보 시대가 20년 기간 내에 충돌했다는 것이다. 따라서 중국에서의 부패는 전반적으로 발생한 것이 아니다. 어떤 지역에서는 폭발적으로 증가했고 또 다른 지역에서는 감소했다.

부패의 정의와 범위가 달라지다

여기서 나는 관공서(중국인민검찰원)[59]에 보고된 부패 조사 통계에 기반한 과거 사례들을 분석할 것이다. 이 통계는 중국 학자들에 의해 많이 이용되는 자료다.[60] 중국에는 부패 조사를 책임지는 2가지 핵심 조직이 있다. 바로 당기율위원회jiwei, 紀委와 검찰원jiancha yuan, 檢察院이다. 기율위원회의 결정은 심각성 정도에 따라 경고부터 당적 제명까지 있다. 공식적 범죄 행위에 대해 기소되면 사건은 검찰원으로 보내진다.

공적인 통계가 가지는 한계는 인정할 수밖에 없다. 첫째, 그 무엇보다도 시장 개방 이후 부패에 대한 개념이 극적으로 바뀌었다. 1979년 시장 개혁이 시작하고 중국 형사법Chinese Criminal Law, CCL에는 단지 3개의 부패 행위만이 있었다. 횡령, 뇌물, 근무 태만이 바로 그것이다. 1997년 CCL은 부패 개념을 7개 범주로 확장했으며 처벌은 범죄에 수반된 금전 크기에 비례한다고 발표했다.[61] 그러나 부패의 진화 속도가 너무 빨랐고 검사들은 변화를 따라가기에 급급했다. 그래서 새로운

부패한 중국은 왜 성장하는가

형태의 부패가 나타나면 그 부패 유형을 '설명이 안 되는 많은 소득을 소유함'처럼 모호한 범주 속에 포함시켰다.

문제를 더욱 복잡하게 만든 것은 정부가 공식 통계에서 쓰이는 정의를 바꾼 것이다. 1997년 이전에 '큰 규모large-sum'의 부패는 1만 위안을 초과하는 횡령이나 뇌물을 의미했다. 1997년 이후 기준점은 5만 위안으로 상향 조정됐다.[62] 이것은 공식 통계를 다룰 때 1997년 이전과 이후를 비교할 수 없음을 의미한다. 이 통계를 다룰 때 또 유의해야 할 점은 통계는 단지 드러난 부패 수준만을 보여 주며, 실제 수준은 보여 주지 못한다는 것이다.[63] 실제로 주기적인 반부패 운동이 공식 통계에 영향을 주었을 것이다.[64] 내 자료는 2012년 시진핑의 반부패 정책 이후 더 많은 부패 관련 사안들이 보고되었음을 보여 준다.

이러한 한계가 있지만, 검찰 기관에 의해 보존된 자료들은 시간에 따른 부패 변화에 대해 유용한 시사점을 제공한다. 게다가 내 분석의 목적은 회귀 분석을 위한 수치 자료를 사용하는 것이 아니라 부패의 구성을 해체해서 살피는 것이다. 반부패 운동이 보고된 부패의 숫자에 영향을 주었다 하더라도 보고된 부패의 구조에는 영향을 주지 않았을 것이다. 그 어떤 지도자도 어떤 유형의 부패를 선호한다고 표현한 적은 없기 때문이다.

중국의 부패는 유형별로 어떻게 달라졌나

많은 기사가 중국의 '발흥하는 부패'[65]를 다루었다. 실제로 기소된 사

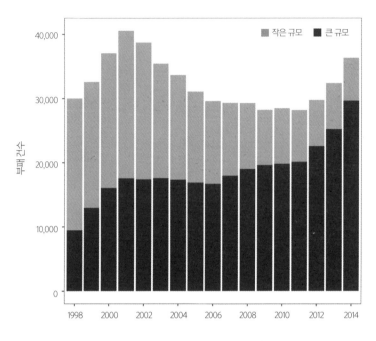

〈그림 3-5〉작은 규모와 큰 규모로 본 부패 건수.

건 수와 개인들을 기준으로 본다면 부패는 순환적인 패턴을 보인
다.(〈그림 3-5〉)[66]

　시진핑이 2012년 엄중 단속을 시작했을 때까지 수치는 다시 증가
했다. 비록 작은 규모의 부패가 절대적인 수치에서 작은 수의 고위
급 공무원(부시장급 이상, 팁 박스 참조)에 의해 저질러졌지만 그 비율은
1998년 4.5퍼센트, 2001년 6퍼센트, 2015년 8.4퍼센트로 증가했다. 위
드먼이 '강화'라고 부른 것과 일치하며, 부패는 시간이 흐름에 따라 점
점 큰 규모로, 그리고 고위급 공무원의 비율이 점점 높아지는 방향으
로 향했다.[67] 그러나 우리는 전체적인 숫자에만 매몰되어서는 안 된

	비엘리트	엘리트
도둑질	바늘도둑	소도둑
	공식 통계에 없음	공식 통계에 '횡령, 공금 유용, 자산 수탈'로 기록
교환	급행료	인허가료
	공식 통계에 없음	공식 통계에 '뇌물, 직권 남용, 사적 이익을 위해 공직을 부당하게 이용'으로 기록

〈표 3-1〉 공식 통계에서는 4가지 범주 중 2개 범주만 볼 수 있다.

다. 전체적인 숫자는 부패 구조가 시간에 따라 변하는 것을 가릴 수 있기 때문이다.

부패 구조의 진화를 알아보기 위해서, 나는 검찰 조사 자료를 질적으로 서로 다른 범주로 세분화했다. 이 원천 자료의 또 다른 제약은 검찰 자료가 큰 규모의 금전이나 정치적 영향이 큰 사건만을 다룬다는 사실에서 기인한다. 이것은 이 자료들이 작은 규모의 부패나 실제 행정 집행 수준에서 벌어지는 조직적인 부당 행위는 포함하지 않음을 의미한다. 예를 들어 일상생활에서 볼 수 있는 하급 공무원이 작은 뇌물을 받는 것, 자의적으로 벌금과 수수료를 부과하는 것, 지방 행정 집행관의 강제 할당 같은 것은 검찰 자료에 없다. 나의 이론적 분석틀은 4가지 범주로 이루어져 있지만 이 장에서의 분석은 마지막 2개, 엘리드에 관계된 범주만을 분석하게 된다.(〈표 3-1〉) 비록 여기서는 엘리트의 부패만을 다루는 것처럼 보이지만 이 범주를 세분화함으로써 몇 가지 구조적으로 중요한 패턴을 알 수 있게 된다.

- 2000년대를 기점으로 교환에 기반한 부패가 빠르고 일관적으로 증가했으며 교환이 없는 부패는 감소했다.
- 2006년까지 뇌물은 엘리트의 가장 보편적인 부패 유형이었다. 뇌물 형태는 횡령이나 공금 유용의 부패보다 훨씬 많았다.
- 그러나 큰 이권과 관련된 뇌물은 증가했고 작은 이권과 관련된 뇌물은 감소했다.
- 큰 규모의 금전과 관계된 부패 건수는 모든 범주에 걸쳐서 증가했다.
- 특히 최고위급 관료大老虎들은 중대한 인허가료와 관련된 부패와 연관됐다.

우리는 이론적으로 중요한, '교환을 동반한 부패'와 '도둑질에 기반한 부패'를 비교하는 것으로 시작한다. 내가 주장했듯이 후자는 분명히 전자보다 경제에 더욱 직접적인 악영향을 준다.[68] 〈표 3-1〉에 요약했듯이 나는 뇌물을 '교환을 동반한 부패'로, 횡령과 공금 유용은 '도둑질에 기반한 부패'로 분류했다. 중국의 검찰 통계를 보면 3개의 부패 유형이 가장 많은데, 2015년 통계에서 78퍼센트의 비중을 차지했다. 횡령은 공금을 도둑질(예를 들면 재난 구호 기금을 개인 계좌로 이체하는 행위)하는 것을 의미한다. 공금 유용은 허가 없이 공금을 사용, 이체, 또는 빌리는 행위다.[69]

〈그림 3-6〉에서 볼 수 있듯이 도둑질에 기반한 부패와 교환을 동반한 부패의 추세가 1998년 이후 역전되었다. 1998년에 도둑질과 관련된 부패 건수는 교환과 관련된 부패 건수보다 2배 이상 많았다. 1998년부터 2000년까지 도둑질과 관련된 부패 건수는 급증했는데 아마도 1998년 행정 개혁이 시작되고 투명성 강화와 재정 흐름에 대한

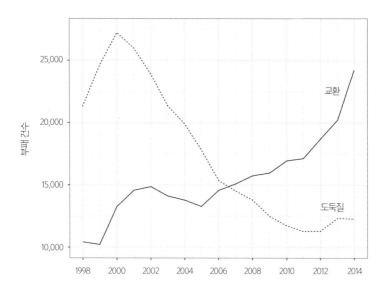

〈그림 3-6〉 교환을 동반한 부패는 폭발적으로 증가했고 도둑질에 기반한 부패는 감소했다.

정확한 파악으로 인해 횡령과 공금 유용에 대한 조사가 심해진 상황을 반영하는 것 같다. 이러한 행정 개혁의 억제 효과는 2000년 이후에나 발생한 것 같다. 그 이후로 도둑질과 관련된 부패는 지속적으로 감소했으며 2012년에는 정점에 달했던 2000년에 비해 59퍼센트 하락을 기록했다. 시진핑이 2012년 반부패 운동을 시작했을 때 도둑질과 관련된 부패 건수가 조금 상승했지만 교환에 기반한 부패보다는 훨씬 적은 규모였다. 이와는 대조적으로 교환을 동반한 부패는 1998년에 1만 건이었다가 2002년에는 50퍼센트 증가, 2013년에는 2배가 되었다. 2014년에는 교환이 없는 부패보다 거의 2배나 많았다.

다음으로 〈그림 3-6〉을 조금 달리해서, 부패를 3가지 유형으로 좀 더 자세하게 나누었다. 횡령, 공금 유용, 뇌물의 부패 건수를 관련 공

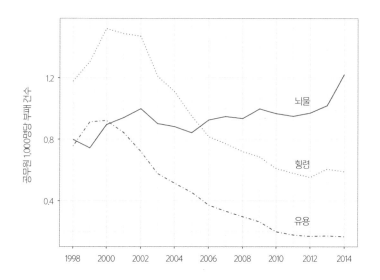

〈그림 3-7〉 관련 공무원 1000명당 부패 유형 건수. 뇌물은 증가했고 횡령과 유용은 감소
했다.

무원 수로 나누어서 관료주의가 성장하는 모습을 살펴보았다.(〈그림
3-7〉)[70]

이 분석은 고길곤 교수와 추이펜 윙Cuifen Weng이 1998년부터 2007년
까지의 자료를 통해 내린 결론을 따른다.[71] 나는 그들의 분석 범위를
2014년까지 확장해서 일관적인 패턴을 찾았다. 그랬더니 횡령과 공
금 유용이 감소하면서 뇌물은 증가했다. 2006년에 뇌물은 3가지 부패
범주 중 가장 보편적인 엘리트 부패 유형이 됐고, 비율로 보면 1998년
25퍼센트에서 2014년 60퍼센트로 상승했다.(〈그림 3-8〉)

보다 자세한 비교를 위해 뇌물과 횡령을 금전 액수를 기준으로 살
펴본 것이 〈그림 3-9〉다. CCL은 '작은 규모'와 '큰 규모'로 구분하는
데 큰 규모의 부패는 5만 위안을 초과하는 경우를 말한다.[72] 이렇게

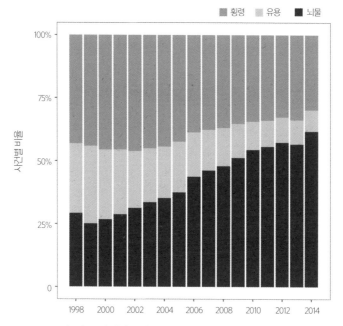

〈그림 3-8〉 부패 유형 중 뇌물은 시간에 따라 증가했다.

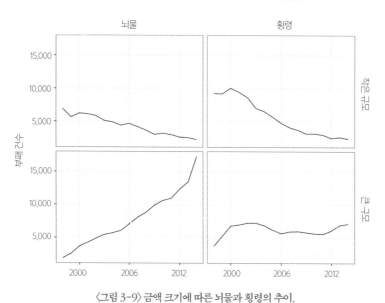

〈그림 3-9〉 금액 크기에 따른 뇌물과 횡령의 추이.

분석을 세분화하면 재미있는 패턴을 발견할 수 있다. 첫째, 1998년부터 2013년까지 작은 규모의 뇌물은 꾸준히 감소했다. 1998년의 3분의 1 수준으로 떨어졌지만 큰 규모의 뇌물은 2013년에 1만 7435건으로 정점에 달했고 시작할 때보다 9배 많았다. 다시 말하자면, 작은 이권과 관련된 뇌물은 잘 억제되고 유행에 뒤처졌지만 큰 이권과 관련된 뇌물은 폭발적으로 성장한 것이다.

교환이 없는 부패를 살펴본다면 작은 규모의 횡령은 2000년에 정점에 달한 후 급감했다. 반면에 큰 규모의 횡령은 조금씩 변동하는 수준이었다. 이것은 1998년 이후의 제도화된 감시와 통제 수단이 큰 규모의 횡령보다는 작은 규모의 횡령을 억제하는 데 더 효과적이었음을 의미한다. 또 다른 이유는 큰 횡령은 보통 고위급 관료에 의해 저질러

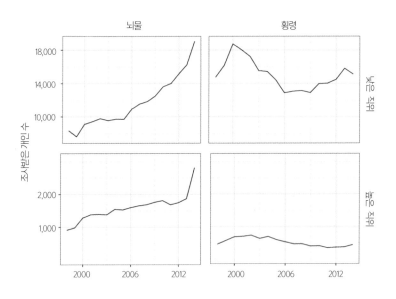

〈그림 3-10〉 하급, 상급에 따른 뇌물과 횡령 비교.

부패한 중국은 왜 성장하는가

지는데 이들은 제도적 통제를 우회할 권력을 가지고 있었기 때문이라고 할 수 있다. 전 상하이 당서기였던 천량위陳良宇 사례를 보면 그는 뇌물을 받는 것 외에도 그의 부하 직원의 네트워크를 동원해 상하이사회보장기금을 횡령한 것으로 기소됐다.[73]

다음으로 나는 〈그림 3-10〉에서 연공서열별로 뇌물과 횡령을 나누어 분석했다. 공식 통계에서는 하급과 상급으로, 또는 시진핑의 용어에 의하면 '파리'와 '호랑이'로 나눈다.(팁 박스 참조) 뇌물은 하급, 상급 공무원 모두에서 널리 퍼져 있었다. 수많은 폭로를 통해 향과 심지어 말단 수준의 현 리더들이 사업 계약에 대한 대가로 기업으로부터 뇌물을 받은 것을 알 수 있다.[74]

그러나 횡령은 다른 패턴을 보여 준다. 하급 관료보다 훨씬 적은 상급 관료가 횡령에 연루되었다. 2002년 횡령이 정점에 달했을 때에도 단지 732명의 상급 관료가 횡령으로 조사를 받았다. 하급 관료는 당시 1만 7000명이 조사를 받았다. 이것은 '호랑이'들이 횡령보다는 뇌물에 치중했음을 보여 준다. 2015년에 호랑이들은 횡령(579건)보다 뇌물(3145건)로 6배나 많이 조사받았다. 같은 해에 횡령에 연루된 관료 중 겨우 4퍼센트만이 호랑이였고 뇌물로 붙잡힌 관료들의 15퍼센트가 호랑이였다. 내 연구의 틀로 표현하자면(〈표 3-1〉) 중국의 정치적 위계질서하의 최고들에게 부패는 무엇보다 큰 이권이 있는 인허가료였지 큰 규모의 도둑질은 아니었다.

〈그림 3-5〉에서 마지막 패턴을 볼 수 있다. 큰 규모의 부패가 모든 범주에 걸쳐 증가했다. 뇌물에서 큰 규모의 금액 건수는 1998년 28퍼센트에서 2015년 90퍼센트로 상승했다. 횡령에서는 28퍼센트에서

팁 박스: 중국 관료제의 호랑이와 파리

시진핑의 반부패 운동은 '파리'와 '호랑이'를 잡아내는 것으로 유명하다. 일반적으로 파리와 호랑이는 하급 공무원과 상급 공무원으로 알려져 있다. 그러나 이러한 구분이 매우 조악하고 때로는 오해를 낳기도 한다는 것을 거의 대부분 모르는데 그 이유는 중국의 관료 제도가 여러 층위를 가지고 있기 때문이다. 당-국가 기관에서 공공 서비스를 제공하는 단위를 포함하여, 최고위급부터 최하위까지 전체 관료 체제는 5000만 명 이상의 인원을 보유하고 있다.[75]

누가 파리이고 호랑이인가? 중국의 당-국가 기관에서 지도자 지위를 가지고 있는 관료는 위부터 아래까지 10개 계급으로 이루어져 있다. 10개의 계급은 순서대로 국가정國家正, 국가부国家副, 성부정省部正, 성부부省部副, 청국정厅局正, 청국부厅局副, 현처정县处正, 현처부县处副, 향과정乡科正, 향과부乡科副이다.

검찰원에서는 청국부 이상을 '상위급'으로 본다. 예를 들어 시정부의 부시장이나 중앙 정부의 처장处长 이상이다. 처处 수준 이상의 모든 공무원은 당에서 직접 임명하며 여러 공무직을 순환하면서 근무한다.

이런 정의에 의하면 파리는 호랑이가 아닌 나머지 방대한 수의 관료를 의미하며 여기에는 현서기县委书记(현급 정부의 최고 리더) 정도의 권력을 가진 관료부터 경찰 그리고 일상생활에서 만날 수 있는 일반 공무원이 포함된다. 그러나 현실에서는 모든 '파리'가 별 볼 일 없는 인물은 아니다. 현서기는 그들의 관할 구역 내에서 경제적, 사회적 문제에 대해 최고 권위를 행사한다(궈융창의 경우가 5장 부록에 있다). 이들 중 몇몇은 '지방의 황제'라는 별명으로 불린다.

처处(부시장 이상) 수준 이상의 정치 엘리트와 나머지를 구분하기 위해 멜라니 매니언Melanie Manion은 전자를 '초거대 호랑이mega-tiger, 大老虎'로, 후자를 '호랑이tiger, 老虎'로 부른다. 다른 이들은 중상층 관료를 '늑대'라고 부른다.[76]

부패한 중국은 왜 성장하는가

77퍼센트로 상승했다. 2014년에 있었던 조사 중 75퍼센트 이상이 큰 규모의 금액과 관련된 것이었다.

중국의 미디어가 보도한 부패 사건들

공식 통계를 사용해서 중국 부패의 구조적 진화를 살펴보았으므로 나는 이제 미디어를 보완적인 정보 원천으로 사용할 것이다. 여기서는 1988년부터 2012년까지《인민일보》에 실린 부패에 대한 언급 횟수를 세어 볼 것이다.

미디어 언급이 공식 통계보다 유리한 점은 행정 집행 수준에서의 갈취 행위(이것은 루가 '조직된 부패'라고 불렀던 것이다)를 대략적으로 볼 수 있다는 것이다. 공식 통계는 개별 관료들이 저지른 부패 사건들이 불법적이고 기소가 필요할 정도로 심각한 부패일 때만 기록한다는 점을 기억하라. 미디어 언급을 분석하면 1988년까지 이르는 긴 시간 동안의 패턴을 확인할 수 있다(공식 통계는 1998년부터 시작됐다). 물론 이 자료의 원천은 마찬가지로 제한적이다. 실제 벌어지는 부패보다는 미디어가 선택한 부패를 다루기 때문이다. 그래도 우리는 관측된 추세에 대해 큰 자신감을 가질 수 있다. 미디어 언급과 공식 통계에서 모두 일관적인 추세를 보여 줄 때 우리는 그런 확신을 가질 수 있는 것이다. 게다가 당의 기관지인《인민일보》에 실린 언급은 국가 정책의 우선 과제와 관심을 반영하며, 부패에 관한 논의가 어떤 식으로 진화했는지를 살펴볼 수 있도록 한다.

이 분석을 위해 나는 자주 쓰이는 다음 용어들을 교환을 수반한 부패와 교환이 없는 부패의 범주에 넣어 조사했다.

- 교환을 수반한 부패[77]: 뇌물 수수, 뇌물 공여, 지대 추구, 고상한 뇌물, 매표, 기러기 아빠, 돈세탁, 묵시적 규칙

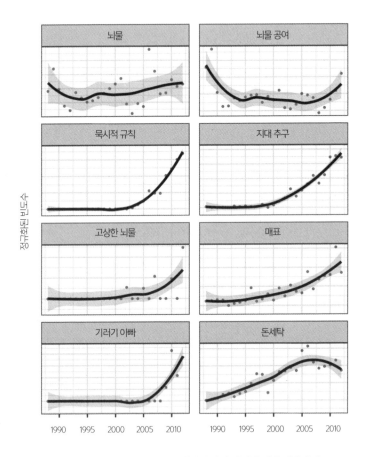

〈그림 3-11〉 1988~2012년까지 교환을 수반한 부패에 대한 미디어 언급.

　　　　　　　　　　　　　　　부패한 중국은 왜 성장하는가

- 교환이 없는 부패[78]: 강제 할당, 자의적인 수수료 갈취, 자의적인 벌금 부과, 공급 유용

나는 용어 검색을 통해서 해당 용어가 있는 기사의 수를 센 후, 그 수를 그해에 발표된 전체 기사 수로 나눴다.[79] 〈그림 3-11〉과 〈그림 3-12〉는 이 추세를 보여 준다.[80]

첫째, 교환을 수반한 부패 유형을 보자. 1993년 이전에 시장이 부분적으로만 자유로웠던 사실을 기억해 보라. 이 기간에는 '뇌물 수수'와 '뇌물 공여'에 대한 토론이 있었다. 그러나 1988년부터 하향 추세였다. '지대 추구'와 '묵시적 규칙潛規則'은《인민일보》에서 거의 찾아볼 수 없었다.

1993년부터 2000년 동안 부패에 관한 토론에는 질적인 변화가 있었다. '사회주의 시장 경제'를 건설하는 기초 단계였던 이 시기에 2가지의 새로운 부패 개념이 등장한 것이다. '매표'와 '돈세탁'이 그것이다. 비록 중국은 전국적으로 경쟁적 선거 제도를 갖추지는 않았지만, 1998년 촌village, 村 단위 지도자를 선출할 때 선거 방식을 도입했다. 이 방식은 현재까지 계속되고 있으며 향township, 乡까지 확대되고 있다.[81] 돈세탁은 뇌물이 확산되고 중앙 정부가 행정 개혁을 통해 불법적인 금융 흐름을 타깃으로 삼으면서 점차 등장하기 시작했다.

〈그림 3-6〉을 보면 2000년은 교환이 없는 부패가 감소하기 시작하고 교환을 수반한 부패가 올라가는 때였다. '지대 추구'와 '묵시적 규칙'은 2000년에 처음으로 언급되었는데 그 이후로 빈도수도 증가했다. 서구 정치 경제학자들은 '지대'라는 용어를 막스 베버 이래로

100년이 넘도록 사용했지만, 중국의 부패 용어에는 처음 추가된 것이다. '묵시적 규칙'은 비공식적인 행동 규범을 지칭한다. 예를 들어 정치적 네트워크로부터 호의를 얻기 위해 기업인들은 정부 기관의 물품 조달 프로젝트에 부당한 입찰을 참여하도록 강요받을 수 있다. 다른 사례는 개발업자가 정부 관료에게 자산을 할인 가격으로 제시하는 것인데 이것은 엄밀히 따지면 현금 뇌물은 아니다.[82]

2005년 이후 부패는 심지어 훨씬 정교해지기까지 했다. '뇌물 수수'와 '뇌물 공여'에 대한 언급이 정점에 다다른 후 정체됐다면, '지대 추구'와 '묵시적 규칙'은 증가했다. 동시에 2가지 새로운 용어가 등장했다. 그것은 바로 '기러기 아빠naked official, 裸官(옮긴이 주: '裸官'은 식구들은 해외에 나가 있고 아버지만 중국 내에 있는 관원을 의미한다.)'와 '고상한 뇌물雅賄'이었다.[83]

'기러기 아빠'는 중국 내에는 재산을 보유하지 않았지만 가족들이 해외에서 호화로운 생활을 하는 것을 의미한다. 기업인들은 직접 현금 뇌물을 주는 대신, 관료의 자녀들의 유학비를 보태거나 관료 가족들의 해외 경비를 지불한다(5장에서 보시라이의 경우를 참조). 정부 관료가 선호하는 또 다른 방식은 현금 대신 예술품을 받는 것이다. 이것이 바로 '고상한 뇌물'이다. 예술품은 주관적인 가치를 지니는 속성 때문에 추적하기 힘들고 뇌물로 기소하기도 힘들다. 악명 높은 사례로 전 충칭시 경찰부국장이자 보시라이와 연관이 있었던 원창을 들 수 있다. 당국이 그의 집을 압수 수색했을 때 압수 목록에는 360만 위안의 가치를 지닌 화가 장다첸의 작품과 공룡알 화석이 있었다.[84]

과거 20년간 '매표'에 대한 언급이 꾸준히 증가했다는 사실에 주목

부패한 중국은 왜 성장하는가

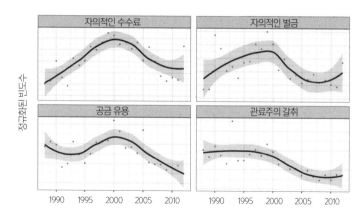

<그림 3-12> 1988~2012년까지 교환이 없는 부패에 대한 미디어의 언급.

할 필요가 있다. 이 현상은 매표와 2000년대에 발생한 불법적이거나 경쟁이 치열한 토지 수용과의 연관성을 반영한다.[85] 리더들은 개발업자에게 촌의 자산과 토지를 팔 수 있도록 촌민으로부터 투표권을 사들여 자신의 이익을 챙기곤 했다.

교환이 없는 부패 유형에((그림 3-12)) 대하여 미디어에서는 1986년부터 1998년까지 '관료주의적 갈취(강제 할당)'에 대한 논의가 있었다. 그러나 이후 이러한 언급은 급격하게 줄었다. '자의적인 수수료 갈취'와 '자의적인 벌금 부과'는 2000년에 정점에 도달했고 그 이후 감소했다. '공금 유용'도 마찬가지로 2000년에 정점에 도달한 후 계속 감소했다. 이러한 사실은 관료주의적 갈치와 '조직적 부패'가 전국적으로 는 팽시 1980년대와 1990년대에만 만연했음을 시사한다. 물론 가난한 지역에서는 여전히 그런 유형의 부패가 존재한다.[86] 지금까지의 분석을 통해 이제 우리는 기존에 가졌던 중국 부패에 대한 인상을 바꿔야 할 시점이다.

약탈은 줄고 대가성 뇌물은 늘어나다

부패의 진화에 대한 체계적인 논의는 기존의 설명을 재점검할 수 있
도록 도와준다. 통시적 맥락이 중요한데 특히 빠르게 변화하는 중국
에서는 더욱 그렇다. 내가 보였듯이 1980년대의 중국, 1990년대의 중
국, 2000년대의 중국, 2012년 이후의 중국은 서로 매우 다른 중국이
다. 만약 이미 한물간 1980년대와 1990년대의 자료나 인상에 근거해
서 중국 부패를 논의하면 혼동만 가중된다.[87] 이러한 방식은 지상 통
신선 전화 자료를 가지고 스마트폰에 관한 이론을 검증하는 것과 같
다고 할 수 있다.

사이먼 판Simon Fan의 공동 논문 《횡령과 뇌물》은 2010년 전미경제
연구소National Bureau of Economic Research, NBER에 실렸고 《월스트리트저널》은
이 논문을 인용 보도했다.[88] 이 논문은 간단한 모델을 제시하면서 "중
국의 정치 지도자들은 숫자는 많지만 상대적으로 작은 규모의 횡령
을 고의로 용인한다. 이것은 관료들이 뇌물을 갈취하는 유인을 줄이
기 위해서다"[89]라고 주장했다. 이 주장을 뒷받침하는 근거로 1990년
대 자료에 머물러 있는 쑨옌의 연구를 인용했다. 쑨옌의 연구에서는
1992년 이후 횡령과 공금 유용이 폭발적으로 증가했고 뇌물 규모는
작았다.[90]

쑨옌의 관찰은 정확했지만 판과 그의 동료들이 눈치채지 못한 것

은 쑨옌의 작업이 1993년부터 1997년까지의 검찰원 자료에 기반했다는 점이다. 이 시기는 급진적인 행정 개혁이 시작되고 시장 확대가 가속화되기 직전이었다. 쑨옌의 연구 대상 시기에는 실제 횡령보다 뇌물이 더 적었다.(〈그림 3-7〉) 그러나 지금은 내가 이 장에서 보였듯이 그런 패턴이 역전됐다.

내 분석은 판과 그의 동료들이 주장하는 것과 완전히 상반된 것을 보여 준다. 중국의 지도자들은 고의로 그러기는커녕 횡령을 '용인하지' 않았다. 실제로 1998년 이후 중국 지도자들은 교환이 없는 부패와의 전쟁을 위해 강력하고 체계적인 정책을 취했다.[91] 그 결과 작은 규모의 도둑질 같은 부패는 빠르게 감소했지만 뇌물은 폭발적으로 증가했다.

이 장에서의 내 접근 방식은 모든 유형의 부패가 시간의 흐름에 따라 변하는 것을 추적해야 함을 말해 준다. 예를 들어 민신 페이는 '정실 자본주의'라는 심각한 문제를 강조하지만 유형이 다른 부패의 변화를 무시한다. 그 결과 그의 연구는 횡령과 약탈적 행위가 실제로 감소했다는 것을 인식하지 못했다. 중국 공산당은 당 엘리트들이 자신의 권력을 사적 치부 수단으로 사용하는 걸 필사적으로 막기 위해 노력하고 있지만, 실제로도 관료제 전체를 훈육하고 명백한 도둑질을 막을 능력이 있다.

결론: 나라와 시대가 변하면 부패도 변한다

왜 만연한 부패에도 불구하고 중국 경제는 번영했는가? 2장의 성과에 더해 이 장에서는 두 번째 중요한 수수께끼의 열쇠를 찾아냈다. 부패 구조가 시간에 따라 변한다는 것이다. 2000년부터 교환을 수반한 부패, 특히 뇌물은 폭발적으로 증가했다. 그러나 교환이 없는 부패인 도둑질은 지속적으로 감소했다. 2가지 요인이 이러한 구조적 진화를 추동했다. 첫째, 1993년 공산당이 글로벌 시장을 수용한 것이다. 그 이후 정치적 연계의 가치는 천문학적으로 증가했다. 둘째, 중앙 정부가 추진한 현대화된 행정 개혁이다. 이 개혁은 규모로 볼 때 미국의 진보 시대와 어깨를 견준다.

이 장에서 시도한 진화적 관점은 비교 정치 경제학자들에게, 국가들이 안정적인 부패 패턴을 가진다고 가정하는 것에 주의를 기울여야 한다고 말한다. 중국은 분명히 그렇지 않았다. 2장에서 논의했듯이 소집단 설계, 비교 연구 등 전통적인 연구 방법은 전체 나라를 분류 체계상 하나의 유형으로 분류해 왔다.[92]

이러한 접근 방식은 주관성을 벗어나기 어려울 뿐 아니라, 연구 대상인 나라가 시간에 따라 극적으로 다른 부패 구조를 보여 줄 수 있다는 가능성을 무시하게 된다. 따라서 연구자는 자기가 조사하는 기간을 명시해야 한다. 특히 빠른 속도로 진화하는 나라들인 경우에는 더욱 그러하다. 중국의 경우 통시적으로 나타나는 특징들을 반드시 구분해서 살펴봐야 한다.

이 장은 향후 연구를 위한 비교 사학적 질문들을 던졌다. 다른 나라들 역시 부패 패턴에서 상당한 구조적 변화를 경험했는가? 미국은 황홀한 성장과 부패로 가득 찬 도금 시대가 진보 시대의 전문화된 관료주의로 탈바꿈하는 구조적 변동을 경험했다.[93] 만약 우리가 인도, 러시아, 한국 등의 부패 구조를 통시적으로 세분화해서 본다면 어떤 결론을 얻게 될까? 비록 그런 비교 연구는 이 책의 범위를 벗어나지만, 나는 여기서의 노력이 다른 사회 과학자들에게 흥미를 더하기를 바란다.

4장

중국식 관료주의가
이익을 공유하는 방법

CHINA'S GILDED AGE

발전에 있어서 가장 골치 아픈 문제는 '부패는 가난을 낳고, 가난은 부패를 낳는다'라는 악순환이다.[1] 다른 말로 하면, 한 나라는 부패했기 때문에 가난하고 가난하기 때문에 부패한 것이다. 2장에서 보았듯이 가난한 나라들은 대체로 경제적인 부분이 가장 쇠약해지는 부패 유형을 보인다. 이런 부패에는 작은 규모의 뇌물과 갈취가 있다. 이러한 부패가 고질적인 것이 되어 하나의 '균형점'을 형성하게 된다면, 사회 과학자들의 말처럼 과연 이 상태로부터 탈출할 수 있을까?

3장은 이런 질문에 대해 거시-역사적 관점에서 조명했다. 특히 중국의 부패 구조를 형성한 2가지 힘에 대해 주목했다. 2가지 힘은 경제 이 인간인 닐바꿈, 그리고 이것과 짝을 이룬 전국적인 절차상의 개혁이다. 이 장에서는 미시적인 관점에 주의를 기울인다. 중국 전역에 걸쳐 당-국가 정책을 집행하며 통치라는 기계를 운행하는 수만 명의 공무원들 속으로 들어간다. 이렇게 해서 모든 개발도상국에 대해 적절한 질문으로 곧장 나아갈 수 있다. 보상이 형편없는 공무원들이 눈앞의 작은 이익을 위해 기업을 괴롭히는 것을 국가는 어떻게 막을 수 있었는가? 또한 어떻게 그들이 장기적 성장 목표를 지지하도록 만들었나?

학자들은 이 문제에 2가지 해법을 제시한다. 첫째, 제1세계 선진국의 공공 행정을 개발도상국에 그대로 이식함으로써 '베버로 직접 넘어가기'를 하는 것이다.[2] 월급이 너무 낮은가? 그렇다면 월급을 인상하라. 관료 체제 인원이 너무 많은가? 그렇다면 해고하라. 작은 부패가 창궐하는가? 그렇다면 처벌을 맹세하라. 이러한 정책들은 원리적으로는 옳지만 현실에서는 보통 실패한다. 그리고 오히려 역풍을 맞아 행정 비용이 높아지고 공공 부문의 사기를 좀먹을 수 있다.[3]

두 번째는 피스먼과 골든이 강조하는 것처럼 '사회적 규범의 변화'를 촉발하는 것이다.[4] 사회적 규범은 중요하다. 시민들이 부패한 엘리트를 단속하는 일에 추문을 들추어내는 언론과 대중적 시위가 도움이 된다는 것은 설득력이 있다. 형편없는 보상을 받은 관료들은 자주 훔치고, 갈취하고, 생존을 위해 부업을 하게 된다.[5]

개혁 시기 중국은 이런 악순환의 고리를 탈출해 특이한 경로를 밟아 왔다. 중국의 해법은 일선 공무원이 그들의 형편없는 공식 급여에 보태 약간의 돈을 갈취하는 것을 용인하는 동시에 그들의 금전적 유인이 장기적 경제 발전 목표와 일치하도록 한 것이다. 본질적으로 국가가 공산당 관료 체제에 이익 공유 모델을 적용한 것이다. 중국의 공무원은 지방 정부나 그들이 속한 특정 부서에서 발생한 수입의 일부

부패한 중국은 왜 성장하는가

분을 챙길 수 있었다.

중국의 불투명한 관료주의 내에서 보상 관행은 종종 '조직화된 부패'로 악마화되었다.[6] 이 장에서는 질적이고 양적인 증거들을 동원해 이러한 유인 체계를 조명해 볼 것이다. 지방 관료들과의 심층 인터뷰에 더해서 나는 실제 향鎭정부들에서 행해지는 공식적인 부가적 보상의 양을 측정할 수 있는 최신 자료를 분석했다.

나의 핵심 발견은 중국의 '황금알을 낳는 거위' 격언(장기적 이익을 위해 당장의 이익을 절제하는 것)이 단순한 우화가 아니라 현실이었다는 것이다. 수수료 갈취, 벌금, 강제 할당은 지방 관료를 단기적으로 부유하게 하지만, 장기적 보상을 늘리려면 공식적인 세금 기준을 확대함으로써 기업 활동을 독려하고 사업을 유지해야 한다. 내가 인터뷰한 중국의 관료들은 이것을 자명한 것으로 이해하고 있었다. 그러나 중국 말고 다른 나라에서는, 공공 행정에 대한 일반적인 생각은 공무원 조직의 보상과 경제적 성과가 동떨어져 있다는 것이다.[7] 이것은 공공 보상과 중국 관료주의의 금전적 성과 사이의 체계적인 연관을 보여 준 첫 번째 연구 결과다.

일선 공무원의 낮은 임금 벌충하기

막스 베버가 지적했듯이 전근대 사회의 모든 공무원은 사실상 사업가였다. 비록 그들은 국가 재정부로부터 공식적인 임금을 거의 받지 못했지만 공무원의 특권을 이용하여 지역 거주민으로부터 세금과 벌금을 뜯어내거나, 독점적 교역을 하거나, 현재는 뇌물이라고 부르는 공공 서비스에 대한 선물을 받았다. 베버는 이러한 권리를 '녹봉 prebends(성직자가 받는 보수)' 또는 지대라고 불렀다.[8] 현대 경제학적 용어로 녹봉주의는 공무원이 자기 부서에서 일군 수입의 일부 또는 전부를 편취하는 이익 공유의 한 형태다.

전근대 시기에 녹봉주의는 어느 정도 이점이 있었지만 마찬가지로 문제점도 있었다. 한편으로는 공공 행정인이 '자력갱생'할 수 있게 했다. 지배자들은 정기적인 급여를 지급하지 않아도 됐다. 안정적인 세금 확보가 부재한 덜 발달된 화폐 경제 사회에서 정기적인 급여 지급은 부담이 매우 많이 가는 일이었다. 또 다른 한편으로, 사업가적 공무원은 그들이 할 수 있는 한 많이 움켜쥐려 했고, 이는 과도한 탐욕과 심지어는 대중적 봉기로 이어졌다. 베버가 설명하듯이 이러한 위험에 직면한 현대의 정부들은 점차적으로 녹봉주의를 '화폐로 지급하는 고정된 급여'로 대체했다. 이것이 현재 제1세계에서 당연한 것으로 여기고 있는 공공 행정의 규범이다.[9]

서구 유럽과 미국에서 공공 행정이 녹봉주의에서 국가 재정으로, 그리고 이익 중심에서 서비스 중심으로 변화하는 데는 수세기가 걸렸다.[10] 반면 현재의 개발도상국들은 이러한 변화가 여전히 진행 중이다. 그러나 공공 행정에 대한 표준 이론들은 몰역사적이거나 제1세계 중심적이다. 그들은 현재의 산업화된 민주주의 사회의 공공 행정에 대한 규범을 보편적인 것으로 상정한다. 사실 이익에 대한 개념과 이익 공유제의 관행은 서구의 공공 행정에서는 '사라졌지만' 중국 관료주의에는 여전히 존재하고 있다.[11]

부패한 중국은 왜 성장하는가

공공 부문 임금 인센티브와 관련한 고전적인 연구들은 게리 베커 Gary Becker와 조지 스티글러George Stigler가 1974년에 발표했던 중요한 논문에 기반한다.[12] 그들은 효율적인 감시와 징계 메커니즘이 갖춰져 있다면 높은 '효율' 임금은, 공공 부문 피고용자가 그들의 권력을 개인의 이익을 위해 사용하는 것을 막을 수 있다고 말한다. 이 개념을 빌어서, 티모시 베슬리Timothy Besley와 존 맥라렌John McLaren은 '투항 임금'이란 표현을 사용하는데 이것은 공식적 임금이 너무 낮아서 관료들이 부패하게 되는 상황을 말하며, 투항 임금을 두 번째 공공 보상 계획으로 지목한다.[13] 그들은 투항 임금이 대부분 개발도상국의 규범이라고 주장했다.

이러한 이론들은 2가지 한계를 지니고 있다. 첫째, 그것들은 역사를 무시하고 인센티브 구조를 정적인 것으로 묘사하며 따라서 변화과정에 대한 어떠한 통찰도 제공하지 못한다. 두 번째 한계는 그것들이 공무원의 소득을 단지 2가지 유형으로만(공식적 급여와 뇌물 같은 부정한 돈) 고려하고 세 번째 범주에는 무지하다는 것이다. 공식적이지도 않고 불법적이지도 않은 급여 이외의 특전이나 수당이 바로 세 번째 범주다. 개발도상국에서 이런 관행은 일상적이다. 예를 들어 세계은행 보고에 따르면 잠비아에서는 이런 식이다.[14]

부가 혜택과 금전적 수당은 특히 중상층과 고위 공무원의 보상을 늘리기 위한 주요 수단이었으며 점차적으로 쓰였다. 수당을 받는 경우는 이런 것들이 있다. 대체 근무, 특별 근무, 우지 급무, 빽입 른누, 비개업 의료, 통근비, 교통비, 위험 수당, 보안 수당, 부외 근무, 현장 근무, 연장 근무, 전문 서비스, 출장 근무, 오락, 전화, 수도 전기, 마일리지, 최저 생활비, 정착 지원, 유니폼 등이다.

표준적인 정책 처방은 이런 무정형의 공공 보상을 무시한다. 따라서 그런 정책은 부패를 억제하기 위해 오로지 공식적인 임금을 올리는 데 집중한다. 그러나 중국에서는 향級 수준의 관료들이 받는 보상 중 76퍼센트를 다양한 범주의 '부가 혜택과 수당'이 차지하고 있어 어떤 상황에서는 '효율 임금'의 변형으로 작동한다.

99퍼센트의 관료가 원하는 인센티브

자세한 보상 관행을 보기 전에 앞서 중국 관료주의의 기본적인 사실들을 알아야 할 필요가 있다. 중국의 정치 체제는 일당에 의해 운영되지만 세계에서 가장 경제적으로, 그리고 행정적으로 분권화된 공공 행정 기구를 가지고 있다.[15] 중앙 정부는 국가 비전과 광범위한 정책을 내놓지만 지방 정부는 경제적, 사회적 발전 계획에서 엄청난 정도의 자치를 행사한다.[16] 그들은 재정뿐 아니라 교육, 건강, 공공 안전, 연금, 도시 인프라 등 핵심적인 공공 서비스를 제공한다. 이 규모는 미국을 포함해 여러 연방 정부의 규모를 초과하는 수준이다.[17]

중국의 관료 체제는 어마어마한 규모를 가지고 있다. 2007년 군사와 국유 기업을 제외한 당-국가 관료의 숫자는 5000만 명에 달했다.[18] 이는 한국의 전체 인구와 비슷한 숫자다. 이 집단은 〈표 4-1〉에 요약한 것처럼 적어도 3개 층으로 나누어서 봐야 한다. 최고 1퍼센트 계층은 대략 50만 명인데 처級 이상이며 중국의 '정치 엘리트'를 구성한다.[19] 중간 계층은 19퍼센트 정도이며 당이나 국가 기구에서 관리 업무를 담당한다.[20] 나머지 80퍼센트는 사무원, 검사원, 경찰, 보건위생원, 향급 간부들처럼 공공 서비스를 직접적으로 주민에게 제공하는 비공무원 공공 피고용인들이다. 한편 정치 엘리트들은 당에 의해서 임명되며 순환 보직으로 근무하지만, 대부분의 관료는 행정부 내 인사부의 감독하에 한 장소에서 평생 동안 근무한다.[21]

엘리트 관원은 중국의 독재적인 위계 구조에서 분명 강력한 인물들이지만 행정부의 나머지 99퍼센트를 하찮은 존재로 여겨서는 안 된다. 아니, 결코 그렇지 않다. 이 집단은 통치의 일상 업무를 수행하며 일선에서 정책을 집행한다. 마이클 립스키Michael Lipsky가 강조했듯이 "비록 그들을 하급 피고용인으로 여기지만 그들은 정부에 의해 제공되는 '서비스'를 실질적으로 집행한다."[22] 게다가 개혁 시기의 일반 경찰관, 사무원, 검사원 그리고 학교 선생들은 단순한 공공 서비스를 제공하는 사람들이 아니었다. 그들은 잠재적인 사업가 소질을 가진 직원들이었다. 경제가 도약하는 초기에 지방 정부는 공무원들의 사적인 네트워크를 통해서 투자자를 모집했다.[23] 일선 관료는 '약탈하는 손'이 되든지 또는 '도움의 손'이 되든지 다 될 수 있다.[24] 그들은 자의적으로 수수료나 벌금을 부과하거나 과도한 검사로 기업을 괴롭혀 기업가들의 성장을 저해할 수도 있다. 또는 기업가들을 서로 연결하거나, 각종 편의와 맞춤식 서비스를 제공하거나, 회의를 조직하는 등으로 경제를 부양할 수 있었다.(팁 박스 참조)

중국의 정치적 인센티브에 관한 연구는 거의 예외 없이 엘리트들 간 승진 인센티브에만 집중했었다(도시 지도자의 낙마를 중심으로 분석한 6장을 참조하라).[25] 그러나 최고 1퍼센트와 나머지 99퍼센트는 다른 인

층위	대략적인 비율	특성	미국(Wilson, 1989)
지도자와 엘리트	상위 1%	현처(縣처) 이상의 관원이며 당으로부터 직접 임명을 받고 순환 보직 근무(지방 업무 포함)	정치적 임명
공무원	19%	당-국가 기구 관리 업무 수행, 순환 보직 없음, 인사부에서 관리	중간 관리자
비공무원 공공 피고용인 (사업 단위 인원)	80%	인민들에게 직접적으로 일상생활의 공공 서비스를 제공, 순환 보직 없음, 인사부에서 관리	일상생활 업무 집행

〈표 4-1〉 3가지 층위로 살펴본 중국의 관료 체제. (옮긴이 주: 최근 코로나19 방역에 동원된 사람들이 사업 단위 인원[事業單位人員]의 대표적 사례다. 정식 공무원은 아니지만 필요에 따라 정부에 의해 동원된 일꾼들처럼 비정규적인 경우도 있다.)

센티브에 반응한다. 지도자와 엘리트 관리는 보다 높은 자리로 가는 것과 보다 많은 개인적 권력을 목표로 한다. 그러나 대부분의 관료에게 있어서 엘리트 사다리를 올라갈 확률은 매우 희박하다.[26] 중간 수준 관리자와 일선 관료는 권세를 얻는 것보다 급여와 특전 같은 세속적인 것을 더 중요하게 생각한다. 어떤 관리는 "나 같은 일반 사람들에게는 물질적 혜택을 주는 것이 바로 인센티브다"[27]라고 했다. 관료 체제 보상에 대한 이 장의 분석은 이렇게 잊힌, 그리고 미디어에 거의 등장하지 않는 '일반 사람'을 주목한다.

중국식 이익 공유의 메커니즘

다른 많은 개발도상국처럼 중국 관료들의 공식적 급여는 지독하게 낮은 수준이었다. 2006년 임금 조정 이후 대부분의 하급 공무원(1호봉)

부패한 중국은 왜 성장하는가

팁 박스: 투자를 유치해야 월급이 오른다

중국의 지방 관료들은 종종 투자자들을 끌어모으고 접대하기 위해 무엇이든 하려고 한다. 새로운 친기업적인 지도자가 임명된, 전도양양한 청두 지역의 구区(항乡에 해당)정부의 사례를 보자.

이 구区의 한 관원은 "우리는 친기업적인 환경을 만들기 위해 전방위적인 서비스를 제공했다. 예를 들면 허가서 제출, 문서 작성, 다른 부서와 협의, 주차, 학교 교육, 주변 위생 책임 등의 서비스를 제공했다. 우리는 기업에 대해 좋은 서비스를 제공하기를 원했다. 모든 비즈니스는 친구나 사업 상대 같은 두터운 네트워크를 배경으로 가졌기 때문이다. 만약 우리가 한 투자자에게 잘 봉사하면 우리는 이러한 자원에 접근할 수 있고 그 자원을 동원할 수 있기 때문이다. 이를 통해 우리 구区의 경제적 발전과 세수를 올릴 수 있다."[28]

늘어난 세수와 보너스 외에도 구区는 기업의 재정 지원으로 리모델링할 수 있다. 구의 지도자가 회고했듯이 "우리 사무실은 다 낡았었다. 벽에 페인트칠도 제대로 하지 못했다. 작년에 우리가 한 기업을 잘 모셨는데 그 기업이 10만 위안을 기부해 사무실을 새 단장할 수 있었고 직원용 컴퓨터를 구매할 수 있었다." 그는 이러한 지원을 "우리의 탁월한 서비스에 대한 애정 어린 보답"으로 묘사했다.[29]

은 월급으로 290위안(45달러)을 받았으며 근무 연한이 길수록 최고 450위안(67달러)을 받았다.[30] 2011년, 사천 지역의 현縣정부 신입 공무원은 공식적인 월급으로 830위안을 받았다. 이 월급은 그 지역 노동자의 최저 임금인 850위안보다 적었다.[31] 2015년, 시진핑의 부패와의 전쟁의 일환으로 공무원의 월급이 올랐는데 최하위층은 510위안(82달러)으로, 최고위층은 5250위안(845달러) 수준이었다.[32]

인사부 부부장이었던 쉬쏭타오는 공식적인 급여가 언제나 너무 형편없었고, 늘 억제되었으며, 빠른 인플레이션을 따라잡기에 턱없이 낮았다고 인정했다.[33] 중앙 정부는 1978년 이후 여러 번 임금 인상을 했지만 인상 폭은 작았고 지역에 따른 편차를 극복하기에 역부족이었다.(《그림 4-3》) 표면적으로 이 시나리오는 베슬리와 맥라렌이 말한 '투항 임금'에 잘 들어맞는 것처럼 보인다. '투항 임금'은 정부가 주는 월급이 너무 적어서 정부가 사실상 "임금 인센티브를 통해 역선택이나 도덕적 해이를 피하려는 시도조차 포기한" 것을 의미한다.[34] 그렇다면 방글라데시와 인도처럼 만연한 작은 규모의 부패를 중국에서는 찾아볼 수 없는가?(2장)

이에 대한 해답은 공식적인 임금이 문제의 아주 작은 부분이었다는 점에서 찾을 수 있다. 1980년대 이후 중국의 지방 관료 체제는 공식적인 임금 외에 특혜—연장 근로, 보너스, 무료 식사, 무료 여행, 주택 보조, 오락 비용, 식료품, 전기, 가스 등을 보조—를 추가로 지급했다.[35] 집단적인 복지 혜택을 제공하기도 했는데 여기에는 넓은 건물, 새 사무 가구, 아동 돌봄 보조 등이 있다.

연구자들은 이러한 혜택을 '조직된 부패'나 '교환이 없는 부패'[36]로

부패한 중국은 왜 성장하는가

폄하한다. 그 이유는 이러한 혜택이 자의적인 수수료나 벌금, 부서 비자금, 자유 재량적인 지출, 다른 건전하지 못한 관행과 연관되어 있기 때문이다. 보다 더 가혹한 용어로 판과 그의 동료들은 부가 혜택을 '횡령'으로 표현했다. 그들에 따르면 "국가 예산을 공무원이 소비하는 것이 … 대규모로 발생하고 이를 저지할 힘은 놀라울 정도로 나약하다"[37]는 것이다.

중국 관료 체제가 공공 예산을 약탈할 정도로 제멋대로였는가? 내 현장 연구는 다른 이야기를 들려준다. 지방 관료 체제는 무자비하지 않았다. 중국의 공공 피고용인들은 '쌍궤雙軌(두 가지 노선이나 방법)' 방식으로 보상을 받았다. 다양한 수당, 특혜와 결합한 공식적 급여가 바로 그것이다.[38] 이러한 구조는 다른 개발도상국에서도 찾아볼 수 있지만[39] 중국의 고유한 특징은 부가 혜택이 규제되었고 금전적 성과와 연계되었다는 점이다. 따라서 중국에서는 이 구조가 금전적 인센티브로 작동했다.

중국에서 수당과 특혜는 2가지 소득 원천에 연동되었다. 그 2가지는 지방 정부의 세수, 개별 공무원이 징수하는 수수료와 벌금이다. 가상의 간부(간부는 공산주의 용어로 관료를 의미한다) 리Li 씨를 생각해 보자. 리 씨는 '옥玉'이라는 이름의 현縣에서 건설부 직원으로 일한다. 리 씨는 국가적으로 표준적인 공식 급여를 받는다. 여기에 그는 옥현의 예산으로부터 수당을 받는다. 이 수당은 옥현이 거둔 세금과 유보된 이익에서 지급된다. 세 번째 수당이 또 있다. 그것은 리 씨가 속한 부서인 건설부가 수수료, 벌금, 사용료, 보조 서비스로 받은 이익 중 일부인 것이다. 세금이 아닌 소득으로 지급하는 것이므로 각 부서들은 부서원의 혜택(연장 근로, 집단 여행, 무료 식사, 선물 카드 등)을 책임진다.

이러한 구조는 본질적으로 이익 공유다. 이를 통해 공무원들은 그들 조직이 만들어 낸 이익의 일부를 챙긴다. 보통 이익 공유는 사적 부문에서만 존재하고 설령 있다고 해도 규모가 작다.[40] 그러나 중국의 개혁 시기에는 이익 공유 관행이 전체 공공 행정 기관에서 벌어졌다.[41] 중국의 경우가 더 특이한 것은 공무원의 보수가 세금과 세금이 아닌 수입에 모두 연결되었다는 점이다. 공무원의 급여와 특혜가 지방 세수와 관련된 것은 배당 제도dividend system와 관계가 있다. 반면 급여와 특혜가 개별 부서가 거둔 수수료나 벌금과 관련된다면 그것은 중개 보수commission로 기능한다.

왜 지방 정부는 개별 공무원이 수수료와 벌금을 자의적으로 징수하는 것을 금지하고 대신에 세수로 그들에게 급여를 지급하지 않았을까? 이유는 간단하다. 대부분의 지방 정부는 그렇게 할 수 없었기 때문이다. 한 재무 담당 관료는 이렇게 설명했다. "우리는 관료들을 먹여 살리고 동시에 경제 발전에도 투자할 수 있는 충분한 세수가 없었다."[42] 다른 관료는 만약 국가가 개별 부서의 수수료, 벌금을 부과할 수 있는 권리와 그 수입을 소비할 권리를 없앤다면 "개별 부서들은 스스로를 위한 수입을 만들어 낼 수 없으며" 따라서 "우리 지방 정부의 재정적 부담은 너무 커지게 된다"고 이야기했다.[43]

이것이 바로 여러 지방의 예산 당국이 산하 개별 부서의 '사용수익권使用权(사용권)' 유지를 약속한 이유다.(옮긴이 주: 사용수익권은 특정 물건, 권리를 사용하거나 그것을 활용하여 수익을 얻을 수 있는 권리를 의미한다.) 산하 개별 부서가 부분적이나마 자력갱생할 수 있도록 허용함으로써 생길 수 있는 부패의 위험을 무릅쓰고서라도 지방 정부가 용인한 것이다. 이러한 예산 당국과 개별 부서 사이의 절충을 '반환返还'이라고 부른다. 예를 들어 장쑤성의 한 현县정부는 산하 모든 부서에 70퍼센트 반환을 약속했는데 이것은 개별 부서 수입의 70퍼센트까지 부서 내 직원을 위한 혜택 또는 행정적 경비로 충당할 수 있음을 의미한다.[44] 이 현县에서의 미사용 자금은 다음 회기로 넘어가 적립된다. 베버는 이를 두고 각 부서가 실질적으로 '행정 수단을 보유한다'고 표현했다.

실질적인 이익 공유의 결과는 실제 보상에서 큰 차이를 보여 준다. 그 이유는 지역과 부서에 따라 수익을 창출하는 능력이 천차만별이기 때문이다. 서로 다른 지역의 공무원은 비록 지역적으로 가까운 곳이더라도 받는 보수가 상당히 다를 수 있다(뒤에서 이에 대해 다룬다). 한 지역 내에서도 부서에 따라 보수는 다르게 된다. 경제가 발전하는 부문에 규제 권력을 동원하여 풍부한 소득 흐름을 접할 수 있는 기관은 '기름진 기관'으로 부른다. 수익 수단이 많지 않은 곳은 '증류수 기관'이라 부른다. 어느 한 향乡급 관료는 "바보라도 건설 부서와 공문서 기록 보존 부서에 존재하는 이런 차이(소득과 혜택의 차이)를 잘 안다"고 했다.[45]

약탈의 손과 도움의 손, 어느 쪽을 내밀 것인가

간단히 말해서, 관료주의적 보상은 (비즈니스를 유인하고 유지하는) '도움helping'과 (수수료, 벌금, 할당을 갈취하는) '약탈grabbing' 모두에서 나온다. 이런 제도적 안배는 중국의 오랜 역설을 설명해 준다. 이 역설은 바로 개발 지향적인 특성과 일선 관료들에게서 볼 수 있는 약탈적인 특성의 공존이다.[46] 승진 인센티브에 주목한 기존 이론들은 지방 관료들이 경제 성장을 독려하는 이유를 설명할 수는 있다.[47] 그러나 일선에서 행해지는 상호 모순되는 경제적 행위를 설명하기 위해서는 금전적 인센티브를 (특히 보상 관행을 중심으로) 봐야 한다.

중국의 일선 관료들이 비즈니스에서 '도움'과 '약탈' 모두를 통해서 수입을 얻는 행위는 집단 행동 문제에 의문을 제기한다. 왜 이 관료들은 약탈(수수료, 벌금, 개별 부서의 수입)만 하면 되는데 군이 전체 지역에 혜택을 주는 비즈니스 친화적인 노력도 하는가? 내가 찾은 이유는 2가지다. 먼저 쉽게 알 수 있는 것은 지역 리더들이 부하 직원들의 비즈니스 이익 침해를 막고 있기 때문이다. 이는 리더들의 경력과 축재가 지역의 번영에 묶여 있기 때문이다. 다음에 논의하겠지만 그들은 제도적으로 통제할 유인을 가지고 있다. 그런데 여기에 보다 흥미롭고 잘 드러나지 않으면서 자발적으로 통제하는 것이 있다. 그것은 바로 일선 관료들이 장기 이익을 위해서 약탈적 행위를 스스로 억제한다는 것이다. 그들의 이야기를 직접 들어 보자.

큰 그림을 그리는 것(우리 지역 경제를 키우는 것)은 개별적인 부서의 자력갱생보다 훨씬 중요하다. 이것이 보다 건강한 발전 모델이기 때문이다. 이것은 우리 직원들의 복지와 예산을 건강한 방식으로 증진시킨다. 자기 부서만을 위해 수입을 창출하는 행위는 궁극적으로는 불안정하다. 어느 해에는 배부르고 그다음 해에는 배고플 수 있기 때문이다. 이런 방식은 건전하지 않다.[48]

만약 전체 경제가 번영한다면 우리 부서도 혜택을 받게 된다. 역으로 각 부서들이 각자 자기 이익을 위해서 조직적으로 수입을 뽑아내는 것에만 집중한다면, 그래서 우리 지역 기업들이 더 이상 참을 수 없는 수준에 이른다면 기업들은 우리를 떠날 것이다. 그렇게 되면 우리 지역 경제는 끝장이 난다. 따라서 각 부서들의 자금 상황도 더 악화된다. 이것은 악순환의 고리를 만든다. 우리 모두 협력할 때 지역 경제가 발전한다. 장기적으로 이 전략만이 모든 부서에 혜택을 줄 수 있다.[49]

매니언이 주장하듯이 보상 구조에 대한 '공유된 희망'은 공무원의 행동 양식을 형성해 낸다.[50] 대부분의 최빈국들에서는 경제 발전의 성과가 관료 집단의 노력과 괴리되어 있고 근시안적이다. 중국이 특이한 것은 일선 관료들조차 개인적인 금전적 이해가 경제 발전에 있다는 것을 알고 있고, 따라서 당장의 갈취를 억제함으로써 장기적인 이익을 누릴 줄 안다는 것이다.

어느 쪽 보상이 더 큰가

케빈 오브라이언Kevin O'Brien이 강조했듯이[51] 현장 연구는 문헌에 보고되지 않은 현상들을 파헤치는 데 핵심적이다. 그런데 인터뷰에서 알게 된 사실들은 반증 가능할까? 인터뷰 내용들이 응답자가 속한 집단 수준으로 일반화될 수 있음을 확신할 수 있을까? 나는 계속된 분석을 통해 다음의 2가지 정성석 판단을 뒷받침하는 것을 찾아보았다.

- 가설 1: 단기적으로, 관료들이 뜯어내는 것은 세수보다 더 큰 보상을 가져

온다.

• 가설 2: 장기적으로, 세수는 관료들이 뜯어내는 것보다 더 큰 보상을 가져
온다.

이에 대해 회귀 분석할 때, 나는 정량적 수치 데이터가 내 주장을
뒷받침하는가를 중심으로 보았다. 만약 그렇다면 내 연구를 통해 드
러난 보상 관행과 인센티브 구조는 일시적인 일화가 아니라 일반화할
수 있는 것임을 말해 준다.

부가적 보상에 대한 새 데이터

낮은 공식적 급여를 수당과 부가 혜택—나는 이것을 "부가적 보상
fringe compensation"이라는 용어로 사용했다—으로 추가하는 것은 개발도상
국에서 쉽게 볼 수 있는 일반적인 관행이었다. 예를 들어 탄자니아에
서는 현물 지급 혜택이 고위급 관료의 공식적 급여의 400퍼센트로 추
정된다. 일반 공무원의 경우는 35퍼센트 정도다.[52] 그러나 이전의 연
구들은 IMF의 공식적 급여 통계, 통계 연감, 해당 국가 전문가들이 발
표한 추정치에 기반해 공식적 급여만을 대상으로 했다.[53]

부가적 보상 관행은 산발적이고, 기록이 없으며, 화폐화가 어렵다
(무료 여행이나 식료품 선물). 따라서 부가적 보상을 측정하기가 어려웠
다. 중국에서 이런 유형의 보상은 광범위하게 퍼지긴 했지만 여전히
몰래 이루어졌다. 당국이 부패했다는 비판을 두려워했기 때문이다. 나
는 중국 산둥성 정부 산하 여러 현縣정부들을 대상으로 부가적 보상을
추정함으로써 이 분야에서 새로운 사실을 발견했다. 참고로 산둥성의

인구는 영국과 호주의 인구를 합친 것보다 많다. 내가 연구한 자료는 중국을 포함한 어떤 개발도상국에서도 이루어지지 않은 최초의 부가적 보상 측정이다.

이 자료를 만들기 위해, 나는 이전에는 구할 수 없는 원천 자료를 사용했다. 바로 향ঞ 수준의 예산 상세 지출 자료다.[54] 다른 중국 전문가들은 공적으로 출판된 예산 연감만을 사용한다. 이 연감에서는 공공 지출을 교육, 농업 등 넓은 범주로 구분한다. 이러한 예산 지출은 사회적 지출, 인프라 지출, 또는 간부 급여와 혜택 중 어디로 흘러들었는지를 보여 주지 않는다. 반면에 상세 지출 자료는 공공 지출을 보상성과 비보상성으로 구분해서 보여 준다. 4장 부록의 〈표 A4-1〉은 이러한 상세 지출 항목을 나만의 자료로 구성한 방법을 보여 준다.

특히 내가 만든 자료는 산둥성 금융국의 예산 상세 지출을 사용한 것이다. 북부 연안 지역에 위치한 산둥성의 인구는 9000만 명으로 중국에서 두 번째로 인구가 많은 성이다. 경제적으로 산둥성은 장쑤성이나 저장성만큼 1인당 GDP가 높지는 않지만 중국에서 가장 빨리 성장하는 지역 중 하나다. 산둥성 내에서도 도시화가 상당히 진행된 지역과 농촌 지역 사이에는 경제적 발전의 지역별 편차가 크다. 따라서 비록 내 자료의 원천은 산둥성 하나지만 이 성은 중국의 중간 수준 소득 이상의 성들을 아주 잘 대표한다.(〈그림 4-1〉)

내 자료들은 몇 가지 단점을 가지고 있다. 첫째, 비록 내 자료가 기존에 분석한 예산보다 훨씬 더 자세했지만 발달된 민주주의 체제의 예산 상세 지출 자료보다는 훨씬 조악하고 덜 세분화된 점이다. 예산 상세 지출 원천 자료는 현 산하 부서별로 정리된 것이 아니라 현별로 정리된 자료만 있었다. 따라서 우리는 어떤 부서가 상세 지출 자료에 있는 항목을 사용했고 어느 개인이 이것으로부터 혜택을 받았는지 알 수 없다. 둘째, 이러한 예산 자료는 특정 지출이 세수 자금으로 쓰였는지 또는 비세금 수입으로 쓰였는지 말해 주지 않는다. 따라서 내 실증 연구 방법 전략은 소박하다. 나는 숨겨진 인센티브 구조를 밝히기 위해 관련된 수입 원천과 전체 보상 수준의 상관관계를 조사했다.

부가적 보상 수준이 급여 차이를 만든다

현재까지는 중국의 부가적 보상에 대한 정량적 분석이 없기 때문에, 회귀 분석 결과를 이야기하기에 앞서 내 자료를 기술 통계적으로 보는 것이 유용하다(모든 화폐 가치는 인플레이션 보정을 했으며 1998년 가격 기준이다). (옮긴이 주: 기술 통계descriptive statistics는 자료를 일반인이 이해하기 쉽게 평균, 분산 통계치를 제공하는 것을 말한다. 주로 집단 전체의 성질을 기술하는 것을 주목적으로 한다.)

〈그림 4-2〉는 산둥 지역 현縣정부들의 공공 보상을 공식적인 것과 부가적인 것으로 나눈 것이다. 4장 부록의 〈표 4A-3〉은 각 항목에 대해 기술 통계 값들을 보여 준다.

산둥성의 현縣들에는 평균 1만 6000명의 관료와 직원이 있다. 1998년에서 2005년까지 전체 평균 보상은 매년 1인당 2만 3226위안(3600달러)이었다. 당연하게도 공식적 급여는 낮았는데 매년 평균 5029위안(770달러)이었다. 이 금액은 산둥성 도시 노동자 임금의 평균인 1만

〈그림 4-1〉 나는 산둥성의 136개 현 중 하나인 저우핑에서 연구했다.

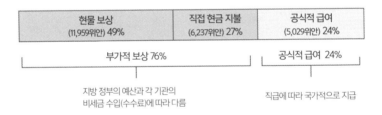

현물 보상 (11,959위안) 49%	직접 현금 지불 (6,237위안) 27%	공식적 급여 (5,029위안) 24%

부가적 보상 76%　　　　　　　　공식적 급여 24%

지방 정부의 예산과 각 기관의
비세금 수입(수수료)에 따라 다름　　　직급에 따라 국가적으로 지급

〈그림 4-2〉 부가적 보상이 전체 보상의 76퍼센트를 차지한다.

1022위안(1695달러)보다 적었다.[55] 전체 보상의 76퍼센트를 차지하는 부가적 보상에는 2가지 형태가 있다. 첫째, 보너스나 연장 근로 수당처럼 직접적으로 현금을 지급하는 경우다. 둘째, 간접적으로 오락이나 차량 같은 현물로 지급하는 것이다. 이전 연구에서는 보너스가 금전적 인센티브로 강조되었지만[56] 보너스는 전체 보상에서 겨우 1.4퍼센트를 차지한다. 현물 보상 혜택은 제일 큰 몫을 차지하는데 전체의 49퍼센트다. 전체 보상은 크지 않았고, 생활 임금의 한 부분을 이루는 정도였다.[57]

지역에 따른 편차는 내 주장과도 일치한다. 공식적 급여액은 전체 현에 걸쳐서 차이가 거의 없었다. 이것은 공식적 급여가 표준화된 것을 의미한다. 이에 반해 부가적 보상은 지역별 편차가 훨씬 크다. 〈그림 4-3〉은 지역별 편차를 나타낸 것이다.

2005년을 보면 적게는 4752위안에서 많게는 12만 5454위안(26배 차이)에 걸친 분포를 보여 준다. 제1세계의 고정되고 편차가 크지 않은 급여가 특징인 베버적 규범과 비교하면, 하나의 성 내에서 볼 수 있는 편차는 실로 충격적이다. 이런 구조를 염두에 두고, 캘리포니아의 한 카운티county의 공무원이 캘리포니아의 다른 카운티 공무원보다 26배

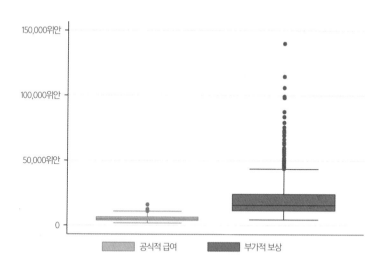

〈그림 4-3〉 부가적 보상은 공식 급여보다 지역별 편차가 훨씬 크다.

부패한 중국은 왜 성장하는가

많은 보상을 받는 것을 상상해 보라.[58] (옮긴이 주: 카운티는 우리나라의 군에 해당하는 행정 구역이다. 중국은 현縣을 카운티로 번역한다.)

내 자료는 지방 정부의 3가지 중요한 수입 원천을 포함한다. 여기에는 세수, 산하 기관 징수, 재정 이전이 있다. 중국에서는 지방 정부가 스스로 세금을 만들어 부과할 수 없다. 그렇지만 지방 정부는 중앙 정부와 징수한 세금을 나누는 분세제分稅制 제도를 통해 세금의 일부를 보유할 수 있다. 대부분의 중국 세금은 기업 활동과 관련된 부가가치세다. 과세 기반을 키우기 위해서는 기업들의 유치가 필요하다. 산하 기관 징수는 개별적 부서가 수수료나 벌금을 동원해서 거둬들이는 수입이다. 마지막으로 재정 이전은 지방 정부 위계에서 상급 단체로부터 받는 재정 지원이나 용도가 지정된 지원금이다. 토지 매각 대금은 지방 정부 재정에서 중요한 부분을 차지하지만 내 분석에서는 제외되었다. 이 자금은 용도가 지정되었고 법적으로 오로지 토지와 건설 분야에만 쓰이기 때문이다. 부하 직원의 수당이나 혜택을 위해 이 자금들을 유용하는 지방 리더들은 형사 책임을 지게 될 뿐 아니라 정치적 성공 가도의 핵심인 인프라 건설 프로젝트를 망치게 된다.[59]

이 장에서 사용한 현급 자료 외에 1979년부터 2005년까지 산둥성 정부 산하 각급 하위 정부들의 실제 보상을 추적한 자료를 보면 유용하다. 〈그림 4-4〉를 보면 시장 개혁이 시작된 1979년에 공공 보상의 대부분은 부가적 보상이었다. 비록 그 양은 절대적인 측면에서 매우 적었다. 시장 자유화의 조기 단계였던 1979년에서 1993년까지 공식적 급여는 찔끔 올랐다. 이 시기에 수당과 혜택은 거의 2배가 되었다. 1994년 이후 중앙 정부는 공식적 급여를 7번 인상했지만 그 효과는

2005년까지도 미미했다.

〈그림 4-5〉의 왼쪽을 보면 공식적 급여는 같은 성정부의 평균 도시 노동자 임금보다 낮았다. 이는 표면적으로는 이른바 '투항 임금' 이론에 부합한다. 그러나 부가적 보상을 고려한다면 〈그림 4-5〉의 오른쪽에서 평균 공무원의 임금이 평균 도시 노동자보다 상당히 많음을 볼 수 있다. 게다가 이 차이는 점점 벌어지는 경향을 보여 주고 있다.

황금알을 낳는 거위는 실재하는가

여기에서의 회귀 분석의 목표는 수입이 지출을 결정한다는 것을 증명하려는 것이 아니다. 그보다는 여러 상관관계 패턴이, 중국 관료 체제에서 작동하는 이익 공유가 보여 주는 것과 부합하는 정도를 살펴보고자 한다. 특히 황금알을 낳는 거위 비유가 실제 작동하는가를 다음 가설을 통해 보려고 한다.

- 가설 1: 단기적으로 관료들의 징수는 세수보다 공공 보상을 더 높인다.
- 가설 2: 장기적으로 세수는 관료들의 징수보다 보상을 더 높인다.

표준적인 회귀 분석은 주어진 설명 변수들의 복합적인 효과가 결과에 미치는 것을 추정하려고 한다. 그러나 이런 분석은 단기적, 장기적 효과를 간과한다. 오류교정모델Error Correction Model, ECM은 독립 변수들(공공 수입의 3가지 원천인 현물 지급, 현금 지급, 공식적 급여)이 종속 변수(전

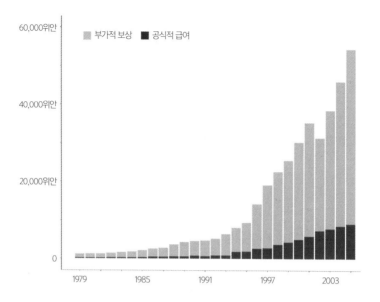

〈그림 4-4〉 부가적 보상이 공식적 임금을 앞질렀다.

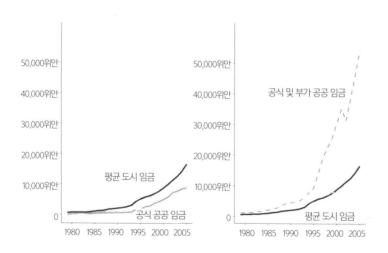

〈그림 4-5〉 전체 관료 체제의 소득이 평균 도시 임금을 초과했다.

체 공공 보상)에 미치는 단기적, 장기적 효과를 추정할 수 있도록 고안되었다.[60](옮긴이 주: 독립 변수는 통계 모형에서 관측된 변수들이다. 설명 변수라고도 한다. 종속 변수는 독립 변수들을 통해 통계 추정치를 구하려는 값이다.)

내 분석에서 종속 변수는 공무원 한 명에 대한 전체 보상이다(공식적 급여와 부가적인 보상의 합).[61] 모든 변수는 1인당 금액으로 환산했다. 나는 분석에서 인구수, 도시 인구 비율, 공무원 전체 수 등 다양한 요인에 대한 조건부 분석을 했다. 각 정부의 고유한 특성인 지도자의 괴팍함 같은 관측되지 않는 요인의 효과를 통제하기 위해 현$_{縣}$에 따른 고정 효과 모형을 사용했다.(옮긴이 주: 고정 효과 모형은 개체별 이질성을 걸러 내기 위한 통계학적 기법이다.) 아시아 금융 위기 같은 외부 충격 요인을 걸러 내기 위해 연도별 고정 효과 모형을 사용했다. 또한 1인당 GDP에 대한 조건부 분석을 했는데 결과가 다르지 않았기에 최종 회귀 분석에서 제외했다.[62]

오류교정모델 분석을 할 때는 종속 변수가 차분된differenced(올해의 수치에서 작년 수치를 뺀 것을 변수로 함) 값이어야 한다. 게다가 회귀 분석은 ⓐ 1년만큼 뒤처진lagged 종속 변수, ⓑ 1년 뒤처진 독립 변수와 통제 변수, ⓒ 차분된 설명 변수와 통제 변수를 포함해야 한다.(옮긴이 주: 독립 변수와 종속 변수의 관계를 규명할 때 연구자가 통제하여 종속 변수에 미치는 영향을 제거하기 위해 사용한 변수를 통제 변수라고 한다.)

우리는 단기적 효과를 알아보기 위해 모든 설명 변수와 통제 변수의 차분된 값을 사용했다. 이런 방식의 결과로 나오는 계수(추정값)들은 동 기간의 설명 변수의 변화가 종속 변수에 미치는 영향을 보여 준다. 내 연구에서 이것은, 어느 해의 전체 수입의 변화가 관료 체제의

부패한 중국은 왜 성장하는가

보상의 변화와 어떤 상관관계를 가지고 있는지에 대한 추정치를 의미한다. 장기적 효과를 알아보기 위해 뒤처진 변수의 계수를 추정했다. 이 계수들은 여러 기간 동안에 걸쳐 보상 수준에 미치는 효과를 나타낸다. 장기적 효과는 뒤처진 종속 변수에 대해서 오류교정모델 모형을 써서 계산했다. 전체 효과는 단기 효과와 장기 효과의 합이다.

〈표 4-2〉는 회귀 분석의 결과다. 첫째, 모든 변수를 차분화해서 구한 단기적 효과는 표에서 D로 표시했다. D로 표시한 'D. 세금 수입(세수), D. 관료들의 징수, D. 재정 이전'들은 모두 통계적으로 유의했으며 전체 보상에 양의 효과를 주었다. 그러나 각각 효과의 크기는 달랐다. 관료들의 징수가 가장 큰 계수(효과)는 20.21, 세수는 13.18, 재정 이전은 4.51이었다. 이것은 관료들의 징수가 늘어나면 관료 체제 보상도 단기적으로 늘어난다는 가설 1을 뒷받침한다. 특히 관료들의 징수가 한 단위 증가하면 보상은 20위안이 증가하는 것으로 나타났다. 중국 관료 체제의 용어로 표현한다면 "단기적 시야와 한 부서의 좁은 시야에서, 더 많은 수수료를 징수함으로써 올해에 더 많은 돈을 벌었던 것 같다"[63]고 할 수 있다.

장기적 효과를 살펴보면 뒤집힌 결과를 얻게 된다. 장기 효과는 모두 뒤처진lagged 변수를 사용해서 구하며 표에서는 L로 표시했다. 〈표 4-2〉를 보면 'L. 세수'는 통계적으로 유의했고 양수의 계수를 가졌다. 반면에 'L. 관료들의 징수'의 계수는 양수이긴 했지만 통계적으로 유의하지는 않았다. 세수가 한 단위 증가하면 장기적으로 보상을 33위안 늘렸으며 이것은 오류교정모델 모형에 따르면 여러 기간에 걸친 효과다.[64] 간단하게 이야기하면, 이 결과는 공식적 과세 기반을 확장

수입원	종속 변수: 전체 보상 금액
재정 변수(단기 효과)	
D. 1인당 세수	13.18***(1.43)
D. 관료의 1인당 징수	20.21***(2.06)
D. 1인당 재정 이전	4.51***(1.44)
재정 변수(장기 효과)	
L. 1인당 세수	13.45***(1.74)
L. 관료의 1인당 징수	2.52(2.29)
L. 1인당 재정 이전	3.14**(1.46)
통제 변수	
D. 인구	170.76***(34.70)
D. 도시 인구 비율	−7.23(12.16)
D. 간부 숫자	−1.43***(0.13)
L. 인구	220.65***(39.50)
L. 도시 인구 비율	−12.00(18.71)
L. 간부 수	−0.75***(0.16)
뒤처진 종속 변수(오차 보정 항)	−0.41***(0.04)
지역의 고유한 특정 포함	Yes
시기의 고유한 특정 포함	Yes
상수항	5,239.08
표본 수	952
R^2	0.50

〈표 4-2〉 세수와 보상의 관계. (괄호 안은 표준 편차. 참고: *p < 0.1; **p < 0.05; ***p < 0.01)

하면 장기에 걸쳐서 공공 보상이 올라가지만, 수수료와 벌금을 올리면 장기적으로 보상이 덜 올랐음을 의미한다. 이 결과는 가설 2와 부합하며, 어느 중국 관원의 이야기를 뒷받침한다. "우리 지역 경제가 성장하는 것이 개별 부서의 자력갱생보다 중요하다. …왜냐하면 경제성장이 공무원들의 복지와 관공서 예산의 건전한 성장을 촉진하기 때문이다."[65]

이 결과들을 시각적으로 보여 주기 위해 게리 킹Gary King과 공동 저자들의 방법을 따라서 세수와 관료들의 징수가 전체 간부의 보상에 미치는 영향을 단기, 장기에 걸쳐 시뮬레이션했다.[66]

시뮬레이션을 통해 보상 수준(가로축)의 분포(세로축은 확률 분포 값을 의미)에 미치는 영향을 시각화할 수 있는데 〈그림 4-6〉은 단기 효과를

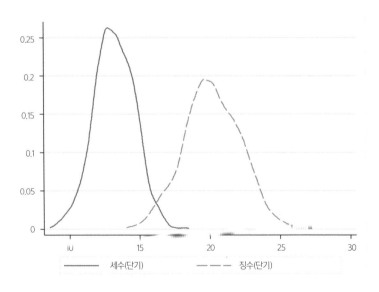

〈그림 4-6〉 단기적으로 봤을 때 관료들의 징수가 상대적으로 큰 비중을 차지한다.

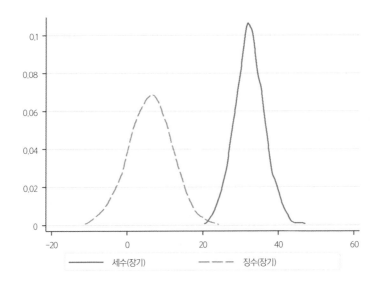

<그림 4-7> 장기적으로는 봤을 때 세수가 보상에 큰 영향을 준다.

보여 준다. 가로축은 모형의 추정치로부터 구한 평균값과 표준 편차를 이용해서 본 보상 효과다. 이 그림에서 관료들의 징수는 가로축에서 오른쪽에 치우쳐져 있는데 이것은 징수가 세수보다 단기적으로 더 큰 영향을 주는 것을 의미한다. <그림 4-6>에서 '세수'의 상위 부분이 '관료들의 징수'의 하위 부분과 겹치는 것을 볼 수 있다. 이것은 심지어 단기에도 세수가 관료들의 징수보다 더 많은 보상을 할 수 있음을 의미한다.

  <그림 4-7>은 장기적 효과를 살펴본 것으로 효과가 역전된 것을 알 수 있다. 세수는 가로축의 오른쪽으로 치우쳐 있으며, 이는 공식적인 과세 기반 확대가 관료들이 징수하는 수수료, 벌금보다 훨씬 높은 수준으로 보상하는 것을 의미한다. 중요한 것은 20 근처에서 형성되는

부패한 중국은 왜 성장하는가

징수의 상위 부분이 세수의 하위 부분보다 낮기 때문에, 세수의 효과
는 장기적으로 99퍼센트 유의 수준에서 징수의 효과를 압도한다는 점
이다.

종합하면, 실증 분석은 나의 정성적 분석을 뒷받침한다. 현縣급 수
준에서의 보상은 금전적 성과와 직접적인 관계가 있으며 금전적 성과
는 세수와 징수를 포함한다. 단기적으로 수수료, 벌금 사용료 등은 세
수보다 공무원의 금전적 보상에 더 큰 영향을 준다. 그러나 장기적으
로는 기업을 유치하거나 투자자들을 보유함으로써 공식적 과세 기반
을 확대하는 것이 공무원의 보상에 더 큰 효과를 가져온다.

지방 관료들을 위한 당근과 채찍

중국의 지방 관료들은 황금알(급여와 특혜)을 낳는 거위(건강한 지역 경
제)를 잡는 것이 수지가 맞지 않음을 알고 있다.[67] 나의 통계적 분석은
이러한 믿음이 현실적인 것임을 보였다. 이런 믿음은 어떻게 생겼을
까? 하나의 가능성은 관료 체제가 오랜 시간에 걸쳐 이익 공유 관행
으로 얻는 일관적인 보상을 경험함에 따라, 비록 이런 경험이 성문화
되지는 않았지만 상식이 되었고 결국 당연한 것이 된 것으로 볼 수 있
다. 이런 상황은 어느 한 현縣의 관료가 이웃 현의 보상 수준을 비공식
적으로 비교比較함으로써 더욱 강화된다. 비공식적인 비교는 현장 학습이
나 고위급 회의, 또는 소문 등을 통해 이루어진다. 주변의 부유한 현縣
이 공무원에게 주는 보상이 자기 것보다 상당히 많다는 사실을 알았

을 때, 기업 활동을 제고해서 세수를 올리는 것이 보상을 더하는 확실한 방법이라는 것을 절감하게 된다.[68]

> 우리의 보상은 주변의 Y현보다 겨우 절반 수준이다. 우리 현의 공식적 급여는 같지만 지역 세수의 크기에 따라 지급되는 보조와 수당에서 차이가 나기 때문이다. Y현은 공무원들에게 교통비 보조금과 목표 달성에 대한 초과 보너스를 지급한다. 왜 이렇게 큰 차이가 나는가? 우리 현이 가난하기 때문이다!

게다가 리더들은 부하 공무원들에게 지역 경제 발전이 개인적 보상과 일치한다는 것을 주기적으로 명백하게 주지시킨다. 예를 들어 푸젠성의 한 도시의 부시장은 직원회의에서 다음과 같이 강조했다. "우리 지역의 기업이 내는 세금이 당신들의 보상과 긴밀하게 연결된 것을 잊지 말라. 세수로 당신들의 수당을 지급한다. 그러니까 우리 지역의 기업을 잘 모셔라!"[69] 시간이 흐름에 따라 이 도시가 경제적으로 발전하고 세수가 늘어나면, 공무원의 부가적인 혜택을 수수료와 벌금으로 보충하는 비율은 점점 줄어들게 된다.

국가 행정 개혁이라는 채찍

당근은 중요하지만 그것은 적절한 채찍과 결합되었을 때만 그러하다. 국가 전체와 개별 지방 수준에서 통제와 처벌의 기제가 필요하다. 3장에서 나는 현대 시장 경제를 보완할 수 있는 현대적 공공 행정을 만들기 위해 주룽지 총리가 1998년에 시작한 전면적인 절차상 개혁을 설명했다. 예산 개혁과 재정 개혁은 하급 정부와 개별 부서의 금전 거래를 감시하고 통제할 수 있는 국가의 능력을 증가시켰다. 1980년대와 1990년대에 일선 공무원들의 부패―개별 부서의 비자금, 자의적인 수수료, 벌금 징수, 강제 할당, 갈취 등―가 가져온 문제들을 잊지 말아야 한다. 이러한 문제의 근원은 스스로 재정을 마련하고 보상 체계를 만들어 온 관료 체제의 과도한 탈중앙화였다. 초기에는 처벌을 강제하거나 집중화된 감시 체제가 없었기 때문에 모든 공공 조직이 이러한 관행에 물들어 있었다.

2000년대에는 관료들의 징수와 지출 절차에 상당한 변화가 있었다. 이는 수수료 징수의 전 주기를 세분화해서 보면 더욱 확실해진다. 2000년대 이전에는 수수료와 벌금은 간단하게 '징수되고 지출됐다.'(옮긴이 주: 'zuoshouzuozhi, 坐收坐支'의 '坐收'는 현금을 받아 공식 계좌에 넣지 않고 가지고 있는 것을 의미한다. '坐支'는 이때 받은 현금을 지출하는 것을 의미한다.) 예를 들어 검사원은 규제를 위반한 생산자에게 현장에서 즉시 벌금을 요구할 수 있다. 검사원은 이때 뇌물을 받거나 벌금을 자기 부서 금고에 넣어 둘 수 있다. 2000년대 이전에는 이러한 불법적인 현금 거래를 추적하는 게 거의 불가능했다. 따라서 횡령과 유용이 만연했다.(3장) 재정부의 한 관료는 "우리는 여러 명의 범법자를 잡았다. 그러나 항상 더 많은 범법자가 있었다. 시스템이 잘못돼 있다는 것이 명백했다. 시스템을 바꾸어야만 했다"라고 말한다.[70]

2001년 재정부가 주도하고 중용한 개혁은 국고단일계좌Treasury Single Account, TSA를 만든 것이다. 이 개혁은 처음에는 중앙 정부 수준에서 시작되었고 하위 지방 정부로 확대되었다. 국고 시스템은 전체 공공 부문의 계좌를 관리하며 공금의 예금과 지출을 감시한다. 이전에는 공공 기관의 계좌는 행정 조직, 지역, 부서에 따라 매우 분산된 상태였다. 2001년 이전에는 개별적 공공 기관이 그들의 재량으로 '임시 계좌'를 만들어 운용하는 것이 일반적인 관행이었다. 이러한 계좌들은 빠르게 확산되었고 서로 통합되지 않았기에 심지어 재정부조차 징수한 금액의 전체 규모와 지출되는 규모를 파악하지 못했다. 게다가 자금의 이체는 여러 단계를 거쳐야 했다. 재정부의 고위 관료가 이야기하듯이 재정부의 한 부서가 예산으로 정한 기금을 받기 위해 10개월을 기다려야 했던 적도 있다. 중앙 정부 내에서도 기금이 필요한 부서에 전달되는 데 적어도 1개월이 걸렸다.[71] 이처럼 극도로 분절된 상황은 예산 실행을 방해했을 뿐 아니라 모든 영역에서 공금의 유용과 전용을 가능하게 했다.

재정부 시스템의 개혁은 전 국가에 걸친 국고지불중심Treasury Disbursement Centers, TDCs의 설립과 함께 시작되었다. TDCs는 조달 회사가 지불과 매입을 관리한다. 재정부는 임시 계좌를 불법화했고 현존하는 모든 계좌를 병합해 추적이 쉽도록 만들었다. 물론 어떤 기관은 여전히 이것을 위반하고 있을 것이다. 그러나 이제 그러한 행위는 명백히 위법이다.

복잡하게 얽혀 있는 계좌들을 병합한 후 재정부는 공공 부문의 개별 부서들이 통합된 계좌인 국고지불중심을 통해 공무원이나 조달처에 지급한 것을 중앙 집중적으로 관리했다. 2006년에는 2만여 개 중앙 공공 부문 조직의 수입과 지출을 파악할 수 있었다. 재정부의 한

부패한 중국은 왜 성장하는가

관료는 "관료 중 누군가가 공적 자금으로 저녁을 먹었다면 우리는 그들이 어디서 무엇을 먹었는지 정확히 알 수 있다"고 했다.[72] 최근에는 광범위하게 확산된 디지털 결제가 관료 체제의 재정적 투명성을 더욱 높였다.

현금 없는 수수료와 벌금의 지불 제도 도입은 공공 계좌의 집중화를 가속화했다.[73] 관료들은 이제 현금 결제 대신 '비세금 수입수취증명서' 발급을 요구받는다. 이 증서는 공식적인 영수증처럼 지방 정부에 의해 발급되며 영수증에는 바코드가 있어서 모든 결제를 추적할 수 있다.[74] 시민들이 수수료를 지불하기 위해 지불증명서를 은행에 가지고 가서 결제하면 은행은 공식적인 영수증을 발급한다. 은행은 받은 수수료나 벌금을 중앙 집중적으로 관리되는 재정부 계좌에 입금한다. 감시 카메라는 직원들이 작은 뇌물을 받을 가능성을 원천 봉쇄한다.[75]

3장에서 이야기했듯이, 관료 기구의 역량 강화 정책은 교환을 수반하지 않는 거래만을 감시할 수 있다. 이런 정책들은 뇌물을 막을 수 없다. 관료들은 국고지불중심을 통해 합법적으로 진행된 계약으로부터 리베이트를 받을 수 있다. 이러한 개혁들도 시스템을 무시하거나 감시 부서의 부하 직원과 결탁하여 대규모 횡령을 꾀하는 강력하고 부패한 지도자의 압력을 이겨 내기는 힘들다. 상하이 정부 서기였던 천량위의 사례가 바로 그런 것이었다.

그러나 1998년 이후의 개혁은 능히 일선 관료들의 재정적 투명성을 높인 것이 사실이다. 이러한 제도적 개혁은 횡령했을 때 발각될 위험성을 높여 왔다. 공금 횡령과 유용은 3장에서 본 것처럼 2000년 이후 급격하게 감소했다.

지방 정부만의 대책

국가 전체적으로 진행된 행정 개혁 외에 지방 정부들은 그들 자신의 개혁 정책을 도입했다. 이 정책에는 갈취와 기업들에 대한 일선 공무원들의 괴롭힘을 억제하려는 것이 있었다. 이런 행위는 가난한 지역일수록 심했는데, 개별 부서가 예산 부족을 수수료나 벌금으로 보완하려고 했기 때문이다.

어떤 지방 정부는 지역 감시를 위한 특수 부서를 설립했다. 이 특수 부서는 지역의 기업을 검사하고 수금하는 부서들을 감시한다. 허난성의 한 현이 설립한 기업환경개선부는 그런 역할을 한다. 기업환경개선부의 승낙 없이 검사나 수금을 하면 그 부서의 리더는 처벌을 받는다.[76] 이 부서는 기업들과의 정기 회의를 통해 그들의 고충을 접수하고 해결하는 역할도 한다.

관료주의적 약탈이 만연하는 가난한 지방에서는 매달 특정한 날에 기업들을 검사하거나 수수료 징수를 금하는 총괄 명령을 내린다. 이는 후베이성에서 '기업을 놓아두는 날leave businesses alone days'로 알려져 있다. 현급의 한 관료는 "우리 기업들이 평화롭게 영업할 수 있는 환경을 제공하는 것이 목표다. 그렇지 않고 기업들이 매일 검사를 받는다면 참기 어려울 것이다. 때때로 시급 규제 기관이 검사한 후 곧이어 현급 관료들이 검사를 진행하기도 한다. 이런 식으로는 기업가들이 영업을 할 수 없다." 또한 한 부서 책임자는 부하 직원에 의해 저질러진 위법 사항에 대해서도 책임을 지는 간부 평가 시스템의 영향을 받는다.[77]

부패한 중국은 왜 성장하는가

개별 공무원의 부분적인 자력갱생에 의존하는 것은 영구적인 것이 아닌 임시방편적인 해결책에 불과하다. 상하이처럼 부유한 지역은 구区와 현县 모두 공식적인 세수로 공무원들에게 보상해 줄 수 있을 정도로 충분하다. 그 결과 이 지역들은 관료주의적 갈취를 억제하기 위해 가혹한 정책이 필요하지 않다. 자력갱생을 위해 비공식적인 환급도 필요하지 않다. 그러나 이런 경우는 평균이라기보다 예외에 가깝다. 대부분의 지방 정부는 여전히 금전적으로 어렵기 때문이다.[78] 그들의 목표는 보완적인 수입을 박멸하는 것이 아니라 그것을 통제하는 것이다.

개발도상국의 공공 개혁은 왜 실패하는가

이 장에서는 '최선의 방법'을 개발도상국에 적용하는 것이 왜 종종 실패했는가에 대한 이유를 제시한다. 세계은행이나 정부들에 의해 채택된 표준적인 공공 부문 개혁은 불필요한 직원들을 감원하고 부패를 막기 위해 공식적 급여를 올리는 것을 목표로 한다.[79] 아프리카의 여러 나라는 산업화된 OECD 국가와 민간 부문에서 도입한 전략적 성과 관리Strategic Performance Management, SPM 모델을 적용해서 급여를 지급하려고 노력했다.

이런 개혁 조치들은 비록 원리적으로는 맞는 것이지만 실제 현실에서는 잘 작동하지 않았다. 예를 들어 2007년 나이지리아 정부는 모든 언어에 걸쳐 급여를 15퍼센트 인상했다. 아프리카 학자인 올로우에 의하면 "막대한 재정적 부담만 지고 가시적인 성과는 거의 없었다."[80] 비슷한 예로 우간다는 공무원에게 생활 임금을 지급하려고 애썼지만 지속 불가능한 비용 상승으로 포기할 수밖에 없었다.[81] 한편 성과에 따라 급여를 지급하는 선진국의 모델을 도입하려는 모든 노력은 정실주의가 만연한 나라에서는 '성과'를 측정하는 방식이 비현실적이었기 때문에 실패했다. 이러한 사례들은 맷 앤드루스Matt Andrews, 랜트 프리쳇Lant Pritchett, 마이클 울콕Michael Woolcock이 "정부가 합법성을 강화하고 외부 자금 조달을 안정화하기 위해 끊임없이 개혁 정책을 도입하지만 결코 상황이 호전되지 않는" 이른바 "역량 함정"을 잘 보여준다.[82]

왜 겉으로 보기에는 당연한 기술적 개혁들이 실패하는가? 첫째, 관료와 공무원을 해고하는 것은 항상 정치적 반대를 불러일으키기 때문이다. 둘째, 공식적 급여를 인상하면 국가 예산에 상당한 부담을 가져오고, 건실한 감시와 행정 능력이 없다면 적은 부패와 더 나은 성과를 지속하지 못하게 된다.[83] 셋째, 산업화된 부유한 나라들에서 수입된, 성과에 따라 급여를 지급하는 모델은 제1세계의 상황을 전제한 것이다.[84] 이는 공무원들이 충분한 생활 임금을 받고 정치가 공공 행정으로부터 분리된 조건을 전제한 것이다. 이런 조건들이 확고하다면 정부는 공공 서비스에 대한 시민들의 평가를 기반으로 성과 표준을 설정하고 집행할 수 있다. 문제는 이러한 공공 행정에 대한 권위적인 문헌들에서 서구의 모델이 개발도상국에 만병통치약처럼 여겨지고 있다는 것에 있다. 하지만 실제로 서구의 모델은 전혀 그렇지 않다.

나이지리아와 우간다를 좀먹던 문제들은 중국에도 있었다. 그러나 중국은 '베버로 바로 넘어가기' 대신에 기존 녹봉 관행과 관료의 보상을 재정적 성과에 연동하는 방식을 채택했다. 물론 이것은 다른 개발

부패한 중국은 왜 성장하는가

도상국이 단순히 중국이 했던 방식을 '복사'해야 함을 의미하지는 않는다. 단순히 복사한다면 서양의 최선의 방법을 흉내 내는 것과 같은 오류를 되풀이하게 된다.[85] 우리가 중국의 경험으로부터 취할 것은 내가 여기서 강조하는 큰 교훈과 원리이다.

첫째, 정책 당국자는 관료 체제가 성장을 제고하고 서비스를 제공하는 것을 원한다면, 개발도상국에서 거의 발견되지 않는 공무원들의 노력의 결과가 공무원의 개인적인 보상과 연동되는 시스템을 고민해야 한다. 로버트 클리트가드Robert Klitgaard가 언급한 것처럼, "개발도상국에서 공공 부문의 인센티브 문제는 학자나 원조 단체들에게 덜 알려져 있다."[86] 중국의 관료 체제는 금전적 인센티브에 집중한다는 점에서 이례적이다. 그러나 조직의 유대감이나 목적의식 같은 비금전적인 인센티브 또한 마찬가지로 중요하다.[87] 즉, 굶주린 배는 반드시 채워야 한다. 감화를 주는 메시지는 그 자체만으로 공무원의 행동을 이끌어 낼 수 없다. 개발도상국의 행정은 비금전적인 인센티브와 공식적 급여를 넘어서는, 금전적인 인센티브 모두를 혼합한 정책을 고민해야 한다.

둘째, 베버로 바로 넘어가기 대신에 정책 당국자는 행정 개혁의 과도기 전략을 개발해야 한다. 첸잉이Yingyi Qian에 의하면, 중국에서 가격 쌍궤제(일부는 중앙 계획에, 일부는 시장에 의한 가격 결정) 같은 '과도기적 제도'들이 잘 작동했다. "그런 제도가 한편으로는 경제적 효율을 높였고, 또 다른 한편으로는 개혁을 윈윈 게임으로 만들었고 다른 쪽에 위치한 권력가들의 이해와 일치했기 때문이다."[88] 첸잉이의 논리는 행정 개혁의 영역까지 넓혀질 수 있다. 이 장이 보인 바와 같이, 개혁 시기 관료 체제의 보상 구조 역시 '쌍궤'적이었다. 고정된 급여와 변동하는 혜택이 공존한 것이다. 중국은 작은 규모의 부패의 악순환에 갇히지 않았다. 부유해진 지방 정부가 늘어난 세수로 관료들에게 보상했기 때문이다. 중국은 과도적 행정 제도들 중 하나의 사례를 보여 준다. 그러나 다른 국가의 상황에서는 그에 맞는 형태들이 나와야 한다.

셋째, 공공 행정에 관한 여러 문헌은 그것들이 제1세계, 서구 중심적이었다는 사실을 인정해야 한다. 비서구권 학자들이 그들의 경우를 일반화하듯이 서유럽이나 미국에서 공공 행정을 연구하는 학자들 역시 그들의 모델이 제1세계에 국한되었다는 것을 인정해야 한다.[89] 예를 들면 '공공 서비스 동기'에 관한 광대한 문헌들은 공무원이 급여나 생활 수준에 걱정하지 않는 상황을 가정한다. 이런 가정은 중국과 우간다에는 현실이 아니다.[90]

공식적이지 않지만 불법도 아닌 보상 체계

본질적인 발견들 외에 이 장에서는 혼합된 연구 방법론을 채택했다. 기존 문헌에 실리지 않았거나 잘못 보고된 관행들(예를 들면 부가적 보상이 중국 관료 체제에서 작동하는 방식 같은)을 드러내기 위해 심도 깊은 현장 작업과 통계 분석을 통해 정성적인 발견(발전 지향적인 행동이 관료 체제에 갈취 행위보다 실제로 보상을 받는가에 대한)을 검증했다.[91] 정치학자들은 정량적인 연구에 비해 정성적인 연구의 장점을 오랫동안 논쟁해 왔다.[92] 《사회 과학 연구의 설계》라는 고전적 저작에서 게리 킹Gary King,

로버트 코헤인Robert Keohane, 시드니 버바Sidney Verba(KKV)는 정성적인 연구와 정량적인 연구 모두 같은 논리적 추론의 기준을 지켜야 한다고 주장했다.[93] 정성적인 연구가 엄밀하게 수행되어야 한다는 것에는 완전히 동의하지만, 나는 KKV의 방법론적 패러다임이 중요한 2가지를 놓치고 있다고 주장한다.

첫째, 어떤 인과성을 검증하기 전에 우리는 먼저 핵심 문제와 가능한 해답을 가지고 있어야 한다. 예를 들어 암을 연구할 때, 미래 세대의 학자들이 암의 원인을 통계적 방법으로 검증하기 전에 현재의 의학자가 암이라는 질병을 먼저 발견해야 하고, 증상을 기술하고, 가능한 원인을 추측해야 한다. 마찬가지로 사회 과학에서는 관측과 사색을 통한 발견이 필수적이다. 내가 중국 지방의 관료들과 이야기하지 않았다면, 그들의 이익 공유 관행을 넘어서는 인센티브에 대한 가설을 세우기는커녕 그들이 어떻게 보상을 받았는지도 몰랐을 것이다. 이런 상황에서 내 가설은, 리처드 페노Richard Fenno의 유명한 구절을 인용하면 "침전과 탐구soaking and poking"과정에서 귀납적으로 도출되었다. 연역적으로 추상적인 가정으로부터 나온 것이 아니다.[94] 이러한 정성적인 연구 방법이 단지 '묘사'하는 것으로 폄하되고 통계적인 방법보다 저열한 것으로 인식되는 것은 불행한 일이다.[95] 한 대학원생은 나에게 이렇게 물었다. "왜 교수님은 연구를 하지 않나요?" 나에게 발견은 곧 연구라고 할 수 있다.

둘째, KKV에 의해 제시된 주류 학계의 연구 방법론의 규범은 제1세계의 상황을 가정한다. 제1세계는 '게임의 법칙'과 맥락이 투명하고 굳건하게 확립된 곳이다. 그러나 실제로 일선에서 일들이 작동하는 방식은 개발도상국이나 과도기적 국가들에서는 일반적으로 모호하다. 비공식적이거나 문서로 쓰이지 않은 관행이 만연하고 높은 수준의 자료들이 부족하기 때문이다. 따라서 제1세계 나라들과는 달리 개발도상국을 연구할 때는 훨씬 많은 현장 연구가 필요하다. 종종 가설 검증과 문제를 이해하는 것은 차치하더라도 가장 중요한 것이 무엇이고 그게 왜 중요한가를 발견하기가 어렵다. 개발도상국을 돕기 위해서 제1세계의 경험이라는 렌즈를 통해 연구하게 되면 자주 잘못된 질문과 문제를 쫓는 결과를 낳게 된다.[96]

이 장에서는 간단한 정성적인 발견들이 이론과 수치 자료의 수집 방법을 바꿀 수 있음을 보여 준다. 나는 인터뷰를 통해서 중국 관료 체제에 나타나는 부가적 보상이 단지 '부패'가 아니라는 것을 발견했다. 부가적 보상은 평균적으로 보상의 4분의 3을 차지하고 인센티브에서 주요한 역할을 한다. 그러한 보상 체계는 개발도상국의 행정 기관에 걸쳐서 존재한다. 만약 이러한 현실을 고려한다면 우리는 공공 급여 인센티브에 대한 새로운 이론 체계와 검증의 장을 열 수 있다. 예를 들어 라파엘 디 텔라Rafael Di Tella와 에르네스토 샤그로스키Ernesto Schargrodsky는 아르헨티나의 공공 병원을 상대로 강력한 감시와 높은 급여가 부패에 미치는 상대적인 효과를 검증했다. 급여에 대한 자료는 인터뷰를 통해 얻었는데 부가적인 혜택을 제외한 명목 급여만을 대상으로 했다. 그 결과 중국에서 본 것처럼 부가적인 혜택이 상당할 수 있었다.[97] 이처럼 공식적이지도 않고 부패도 아닌 중간적인 범주를 고려하면 관료 체제의 인센티브에 대한 이해의 폭을 넓힐 수 있다.

결론: 경제 성장의 동력으로 작용한 부가적 보상

어떻게 가난하고 제도적으로 뒤떨어진 나라가 '부패가 가난을 낳고 다시 가난이 부패를 낳는' 덫으로부터 탈출할 수 있을까? 이 장은 공식적인 급여도 아니고 불법적인 자금도 아닌 부가 혜택이 효율 임금으로 작동할 수 있음을 보였다. 경제적 성과를 유인하기 위해서 중국의 지방 정부는 수천만 관료의 개인적 보상을 지방 정부의 세수와 일선 공무원의 비과세 징수 수입 모두에 연결시키는 이익 공유 관행을 진화시켜 왔다. 그러나 장기적으로는 경제 성장을 일으키는 것이 지대를 갈취함으로써 얻는 것보다 훨씬 이익이 크다. 이것은 내가 인터뷰한 중국 공무원들 사이에서 상식이었으며, 중국 관료 체제의 보상 체계에 대한 나의 통계적 분석은 이러한 믿음이 옳았음을 보여 주었다.

그러나 중국의 특이한 경험을 복사해서 쓸 수 있는 견본으로 여겨서는 안 된다. 중국의 가치는, 개발도상국의 현실을 파악하고 그에 맞는 답을 찾아 나가는 심도 깊은 맥락을 파악하는 조사의 중요성을 상기해 준 데에 있다. 프레드 리그스Fred Riggs는 수십 년 전, 개발도상국에 대한 연구는 개발도상국의 능력 한계를 반영하는 거버넌스와 공공 행정에 대한 이론이 필요함을 역설했다.[98]

중국 관료 체제 중 하위 99퍼센트의 인센티브를 상세하게 보았으므로 다음의 논리적 단계는 위계 구조의 윗부분으로 올라가는 것이다. 5장에서는 상위 1퍼센트의 정치 엘리트를 다룬다. 이들은 한 지역을 통치하는 부류다. 리더들의 이익 공유는 다른 논리 구조를 가진다.

지역이 더욱 경제적으로 번영할수록 그들은 개인적인 지대를 더 뽑아낼 수 있다. 작은 규모의 수당이나 특혜가 아니라 거대한 뇌물을 받을 수 있는 것이다.

5장

부패와 경제 성장이
공존할 수 있는 이유

CHINA'S GILDED AGE

2012년 시진핑이 반부패 운동을 시작한 이래로 스캔들은 뉴스의 첫 머리를 장식해 왔다. 부패한 관료들이 떼로 낙마했으며 충격적인 소식들을 전해 왔다. 여러 주택에 숨겨 둔 현금 뭉치, 불법적인 선물로 가득한 맨션(황금 모형 배, 황금 세숫대야, 황금 마오 주석 상),[1] 어머니의 이름으로 개설한 유령 계좌, 매관매직, 폭력배 고용, 섹스 테이프, 정부, 심지어는 살인까지 다양했다.

　언론에 보도된 260개의 부패 스캔들을 묘사한 《중국의 정실 자본주의》에서 페이는 심각한 상황을 보고한다. 그에 따르면 일당 독재의 통치하에서 시장 개혁은 "탐욕스러운 형태의 정실 자본주의"를 탄생시켰다. 이것은 거대한 관료 조직으로 "손쉽게 그들의 공적 권위를 불법적 수단으로 바꿀 수 있으며" "갈취, 방탕, 순전한 무법천지"의 정치경제를 탄생시켰다.[2] 그러나 언론이 제대로 다루지 않았던 무엇인가가 있다. 실제 중국 현실에서는 많은 부패 관료들이 이전에는 정치적 스타였다. 그들은 지역 주민들의 칭송을 받았으며 일 처리에 있어서 좋은 결과를 내왔던 일벌레들이었다.[3] 가장 잘 알려진 사례는 충칭의 전임 서기장이었던 보시라이다. 그는 이후에 부패와 마키아벨리적인 음모로 악명이 높아졌다. 그가 낙마하기 전, 보시라이는 중국의 최고 지도자에 도전했다. 그의 냉정하지만 단호한 리더십은 중국 남서부의 후미진 충칭을 5년 만에 바꾸어 놓았다. 충칭 경제에 박차를 가하고, 가난한 주민들에게 혜택을 주고, 마오적 열정을 새롭게 고양했다. 보시라이의 '충칭 모델'은 그의 정치적 생애 중 최고 순간이었으며 중국뿐 아니라 전 세계의 이목을 사로잡았다.[4]

전 국가와 모든 수준의 정부 기관에 걸쳐서 가혹하지만 매력적이고 때로는 두렵지만 때로는 온정이 넘치는, 보시라이 같은 관료가 많이 존재한다. 그들 모두를 추잡한 범죄자로 몰아세우면 중국 정치 시스템의 핵심 특성을 놓치게 된다. 성장을 촉진하는 것과 자기를 부유하게 하는 것은 밀접한 연관이 있다.

이 장은 3가지 목표를 가지고 있다. 첫째, 외설스러운 스캔들의 상세한 내용을 반복하기보다는, 낙마한 관료 2명의 전체 경력을 살펴보고자 한다. 충칭의 당서기였던 보시라이와 난징시 시장이었던 지젠예의 전체 경력을 살펴볼 것이다. 그러면 부패로 악명 높았던 관료들이 동시에 성장을 추구했던 것을 알 수 있다. 둘째, 내 설명은 중국 정치 엘리트와 지방 리더들 사이에서 부패가 도둑질과 갈취보다는 인허가료(엘리트가 권력과 부를 교환하는)의 형태를 띤다는 것을 밝힌다. 이는 2장, 3장의 이야기에 부합한다. 셋째, 비록 이러한 형태의 부패가 단기

부패한 중국은 왜 성장하는가

적으로 상업과 투자를 활성화시킬 수 있지만 나는 인허가료가 가져오는 구조적 왜곡과 위험을 강조할 것이다.

사례 연구를 한 것은 일반화를 위한 게 아니다. 그보다는 메커니즘을 강조하기 위한 것이다. 나는 어떤 연구에서는 중요하게 혹은 유일한 증거로 사용되는, 그리고 언론에 의해 쇄도하는 부패 스캔들에 대한 반대 담론을 제시할 것이다. 분명히 중국에서 부패는 만연해 있다. 그러나 그것은 한쪽만의 이야기다. 전체를 이해하기 위해 우리는 중국 관료 집단의 두 얼굴을 조사해야 한다.

부패의 화신이 된 상위 1퍼센트 리더들

대중의 존경은 변덕스럽다. 한 정치인의 인기가 높아질 때 사람들과 미디어는 칭찬을 한다. 그러나 그들이 낙마하자마자 스타는 하루아침에 폐인이 된다. 사례를 보기 전에 중국 미디어에서 그린 보시라이와 지젠예의 사례를 살펴보는 것은 유용하다. 두 사람의 낙마 전과 후를 살펴보자.

비교를 위해 나는 워드 클라우드 분석을 했다. 워드 클라우드는 단어의 빈도를 워드 클라우드로 시각화해서 보여 준다. 단어의 크기는 단어가 미디어에 언급된 빈도를 나타내며 중앙에는 가장 많이 언급된 단어를 배치한다. 워드 클라우드는 주어진 담론에서 우선 사항과 초점을 식별하는 데 도움을 준다. 이를 통해 두 정치인이 낙마 전과 후에 어떻게 인식되었는가를 알 수 있다.[5]

빈도 수 순위	낙마 전 단어	낙마 후 단어
1	发展(발전)	建设(건설)
2	重庆(충칭)	工作(업무)
3	经济(경제)	腐败(부패)
4	工作(업무)	中央(중앙)
5	建设(건설)	发展(발전)
6	社会(사회)	干部(간부)
7	文化(문화)	中国(중국)
8	全国(전국)	全国(전국)
9	人民(인민)	胡锦涛(후진타오)
10	群众(군중)	社会(사회)

〈표 5-1〉 보시라이 낙마 전과 후에 쓰인 상위 10개 단어.

첫째, 2012년에 중국 부패를 상징적으로 보여 주는 보시라이를 살펴보자. 〈그림 5-1〉은 보시라이에 대한 미디어의 보도를 시각화한 것이다. 원의 윗부분은 그가 낙마하기 1년 전에 가장 많이 쓰인 단어들이다. 아랫부분은 낙마 후에 쓰인 단어들이다.[6]

〈표 5-1〉은 각 기간마다 가장 많이 쓰인 단어 10개를 정리했다. 보시라이가 낙마하기 전에 중국 미디어는 그의 성과를 홍보했다. '발전'은 가장 많이 쓰인 용어다. 그의 '경제'(3위)와 관련한 업적을 강조하면서 '충칭'(2위)을 많이 썼고, '사회'(6위), '문화'(7위)로 알 수 있듯 미디어는 비경제적인 부분의 용어도 많이 사용했다. 그의 대중적 인기를 반영하듯 보시라이는 '인민'(9위)과 '대중'(10위)과 연계되어 보도되

낙마 전

낙마 후

<그림 5-1> 보시라이 낙마 전과 후의 미디어 보도.

었다. 그와 연결되어 쓰인 단어들은 '생계', '빈곤자 부양', '산업', '회계 감사', '신도시', '속도 향상', '참가' 등이었다. 모두 한꺼번에 많은 일을 한 역동적인 리더의 이미지를 연상하게 한다.

2012년 3월 낙마 이후 보시라이에 대한 대중의 담화는 부패, 그리고 후진타오 주석과 원자바오 총리와의 정치적 불화에 집중됐다. '충 칭', '경제', '문화', '시민', '대중'의 빈도는 상위 10위에서 떨어졌고 '부 패', '중앙권위', '간부', '중국', '후진타오'로 대체되었다. '충칭'이 '중국' 으로 대체된 것은 보시라이를 둘러싼 사건이 더 이상 지방 정치에 관

련된 것이 아니라 국가적인 위기임을 의미했다. 특히 눈에 띄는 단어
는 '사찰', '반부패', '깨끗한 정부 만들기', '결심', '강화'였으며 이것은
보시라이의 위법이 폭로된 이후 그를 체포하려는 중앙 정부의 의도를
언론이 집중적으로 보도하고 있음을 보여 준다.

보시라이는 중앙정치국 위원이었고 지젠예는 강소성 산하 대표 도
시인 난징시의 수장이었다. 그럼에도 〈표 5-2〉와 〈그림 5-2〉에서 지
젠예의 낙마 전후 보도는 보시라이에 대한 보도와 비슷한 경향을 발
견할 수 있다.[7] 부패 혐의로 조사받기 전, 지젠예는 장쑤성 지역뿐 아
니라 전국적으로 유능하고 냉정한 리더로 유명했다. 낙마 전에 언론
에서 그를 묘사하는 단어들은 '난징', '개발', '도시/농촌'이었다. 보시

빈도 수 순위	낙마 전 단어	낙마 후 단어
1	南京(난징)	干部(간부)
2	发展(발전)	监督(감독)
3	城市(도시)	领导(영도)
4	建设(건설)	权力(권력)
5	社会(사회)	工作(업무)
6	工作(업무)	中央(중앙)
7	服务(복무)	问题(문제)
8	产业(산업)	腐败(부패)
9	经济(경제)	建设(건설)
10	民政(민정)	制度(제도)

〈표 5-2〉 지젠예 낙마 전과 후에 쓰인 상위 10개 단어.

부패한 중국은 왜 성장하는가

라이와 마찬가지로 그가 이룩한 성취는 경제 발전을 넘어서서 사회 복지와 공공 서비스를 제공하는 것까지 포괄했다. 상위 10개 단어를 보면 '사회'(5위), '복무'(7위), '민정'(10위)이었다. 야심차고 통통한 지젠예를 묘사하는 다른 단어들은 '행복', '글로벌화', '생태', '투자', '고용', '연금', '지하철', '기술'이었다.

그러나 지젠예에 대한 수사가 발표되자마자 언론은 그의 발전 지향적 리더십에 대한 언급을 멈췄다. 사실상 언론에서 그에 대한 언급은 사라졌다. 그는 보시라이처럼 국가적 영웅이자 악당은 아니었기

〈그림 5-2〉 지젠예 낙마 전과 후의 미디어 보도.

때문이다. 보시라이는 형사 재판이 끝날 때까지 언론의 주목을 받았다. 아주 드물게 지젠예가 언급된다면 그것은 그의 범죄와 처벌에 대한 것이었다. '조사'(2위), '권력'(4위), '문제'(7위), '부패'(8위) 등이었다. 그가 시장으로서 이루었던 업적은 언론에서 거의 사라졌다.

종합하자면, 중국 정치 체제를 간단한 언론 기사 분석을 통한 부패 기사에만 의존해서 결론을 내는 일이 위험하다는 것을 알 수 있다. 일단 관료가 낙마하면 그들의 범죄와 악행들에 대한 이야기가 과거의 발전 공헌을 가리게 된다. 바크먼은 《중국의 정실 자본주의》에서 제대로 지적했는데, 그는 "부패는 아마도 만연했을 것이다. 그런데 부패가 과연 모든 것을 또는 중요한 것을 이야기하는가?"라고 묻는다.[8] 〈그림 5-1〉과 〈그림 5-2〉의 워드 클라우드는 바크먼의 질문에 대해 '아니다'라는 나의 답이다. 기사는 전체에서 절반만 이야기한다.

타락한 왕자, 보시라이의 비상과 추락

보시라이(〈그림 5-3〉)는 존경받는 공산당 원로인 보이보薄—波의 아들로 '금수저'였다. 그는 현대 자본주의 중국의 제2세대 귀족이었다. 문화대혁명 기간(1965~1975년)에 보 집안은 숙청으로 인해 비참한 환경에서 지내야 했다. 덩샤오핑이 권력을 잡은 후 그는 보이보를 복권했고 부총리로 승격시켜 시장 개방과 국제 무역을 담당하게 했다.

혁명 원로의 후손으로서 보시라이는 정치적 경력을 빠른 속도로 쌓아 갔다. 〈표 5-3〉은 그의 경력에서 획기적인 사건들을 나타냈다.

〈그림 5-3〉 2010년 베이징에서 열린 제11차 전국인민대표대회 참석 중 기자들에게 둘러싸인 보시라이.

바닥에서부터 경력 사다리를 오르는 일반적인 관료와 달리, 보시라이는 36세에 낙하산 인사로 중국의 북동쪽에 위치한 랴오닝성의 현에서 부서기장으로 출발했다. 이후 그는 항구 도시인 다롄시의 시장으로 승진했다. 2004년 상무부 부장으로 승진하기 전까지 랴오닝성 성장과 부서기를 지냈다. 2007년 중앙정치국 위원으로 승진했고 차기 최고 지도자로 선출될 수 있는 잠재적 능력을 보여 주었다. 같은 해에 그는 충칭의 당서기장으로 선출되어 2012년 낙마 전까지 충칭에서 활동했다.

미디어가 "장신의, 잘생기고 카리스마 넘치는"[9] 인물로 묘사한 보시라이는 뉴스의 헤드라인을 장식하는 타고난 홍보원이었다. BBC는 그를 "중국에서 서방 스타일 정치인에 가장 가까운 인물"로 평가했다.[10] 그러나 보시라이의 야망과 매력을 베이징의 지도부는 탐탁지 않

시기	지역과 근무처	직책
1982~1984	중앙서기처연구실	간부
1984~1987	랴오닝성 진현(金县)	현 부서기
1987~1988	랴오닝성, 다렌시, 진조우구(金州区)	구(区) 서기
1988~1989	랴오닝성, 다렌시	선전부장
1989~1992	랴오닝성, 다렌시	부시장
1992~1999	랴오닝성, 다렌시	부서기, 시장
1999~2000	랴오닝성, 다렌시	랴오닝성 상무위원, 다렌시 당서기, 시장
2000~2004	랴오닝성	랴오닝성 당부서기, 성장
2002	중앙	16기 중앙위원
2004~2007		상무부 부장(장관)
2007		17기 중앙위원, 17기 중앙정치국 위원
2007~2012	충칭	충칭시위원회 서기

〈표 5-3〉 보시라이 경력의 주요 전환점들.

게 생각했다. 얼마 안 가 보시라이를 충칭으로 보내 세간의 이목이 집
중되지 않도록 했다. 그러나 보시라이는 조용히 지내는 대신 더 큰 관
심과 논쟁을 불러일으켰다.

일을 해내는 사람

충칭은 행정적으로 상하이나 베이징처럼 성급으로 분류된 지방 자
치체다. 충칭의 인구는 1000만 명 정도로 싱가포르 인구의 2배에 해
당한다. 그러나 상하이와 달리 충칭은 경제 발전에 목말라 있었다. 육

부패한 중국은 왜 성장하는가

지에 둘러싸인 충칭의 지리적 여건은 연안 지역의 수출 지향적인 산업화 발전 전략을 모방하기에 불리했다. 과거 수십 년간 충칭은 가장 가난한 지역 중 하나였다.[11] 값싸고 광대한 농촌 이주 노동자들을 연안 지역의 공장에 공급했지만 글로벌 자본주의 체제에서 동부의 성보다 얻을 수 있는 혜택은 적었다. 2007년 충칭으로 옮긴 보시라이는 신속하게, 그리고 강제적으로 이러한 상황을 바꾸었다.

보시라이는 6년 만에 충칭과 전국 평균 간 경제적 차이를 줄였다. 2007년 충칭의 1인당 GDP는 중국 평균의 82퍼센트에 불과했다. 2012년에는 중국 평균인 4만 위안에 거의 근접했다.[12] 보시라이가 충칭에 오기 전 2000년부터 2006년까지 충칭의 연평균 성장률은 10.7퍼센트였다. 놀랍게도 보시라이가 충칭을 이끈 6년의 재임 기간 동안 연평균 성장률은 15.3퍼센트였다. 다른 지역들이 2008년의 금융

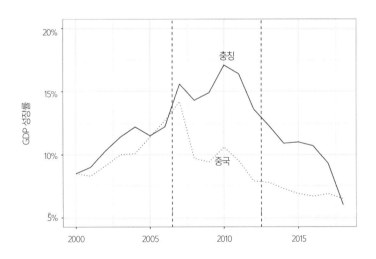

〈그림 5-4〉충칭의 경제 성장은 중국 전체 평균을 앞질렀다. 굵은 점선은 보시라이의 재임 기간이다.

위기로부터 고통을 겪는 와중에서도 이루어 낸 성과였다. 〈그림 5-4〉는 중국 전체와 충칭의 성장률을 보여 준다. 그가 떠난 후 2012년부터 2018년까지의 평균 성장률은 10퍼센트였다.

지역별 GDP 성장률은 이러한 역전을 잘 보여 준다. GDP 성장률을 보면 2006년 충칭은 31개 성에서 26위였다. 보시라이가 충칭에 간 첫해에 3위로 올라섰으며 2011년에는 1위를 기록했다. 보시라이가 낙마한 후에도 이 순위는 여러 해 동안 유지되었고 2018년에 갑자기 28위로 떨어졌다.

보시라이 재임 기간에 충칭 지방 정부의 수입은 3배 이상 증가했다. 해외직접투자FDI는 2012년 105억 달러에 달해 10배 이상 뛰었다. 해외 교역은 7배, 국내 교역은 2배 이상 증가했다. 급속한 경제 성장은 충칭 주민들에게 직접적인 혜택을 주었고 도시 거주민의 소득은 1.7배, 농민의 소득은 2배가 되었다. 도시와 농촌의 소득 비율 격차는 2007년 420퍼센트에서 2012년 340퍼센트로 줄었다. 같은 시기에 도시화율은 48퍼센트에서 57퍼센트로 증가해 활발한 도시화를 보였다.[13] (〈그림 5-5〉)

보시라이와 그의 팀은 어떻게 경제를 호전시켰을까? 그들은 국가주의적 접근을 통해 경제를 발전시켰다. 지방 정부가 재정을 지원하는 인프라 프로젝트를 진행했고, 전략적으로 충칭을 저임금 산업 중심으로 브랜드화했으며 내륙 지방 시장의 관문으로 만들었다. 또한 세금 유인책을 도입해 투자자를 끌어모았다. 인프라 프로젝트는 지리적 한계와 수송비를 절감하는 데 핵심적이었다. 카자흐스탄, 러시아, 폴란드를 경유해 독일로 직접 갈 수 있는 새로운 철도 건설은 충칭을

부패한 중국은 왜 성장하는가

〈그림 5-5〉 보시라이 재임 시절, 충칭에는 대규모 건설 붐이 일었다.

중국 내륙 지방 물류의 중심으로서 자리매김하게 했다. 민간 항공 허브를 건설하기 위해 충칭 정부는 4개 공항을 연결하는 네트워크를 설립했고 충칭국제공항의 여객 수송 능력을 연간 700만 명에서 2500만 명 수준으로 늘렸다.[14] 인프라 확충, 기업 친화적 정책, 저임금은 해외 투자를 이끌었다. 포드, 현대, 폭스콘, 에이서, 소니, 굿이어 같은 다국적 기업들이 투자했으며, 2008년 휴렛팩커드는 노트북과 데스크톱 컴퓨터를 생산하기 위한 공장을 설립했다.[15]

보시라이의 리더십은 경제 성장에만 국한되지 않았다. 그는 5개 사회 복지 영역에서 '5개의 충칭'으로 브랜드화한 목표를 설정했다. 그것은 바로 주민들의 삶, 교통, 공공 안전, 녹색화, 대중 보건의 5가지 영역이다.[16] 〈표 5-4〉에 요약한 것처럼 이 모든 영역에서 구체적인 성

	2007	2008	2009	2010	2011	2012
주민 생활						
노후된 건물 재건축 (100만 제곱미터)	–	2.4	4.5	4.3	1.2	0.4
임대주택 (100만 제곱미터)	–	–	–	13	16.9	15.5
교통						
1인당 도로 길이	8	9	9	9	10	10
국내 직항 노선 수	65	69	73	82	98	120
해외 직항 노선 수	58	61	64	74	85	83
녹색화						
녹지 공간(제곱킬로미터)	66	66	78	97	118	124
환경 보호 지출 금액 (10억 위안)	3.8	5.3	5.0	6.9	10	12.8
공공 보건						
의료 서비스 제공 업체 수	6,292	6,266	6,512	6,898	17,660	17,961
1만 명당 의료 인원	26	27	30	33	36	39
농촌 지역 상수도 보급률	73	76	81	88	90	90

〈표 5-4〉 5개 사회 복지 영역에서의 보시라이의 성과.

과를 냈다. 경제와 고용이 성장했을 뿐 아니라 충칭의 주민들은 더 많은 도로, 직항 노선, 녹지, 의료 서비스, 상수도 보급 등을 누렸다. 특별히 주목할 만한 것은 빈곤 계층을 위한 보시라이의 정책이었다. 불과 3년 만에 저소득층을 위한 4500만 제곱미터의 공공 임대 주택을 건설했다. 그의 팀은 정책 개혁도 제시했는데 가장 유명한 것은 농민들이 그들의 토지 이용권을 시장에서 팔 수 있는 제도를 만든 것이다. 이 개혁은 2008년 중국 최초로 농촌토지거래소의 설립으로 이어졌다.[17]

충칭의 발전 모델은 투자와 건설에 의해 추동되었다. 2007년에서 2012년 사이 전체 고정 자본 투자는 3배로 늘어 2010년 충칭시 GDP 의 87퍼센트에 달했다. 2001년의 41퍼센트, 2007년의 68퍼센트에 비해 상당한 증가세였다.[18] 다른 지방 역시 투자를 늘렸지만 충칭의 GDP 대비 투자 비율은 전체 중국 평균보다 높았다.

건설 붐에는 대가가 따른다. 충칭의 인프라 프로젝트에 필요한 자금은 대체로 충칭 정부의 지출과 토지를 담보로 한 대출로 조달했다. 보시라이가 재임한 6년간 은행 대출 잔액은 2012년 1조 6000억 위안 으로 3배 증가했다. 동시에 토지 사용권 판매액은 5배 증가했다. 이

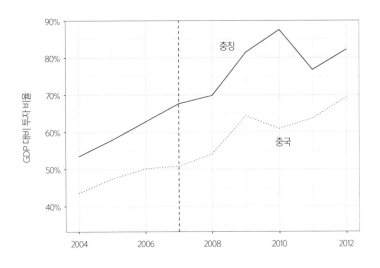

〈그림 5-6〉 충칭의 경제적 붐은 투자에 의해 주도된 것이다. 보시라이는 2007년부터 재임 했다.

것이 예산 수입에서 차지하는 비중은 2006년 52퍼센트에서 2012년 77퍼센트로 증가했다. 충칭의 부채 증가는 GDP 대비 부채 비율의 증가에서 명백하게 드러났는데 2001년 105퍼센트에서 2008년 110퍼센트, 2009년 136퍼센트였다. 2012년 보시라이가 축출된 이후에도 이비율은 계속 증가해서 2018년 146퍼센트에 달했다.(〈그림 5-7〉) 전국적인 비교를 위한 자료는 2013년 이후에나 가능했지만 전체 중국에 걸쳐 부채가 증가하는 경향을 뚜렷하게 볼 수 있다. 또한 충칭과 다른 지역 간의 차이도 줄어들고 있음을 알 수 있다.[19]

보시라이의 경제 정책과 사회 복지 정책보다 훨씬 논쟁적이었던 것은 그의 이원화된 운동인 '창홍타흑唱红打黑'이었다. 이것은 수많은 사람을 모아 놓고 마오 시대에 유행한 애국주의 노래红歌를 부르게 하는

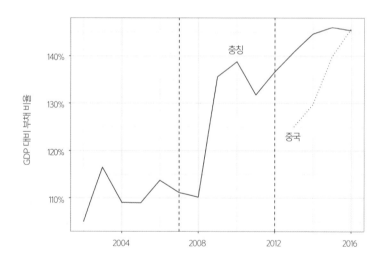

〈그림 5-7〉충칭의 GDP 대비 부채 비율은 지속적으로 상승하고 있다. 굵은 점선은 보시라이의 재임 기간이다.

　　　　　　　　　　　　　　　　부패한 중국은 왜 성장하는가

것과 범죄 조직 소탕을 의미한다. 마오주의 강경파와 소위 말하는 '신좌파'는 그의 정책을 열렬히 환영했지만 일부는 보시라이가 마오주의의 향수를 자극해 대중의 마음을 얻으려는 것에 대해 우려를 표했다. 보시라이가 범죄 단속을 할 때 대놓고 합법적 절차를 무시했으며 폭력, 고문을 사용했고 폭력배든 억울한 누명을 쓴 사람이든 자백을 강요받았다. 단속 대상에는 보시라이의 정치적 경쟁자와 한편이 된 민간 사업자들도 포함되었다.[20]

충칭 모델은 정부가 주도한 인프라 건설에 크게 의존했고 따라서 이 과정에서 증가한 부채는 경제적 지속 가능성과 금융 위기에 대한 우려를 불러일으켰다. 현재 중국 전체에 걸쳐 발생하고 있는 경기 후퇴와 같은 침체가 발생하면 도시의 부채 상환 능력에 대한 의구심을 촉발할 것이고, 몇몇 전문가가 경고한 것처럼 경기 침체가 가속화될 것이다.[21] 실제로 2018년 충칭의 GDP는 2000년 이후 가장 낮은 성장률을 보였다.(〈그림 5-4〉) 보시라이는 정부 투자를 편애하고 민간 기업은 억제했는데 그것이 지금 충칭의 회복력을 방해하고 있다.[22]

충칭에서의 보시라이의 전략과 국가 주도의 고전적인 발전 모델을 비교해 보자. 1970년대에서 1990년대까지, 분석가들은 한국이나 대만 같은 동아시아 경제를 '발전주의 국가developmental states'로 묘사했다. 발전주의 국가 모델은 국가가 광범위한 투자와 계획으로 산업화를 따라잡는 것을 주요 내용으로 한다.[23] 보다 최근 문헌은 경제적 성장뿐 아니라 사회 복지를 촉진하는 사회적 발전주의 국가를 요구한다.[24] 이런 기준으로 본다면 보시라이 재임 시절의 충칭은 사회적 발전주의 국가 모델이 중국의 지방에서 재현된 것으로 볼 수 있다. 스테로이드와 폭력을 동반하긴 했지만, 카리스마 넘치는 왕자는 육지로 둘러싸인 지역에 경제적 부를 가져왔고 사회 복지와 정책 개혁을 완수했다. 그 자신을 선구자적 포퓰리스트라고 브랜드화했다. 또는 청리의 말처럼 "일을 해내는 사람" 이미지를 구축했다.[25]

수십 년 내 최대 스캔들

그 누구도 보시라이의 경력이 《뉴욕타임스》가 표현한 것처럼 "수십 년 내에서 중국 지도부가 직면한 최대 스캔들"이 될 것이라고 예상하지 못했다.[26] 운명의 날인 2012년 2월 6일, 충칭의 경찰국장이자 보시라이의 오랜 심복인 왕리쥔王立軍이 청두의 미국 영사관으로 진입해 망명을 신청했다. 깜짝 놀란 미국 외교관들에게 왕리쥔은 보시라이의 범죄 증거들과 그의 부인이 영국 기업인을 살해한 증거를 가지고 있다고 장황하게 설명했다.[27] 얼마 안 가 왕리쥔은 공안에 의해 베이징으로 압송되었다.

바로 여기서부터 보시라이의 권력은 빠르게 무너지기 시작했다. 4월 14일, 원자바오 총리는 공개적으로 그를 비판했다. 그는 충칭의 지도부는 "반드시 깊은 반성을 해야 하고 왕리쥔 사건으로부터 배워야 한다"고 강조했다. 이튿날 보시라이는 모든 공직을 박탈당했고 수사 대상이 되었다. 당의 지도자들은 그가 "당 규율을 엄중 위반"했다는 비판 성명서를 발표했다. 8월에 당은 5일간의 공개 심리를 열었다. 보시라이는 혐의에 저항했지만 그는 뇌물 수수, 권력 남용, 횡령으로 종신형을 선고받았다. 그의 부인은 살인 혐의로 사형 집행 유예를 선고받았다. 왕리쥔은 15년형을 선고받았다.[28]

부패한 중국은 왜 성장하는가

공개 재판과 협의들

보시라이의 공개 재판은 중국 대중들에게 슈퍼 엘리트들의 호화스러운 소비, 국가와 비즈니스의 비밀스러운 결탁을 엿볼 수 있는 아주 드문 기회를 제공했다. 법원의 공소장을 보면 보시라이는 그의 경력 기간 동안 총 2200만 위안의 뇌물을 받았다. 검찰에 의하면 보시라이의 뇌물 수수 역사는 그가 다롄시의 시장과 당서기를 역임할 때로 거슬러 올라간다. 그 당시 다롄국제그룹의 총경리(사장) 탕샤오린으로부터 1100만 위안의 뇌물을 받은 것으로 기소되었다. 그 대가는 다롄국제그룹이 토지 한 구획을 구입할 수 있도록 도와주고 자동차 수입에서 특혜를 주는 것이었다. 이 재판에서 보시라이는 이 혐의를 강렬하게 부인했다. 그는 탕샤오린을 "자신의 영혼을 판" "미친개"라고 부를 정도였다.

그러나 보시라이는 다른 기업인인 쉬밍과의 관계를 부인하지는 못했다. 쉬밍은 다롄스더그룹의 창립자이자 회장이었다. 법원 기록을 보면 2001년에서 2012년에 쉬밍은 보시라이의 부인과 아들에게 여러 선물을 제공했고 그 대가로 수익성 좋은 사업을 따냈다. 다롄 시정부와 건설 프로젝트를 계약했고 보시라이가 상무부 부장일 때는 상무부로부터 기업에 유리한 규제를 얻어 냈다. 보시라이의 아들인 보과과는 12세부터 영국의 비싼 사립 학교에 다녔다.[29] 보시라이의 낙마 전부터 보과과는 화려한 파티, 스포츠카, 승마 등을 즐기는 것으로 유명했는데 그의 부모의 초라한 월급으로 어떻게 그런 사치스러운 생활이 가능한가에 대한 의문이 많았다. 법정에서 쉬밍은 그의 가족의 사치스러운 생활에 대한 비용을 지불했다고 증언했다. 여기에는 320만 달러에 달하는 프랑스 빌라, 전용 제트기를 이용한 아프리카 여행, 고급 오토바이, 신용 카드 비용 대납 등 전부 2100만 위안에 달했다. 보시라이는 이런 종류의 선물에 대해 알지 못한다고 부인했지만 그는 쉬밍 회장과의 친밀한 관계까지 부인할 수는 없었다.

보시라이는 권력 남용으로도 기소되었다. 법정 변론을 보면 보시라이의 부인 구카이라이谷開來는 금전적인 문제로 영국 기업인인 닐 헤이우드를 독살했다. 보시라이의 다롄 시장 재임 당시, 헤이우드는 보시라이와 친분을 쌓았고 해결사와 중재자 역할을 했다. 이러한 관계를 통해 헤이우드는 보과과를 영국의 일류 학교인 해로우 사립 학교에 입학한 첫 번째 중국인으로 만들었다.[30] 2012년 헤이우드가 충칭의 호텔에서 의문사를 당했을 때 당국은 약물 과다 중독으로 사인을 은폐했다. 당시 경찰국장이었던 왕리쥔이 보시라이 부인인 구카이라이가 살해했다고 의심하자 보시라이는 아내의 범죄를 은폐하기 위해 모든 노력을 경주했고 이는 왕리쥔으로 하여금 필사의 도주를 하게끔 만들었다. 《월스트리트저널》의 편집자는 전체 줄거리를 총평하면서 "할리우드 영화 같았다"라고 평가했다.[31]

최종적으로 보시라이는 그의 완강한 부인에도 불구하고 모든 혐의에 대해 유죄를 선고받았다. 그러나 보시라이가 의심의 여지없이 법을 위반했고 그의 권력을 이용해 물질적 이익을 탐한 것은 사실이지만 그에 대한 공식적 혐의를 액면 그대로 받아들여서는 안 된다. 베이징은 그의 명성을 파괴하는 것과 공산당의 정통성을 유지하면서도 그에 대한 여전한 지지를 분쇄하는 것 사이에서 미묘한 균형을 유지해야만 했다. 보시라이가 수수한 뇌물의 규모가 2200만 위안이라는 것

부패한 중국은 왜 성장하는가

은 주의할 만한 일이다. 이 금액은 일반인들에게는 분명 큰 액수이지만 보시라이처럼 높은 수준의 리더에게는 매우 적은 금액이다. 실제로 덜 중요한 관료들이 훨씬 더 많은 뇌물을 받은 사례가 있다.[32] 마찬가지로 매우 당혹스러운 것은 보시라이가 충칭시 당서기로 재임할 당시에 관한 혐의는 아무것도 없다는 것이다. 충칭시 당서기의 지위는 다롄 시장보다 훨씬 강력한 권력을 행사할 수 있는 위치였다. 이러한 상황은 공산당 지도부가 보시라이의 부패를 전부 밝힘으로써 생길 공산당의 이미지 훼손을 꺼렸기 때문에 가능했다.[33] 또는 보시라이가 금전보다는 권력을 더 탐했기 때문일 수도 있다.

불도저 시장, 지젠예의 성공과 실패

혁명 원로의 후손이자 국가적으로 유명한 리더였던 보시라이의 위치는 매우 예외적이었다. 그러나 낮은 직급의 관료들 중에는 완전한 악당도, 완전한 영웅도 아닌 비슷한 인물이 많았다. 지젠예(〈그림 5-8〉)의 사례는 이를 특별히 잘 보여 준다. 그의 이름은 '건설'이라는 뜻이다.

가난한 가정에서 태어난 지젠예는 39년 경력을 고향인 장쑤성에서 일구었다. 장쑤성은 상하이에 인접해 있는 부유한 산업 중심지다.(〈표 5-5〉) 낙하산 인사로 높은 관직부터 시작한 보시라이와 달리, 지젠예는 관료 체제의 밑바닥에서 시작했다. 샤저우현의 선전부 공무원으로 시작한 그는 쑤저우시로 옮겼고 나중에는 신문사 편집장이 되었다. 1990년 공무원 16년차 경력에 이르렀을 때 그는 처음으로 우현의 부

〈그림 5-8〉 지젠예가 법정에서 뇌물 수수로 재판을 받는 모습.

서기로 리더 자리에 올랐다. 이후 그는 장쑤성 내에서 자리를 옮기면
서 쿤산, 양저우, 난징시에서 근무했다. 2013년 난징시 시장으로 근무
할 때 지젠예는 부패 혐의로 체포되었는데, 시진핑의 반부패 운동으
로 인해 적발된 열 번째 차관급 인사였다.

지역 맞춤형 인재

지젠예는 자신의 경력을 통해 유능하고 결단력 있는 권위주의자라
는 평판을 얻었다. 쿤산에서 그는 쿤산시 최초로 경제특구 설립을 지
휘했다. 수출을 위한 이 경제특구는 2000년에 시작되었고 첫해에만
20여 개가 넘는 회사를 유치해 10억 달러 이상의 투자 성과를 냈다.
이 특구는 중국에서 해외 투자자가 100퍼센트 지분을 갖게 된 첫 사

례 중 하나였다.[34]

2002년 지젠예는 장쑤성의 중부 지역인 양저우로 발령이 났다. 양저우는 덜 산업화되었고 쿤산보다 덜 발전된 지역이다. 지역 언론에 의하면 지젠예는 근무한 지 3개월 만에 "전체 양저우를 거대한 건설 현장으로 바꾸었다."[35] 그는 130개 도로를 새로 정비했고 도시의 강가 주변 지역을 새로 건설했다. 또한 시 전체에 걸쳐 녹지화 운동을 전개했는데, 《차이신Caixin》 신문에 의하면 이때 만든 "양저우시의 도시 윤곽이 현재까지도 남아 있다." 그의 전면적인 철거 계획은 그에게 불도저 시장이라는 별명을 가져다주었다. 지역 주민들은 그의 개발 스타일을 묘사하기 위해 음운을 맞추어 이렇게 표현하기도 했다. "발을 구르면 철거하고, 손짓하면 무너진다."[36] (옮긴이 주: 기사 원문은 "脚一踩, 拆拆拆；手一揮, 推推推"이고 "jiao-yi-duo, chai-chai-chai, shou-yi-hui, tui-tui-tui"로 발음한다.)

사실 지젠예는 불도저를 뛰어넘었다. 양저우를 '고대 문화와 현대 문명이 어우러진 유명한 시'로 브랜드화했으며 역사적인 유적의 복원 작업에 상당한 투자를 했다. 그가 이런 투자를 한 것은 그가 유적 보호론자였기 때문이 아니라 역사를 보존함으로써 얻는 상업적 기회를 알고 있었기 때문이다. 2006년 양저우는 UN의 거주지 상UN Habitat Award 을 받았다. 그 이후 관광객이 넘쳐났다.(〈그림 5-9〉) 2007년부터 지젠예가 떠난 2009년까지 방문객 수는 3분의 1이 증가했다. 그가 떠난 후에도 관광 붐은 계속되었고 2012년 양저우에는 2007년에 비해 거의 2배의 관광객이 몰렸다.[37]

지젠예의 실질적 강점은 산업 정책에 있다. 국가의 다른 지역에서

시기	지역과 근무처	직책
1975~1976	장쑤성, 샤저우현, 선전부	간부
1976~1981	장쑤성, 쑤저우시, 선전부	간부
1981~1986	장쑤성, 쑤저우시, 선전부	부■처장, 선전 교육 자료 담당
1986~1990	장쑤성, 쑤저우 일보	부편집장
1990~1996	장쑤성, 우현	현 부서기
1996~1997	장쑤성, 쿤산시	시 부서기, 부시장
1997~2000	장쑤성, 쿤산시	시 부서기, 시장
2000~2001	장쑤성, 쿤산시	시 당서기
2001~2002	장쑤성, 양저우시	시 부서기, 임시 시장
2002~2004	장쑤성, 양저우시	시 부서기, 시장
2004~2005	장쑤성, 양저우시	시 당서기
2005~2009	장쑤성, 양저우시	시 당서기, 시의회 의장
2009~2010	장쑤성, 난징시	시 부서기, 임시 시장
2010~2013	장쑤성, 난징시	시 부서기, 시장

〈표 5-5〉 지젠예 경력의 주요 전환점들.

산업 역량을 제고하기 위해 고심하기 훨씬 전인 2002년, 지젠예는 양
저우 지역에 3개의 신산업 클러스터 설립을 제안했다. 3개의 클러스
터는 에너지, 조명, 건설 자재로 이루어졌다. 쿤산시에서 얻은 산업 계
획 경험을 바탕으로 그는 "투자를 유치하기 위해서는 선택성과 상호
보완성이 필요하다. 우리는 완벽한 산업 공급망을 만들어야 한다"며
빈틈없는 계획을 짰다. 이 비전을 이룩하기 위해 그는 중국사회과학

〈그림 5-9〉 지젠예는 전략적으로 양저우를 고대 도시와 현대 문명의 조화로 브랜드화했다.

원과 난징대학교를 설득해 산업 역량 제고를 위한 연구 센터를 설립
했다. 2005년 양저우시의 GDP는 처음으로 장쑤성 전체의 평균을 앞
섰다.

　탐사 전문 보도로 알려진 광둥의 신문《난팡주간》에 의하면 "양저
우에서는 대부분 지젠예가 1949년 이래 도시에 가장 큰 공헌을 한 인
물이라는 데 동의한다"고 보도했다.[38] 지젠예는 맹렬하게 성장 지향적
이었을 뿐 아니라 전략적 비전도 갖추었고 지방의 특성에 맞는 환경
에 잘 적응하는 통치술을 지녔다. 지젠예는 예전에 "우리는 장쑤성 남
부의 개발 모델을 맹목적으로 복제하거나 쿤산의 모델을 복사할 수
없다. 대신에 우리는 양저우시의 조건에 맞는 발전 전략을 세워야 하
며 우리에게 적합한 산업을 선택해야 한다"고 말했다.[39]

오동나무에 가로막힌 불도저

지젠예가 2009년 난징으로 옮겼을 때 대중과 소통 없는 일방적인 불도저식 사업 추진 방식은 난관에 봉착했다. 과거 여러 왕조의 수도이자 공화정 정부의 수도였던 난징은 역사 문화적 유산에 대한 자부심이 상당했다. 난징 주민들의 마음에 소중한 것은 오동나무다. 오동나무는 난징의 거리 윤곽을 형성할 뿐 아니라 여름에는 타는 듯한 더위로부터 시원한 그늘을 제공해 준다. 난징 토박이이자 베스트셀러 작가인 추이만리는 격정적으로 "만약 이 커다란 나무들을 본다면, 이것이 역사이자 문명이고 시간의 흐름이며 위대한 자부심의 원천임을 알 수 있을 것이다"라고 이야기했다.[40]

그러나 불도저 시장은 이러한 감성에는 별 흥미가 없었다. 자신의 과거 캠페인을 반복하면서 거대한 인프라 개선을 진행했다. 3개의 주요 노선 도로를 바꿨고, 1400여 개 거리의 오래된 건물을 철거했다. 빗물과 하수를 구분할 18억 위안 규모의 계획을 착수했고 새로운 지하철 노선을 건설했다. 1년 동안 지역 신문이 표현하듯 그의 "무쇠 팔 작전"으로 1000만 제곱미터 넓이의 무허가 건물들을 철거했다.[41] 이는 자금성 부지의 66배에 해당하는 넓이이며 난징시 역사에서 가장 큰 규모의 철거였다. 《차이나데일리》(공산당의 영어 신문)는 지젠예를 인터뷰하면서 "그는 어떠한 타협도 없을 것임을 되풀이했다. 재산권이 제대로 갖추어지지 않은 주택 보유자들에게는 어떠한 보상도 없을 것이다"라고 보도했다.[42]

지하철 건설을 위해 1000그루가 넘는 오동나무를 뽑아 버리겠다는 발표는 난징 주민들이 더 이상 견딜 수 없는 최후의 한계를 건드렸다. SNS를 통해 자발적으로 조직된 수백의 인파가 이 결정에 항의하기 위해 도서관 앞에 모였다. 대중의 분노에 놀란 도시 공무원들은 몇몇 나무는 남겨 두기로 약속했다. 오동나무에 대한 난징 시민들의 애착을 과소평가한 시장은 혼쭐이 난 것이다.[43]

뇌물과 부정부패

궁극적으로 지젠예의 실패 원인은 대중적 저항이 아니라 그 자신의 부패에서 나왔다. 2013년 10월, 기율위원회는 지젠예와 가까운 기업인들의 병행 조사를 통해 그와의 연관성이 밝혀지자 그를 체포했다. 몇 개월 후인 2014년, 지젠예는 "관직을 이용해 타인이 개인적 이익을 도모하게 했고, 자신과 가족을 통해 대량의 부를 수취하고 부패를 저지른" 혐의로 기소되었다.[44] 1년 후, 지젠예는 뇌물수수죄로 유죄를 선고받았고 15년형을 언도받았다.

법정 기록에 의하면, 지젠예는 7가지 부패에 연루되었다. 그는 재임 기간 동안 1100만 위안을 축재했다.[45] 그가 받은 뇌물 중 가장 큰 금액은 민간 기업인들과 오래된 패거리 중 하나인 쉬둥밍으로부터 나왔다. 쉬둥밍은 정부 프로젝트 계약을 따내기 위해 그의 정치적 후견인들에게 800만 위안에 가까운 뇌물을 제공했다. 두 번째는 부동산 개발업자인 주톈샤오인데, 240만 위안 규모의 선물과 뇌물을 지젠예의 부인, 딸, 동생에게 제공했다. 현금, 예술품, 고급 차, 54만 위안의 콘도미니엄 할인 등이 현금 및 뇌물로 지급된 것이다.[46] 나머지 5개의 공식적 기소 내용은 눈에 띄게 적은 금액이었다. 홍콩의 다른 부동산 개발업자인 저우커싱으로부터 4만 5000위안의 현금과 선물 카드를 수뢰했다.

　보시라이처럼 그가 실제로 수뢰한 금액은 과소평가되었을 것이다. 법정에 제출된 기소 내용을 그대로 받아들이면, 1100만 위안의 뇌물은 지젠예의 전체 경력에서 그가 담당한 프로젝트가 벌어들인 규모에 비해 매우 미미한 규모다. 예를 들어 쿤산에서 그가 지휘한 경제특구의 해외직접투자ㄹㅁ 규모는 일일 1000만 달러(8300만 위안)로 캄보디아가 1년 동안 받은 FDI의 20퍼센트에 해당하는 금액이다.[47] 공식적인 언론 외의 중국 보도들은 다른 현금 흐름을 암시한다. 지젠예의 심복인 호텔 매니저 주메이는 지젠예 어머니의 '대녀god-daughter'인데 그녀는 뇌물을 제공해 사업 계약을 따내려는 기업인들을 위해 정기적으로 모임을 주선했다. 난징시에서 지젠예는 거의 모든 사무를 정부 건물이 아닌 고급 호텔 방에서 보았으며, 누가 그 비용을 지불했는가는 불분명했다.[48] 법정 기소에는 그의 여러 정부情婦에 대한 언급은 없었다. 그녀들 대부분은 그의 밑에서 일했고 불륜 이후 승진했다. 그 정부들 중에 양저우시의 환경보호국장과 시계획위원회 의장 등이 있었다.[49]

기업과 권력의 치명적인 동행

보시라이와 지젠예의 사례로부터 얻을 수 있는 교훈은 단순한 충격과 혐오감이 아니다. 그것보다는 이들 사례로부터 중국 정치 시스템에 대한 통찰을 얻을 수 있다. 보시라이와 지젠예의 명백한 공통점은 그들의 부패가 인허가료의 형태를 띠었다는 점이다. 갈취와 횡령보다는

　　　　　　　　부패한 중국은 왜 성장하는가

엘리트들 간 권력과 부를 교환하는 형태였다.[50] 이런 부패는 공사 지연이나 규제를 극복하기 위해 뇌물을 주는 것으로 비유되는 '바퀴에 윤활유를 치는' 것을 훨씬 넘어선다. 윤활유보다 더 적절한 비유는 부패한 자본가가 정치적 후견인들로부터 사업 계약을 횡재하는 것이므로 '바퀴를 고장 내는' 것이라고 할 수 있다.

보시라이의 경우에는, 거의 모든 뇌물을 쉬밍이라는 거물이 제공했다. 쉬밍은 중국판 미국의 도금 시대의 악덕 자본가다. 다롄 출신인 쉬밍은 중국이 시장 개방을 가속화하는 단계로 변모하는 시기인 1990년에 대학교를 졸업했다.(3장) 쉬밍은 당시 중국에 분명한 재산권이 확립되지 않은 점을 이용했다. 1992년 그는 다롄의 현縣정부 공무원을 설득해 그가 근무했던 국유 기업 자회사를 통해 스더민간유한회사를 설립했다. 1999년 스더의 모든 주식은 현縣정부에서 쉬밍, 쉬밍의 동생, 다른 2명의 동업자에게로 불가사의하게 이전되었다. 이것으로 쉬밍은 그 회사에 대한 지배권을 행사할 수 있었다.[51] 보시라이가 다롄에 왔을 때, 쉬밍은 즉시 새로운 리더와 그의 가족들의 환심을 샀으며 얼마 안 가 보시라이가 총애하는 동업자가 되었다.

쉬밍은 보시라이의 충실한 피후견인이었으며 그와의 결탁 덕분에 수익성이 좋은 사업 기회에 대한 접근을 향유했다. 또한 국유은행으로부터 거대한 대출을 받을 수 있었다. 다음은 《차이신》의 한 기사다.[52]

쉬밍의 첫 금덩어리는 다롄의 건설 프로젝트에서 나왔다. … 쉬밍의 언론 인터뷰에 의하면 그의 회사(스더)는 빅토리플라자(대형 오락 쇼핑몰)의 건설 수주를 따냈다. 쉬밍은 한 걸음 더 나아가, 빅토리플라자 건설 현장에서 파낸 흙과 모래를 싱하이만星海灣 매립과 싱하이 광장을 건설하는 데 쓸 수 있도록 정부에 요청했다. 일석이조인 셈이다. 쉬밍의 건설 공법은 혁신적이었고 덕분에 그는 3000만 위안을 벌었다. 쉬밍은 끊임없이 스더를 키웠고 건설 자재, 문화, 스포츠 산업, 금융, 부동산까지 확장해 결국에는 그의 회사를 스더그룹으로 성장시켰다.

보시라이가 정치적 사다리를 타고 위로 향했을 때, 쉬밍의 부는 보시라이의 승진과 함께 늘어났다. 싱하이 광장은 보시라이의 대표적인 프로젝트였다. 원래 거대한 쓰레기 매립지였던 싱하이를 전 세계에서 가장 큰 도시 광장으로 변모시켰는데, 넓이는 뉴욕의 타임스퀘어보다 더 넓다. 쉬밍은 싱하이 광장을 건설함으로써 수익도 올렸고 보시라이가 정치적 승리를 하는 데 일조했다. 2005년 쉬밍의 부는 정점에 도달했다. 《포브스》는 그를 중국에서 여덟 번째 부자로 지목했다.

그러나 쉬밍은 소위 말하는 '포브스의 저주', 《포브스》 명단에 오른 거물들은 결국 실패한다는 저주로부터 벗어날 수 없었다. 보시라이가 낙마했을 때 쉬밍은 그와 같이 구속되었고 형을 선고받았다. 그는 형기를 다 마치기 수개월 전 감옥에서 의문스러운 죽음을 맞이했다. 허웨이팡 베이징대학교 교수는 악덕 자본가의 삶을 12자의 중국어로 웨이보에 올렸다. "화려하게 살고, 기이하게 판결받고, 신비롭게 죽다."[53]

비슷하게 지젠예 시장은 자신의 지위를 이용해 20년 이상 결탁해 온 '친구들 집단circle of friends'에게 수익성 좋은 계약과 공사를 몰아주었다. 그들 중에는 쑤저우에서 가장 부유한 인물로 알려진 주신량 골든맨티스그룹 사장도 있었다. 쉬둥밍은 지젠예가 쿤산시에서 근무할 때 이전 부하 직원이자 골든맨티스그룹의 주주였다. 골든맨티스는 민간 소유 상장 회사였고 '패거리 집단' 내에서 지대를 생성해 내고 나누는 통로였다.

지젠예는 양저우시의 리더로 재직할 때 골든맨티스가 정부 물품을 조달할 수 있도록 했다. 이 회사가 2002년 양저우시에 첫발을 내디뎠을 때는 광고 회사였다. 지젠예가 임시 시장으로 발령 나자, 골든맨티스는 시의 버스 공익 광고 계약 10년 치를 따냈다. 중국 보도에 따르면 지젠예는 "친히 버스 회사 관계자를 접대했다"고 한다. 이는 지젠예가 누구에게 광고 계약이 갈 것인지 암시했음을 의미한다. 그러나 지젠예의 권력이 증가함에 따라 자잘한 계약들에서 손을 뗐고 입찰 형식도 거치지 않고 직접 골든맨티스에게 큰 건설 프로젝트를 일임했다. 물론 이것은 명백한 정부 조달 정책 위반이었다.[54] 2003년 골든맨티스는 증권 시장에 상장했다. 상장 이후 주가는 10배로 뛰었다. 주신량과 쉬둥밍은 지젠예와 '향기를 향유했다(쑤저우의 방언으로 전리품을 나누는 것을 의미한다).' 그들은 회사 지분의 0.2퍼센트를 시장 부인이 세운 페이퍼 회사에 보냈다.[55] 지분 가치는 990만 위안으로 그가 받은 현금 뇌물보다 훨씬 많다. 정치가들은 그들의 주식을 쉬둥밍, 그의 패거리, 금융 매니저들에게 맡겼다. 이렇게 맡겨진 주식은 시장에서 대출을 확대하는 데 쓰였고, 그 이자는 지젠예의 부인에게 지급되었다.

정리하자면 중국의 정치가들과 자본가들은 '상호 번영'의 관계를 공유했다. 지젠예의 사건에 대해 베이징 뉴스는 다음과 같이 묘사했다.[56]

기업인들은 지젠예의 정치적 경력 뒤를 '따라갔다.' 그들의 프로젝트는 양저우시에서 난징시까지 확대되었다. 그들이 따낸 모든 계약은 지젠예의 조종과 참가로 이루어졌다. 지젠예의 부인과 운전사는 특히 녹지화와 시가지 조성의 여러 건설 프로젝트를 따냈다. 양저우시에서 난징시까지 지젠예가 불도저식으로 밀어붙일 때 그의 정치적 자산 역시 증가했다.

그러나 기업가들이 자신들의 운명을 정치적 후견인들에게 맡겼을 때에는 위험이 뒤따르게 된다. 그들은 운명 공동체인 것이다. 시진핑의 반부패 운동은 전체 패거리를 나락으로 떨어뜨렸다.

인허가료는 뇌물인가 세금인가 투자인가

보시라이와 지젠예의 부패 유형이 경제에 가져오는 효과는 어떤 것인가? 인허가료는 자본주의의 스테로이드처럼 작용한다. 이것은 성장을 자극하지만 자원의 잘못된 배분에 의한 왜곡과 체계적인 위험을 키우고 불평등을 악화시킨다. 내가 한 정성적 분석은 인허가료의 형태를 띤 부패는 세금이 아니라 투자임을 보여 주었다. 이러한 분석은 전통적인 정치 경제학 문헌에서 자주 접하는 부패를 비즈니스에 대한 일종의 '세금'으로만 보는 관점을 수정할 것을 요구한다.[57] 분명히 보시라이와 지젠예에게 뇌물을 제공한 자본가들은 아주 좋은 계약을 따냈고 다음에 열거한 특혜를 얻었다.

- 대형 건설 계약: 쉬밍의 상하이 광장과 빅토리플라자 건설은 모두 보시라이의 개발 계획의 일부였고 그의 첫 노다지였다. 쉬밍은 이로부터 3000만 위안을 벌어들였고 이 자금은 이후 그의 비즈니스를 확장해 기업 집단이 되는 기초를 제공했다.[58]

- 독점적 특권: 지젠예가 양저우시 시장이었을 때 그가 후원했던 골든맨티스는 시의 주택, 호텔, 병원의 개보수 프로젝트를 독점했다.[59] 회사의 이윤은 단지 6년 만에 15배 성장했다.[60] 이로 인해 스더그룹은 중국에서 첫 번째 개보수 전문 상장 회사가 되었다.

- 대출에 대한 접근: 쉬밍이 축구 광팬인 보시라이의 환심을 사기 위해 다롄의 프로 축구팀을 인수했을 때 그는 중국건설은행으로부터 첫 번째 대규모 대출을 받았다. 쉬밍 회사에 대출된 금액은 이후에도 계속 늘어나 16억 위안에 달했다.[61]

- 토지에 대한 접근: 개발업체가 희소하고 수요가 많은 토지를 받기 위해서는 입찰에 참가해야만 한다. 지젠예는 난징시 시장으로서 더하오 회사가 당시에 나온 토지 6개 구획 중 2개 구획을 입찰받을 수 있도록 도왔다. 더하오 회사는 입찰 직전에 설립된 회사였다.[62]

- 규제 면제: 양저우에서 지젠예는 주타오샤오를 도왔다. 그는 거물 부동산 개발업자였으며 지젠예가 각종 허가 절차를 생략하고 토지 사용과 건설에 관련된 규제를 위반하는 것을 도와주었다. 심지어 그의 회사가 철거 작업을 할 때 시정부가 강제와 폭력을 동원하기까지 했다.[63]

분명히 부패 유형에서 인허가료가 지배적일 때 그것은 어떤 민간 회사를 부유하게 만들고 주식 시장 상장도 가능하게 하며《포브스》

선정 억만장자 반열에 오르게 할 수 있다. 건설과 투자를 고취시키며 이것들은 GDP 성장으로 기록된다.

그러나 이것들은 경제에 인허가료가 '좋은' 영향을 주는 것을 의미하지 않는다. 반대로 인허가료가 미치는 영향은 간접적이지만 매우 심각한 영향을 준다. 그런 부패는 부동산업에 과잉 투자를 일으키며, 부동산은 정치적으로 결탁한 집단에 어마어마한 횡재를 가져다주는 채널이 된다. 중국에서 모든 토지는 국가가 통제한다. 국가는 토지를 임대해 사용할 권리를 주지만 매각하지는 않는다. 베이징이 임대할 토지의 양을 제한하고 특정한 목적(농업, 산업, 상업)으로 지정한 토지 사용 용도를 지방 정부가 변경하는 것을 금지하더라도 지방 정부는 사적인 이익을 위해 토지 임대와 용도를 변경할 수 있는 다양한 방법을 찾아낼 수 있다.[64] 강력한 권한을 가진 관료는 개발업자를 도와 좋은 토지를 싼 가격에 임대할 수 있도록 한다. 개발업자는 이 토지를 비싼 부동산으로 개발하거나 다른 개발업자에게 비싼 가격에 되팔 수 있다. 따라서 부동산 개발은 중국에서 '슈퍼 지대暴利(폭리)'라고 불린다.

장기적이고 구조적인 위험은, 중국 투자자들이 생산적인 경제 활동을 포기하는 대신에 부동산 투자에 집중하게 되는 왜곡된 인센티브에 직면하게 된다는 사실이다.[65] 시장 개방 이후 제조업은 필수적인 상품과 서비스를 생산하여 대규모 고용을 창출하고 부를 창조하는 중국 '실물 경제real economy'의 핵심이었다. 그러나 임금이 오르고 미국과의 무역 마찰로 인해 제조업의 매력은 극적으로 감소했다. 부동산 개발로 투자가 급증하게 되면 경제는 투기적 버블과 과잉 건설에 노출되

부패한 중국은 왜 성장하는가

게 마련이다. 이것은 현재 중국 전역에 걸친 대규모 빈집 아파트에서 분명하게 볼 수 있다. 한 연구에 의하면 판매된 도시 주택의 22퍼센트가 비어 있다고 한다. 이는 5000만 주택에 해당한다.[66] 이런 상황은 《블룸버그》가 설명하는 것처럼 위험하다. "정책 당국자들에게 악몽의 시나리오는 부동산 시장에 문제가 생겨 집주인들이 사람이 살지 않는 주택을 팔려고 나서고 그러면서 가격이 급락하게 되는 경우다."[67] 또 다른 위험 요소는 치솟는 지방 정부의 부채다. 보시라이와 지젠예의 사례에서 드러난 것처럼 지방 정부의 부채는 인프라 프로젝트의 자금 원천이었다.

인허가료라는 연료를 공급받은 자본주의는 사회 내, 그리고 기업 내의 불평등(정치적 연줄의 유무에 따라)을 악화시킨다. 쉬밍이 국유은행으로부터 받은 엄청난 규모의 대출은, 은행으로부터 신용 대출이 거부되어 어쩔 수 없이 고금리의 '그림자 금융shadow banking'에서 자금을 융통할 수밖에 없었던 민간 회사와 극적인 대조를 이룬다.[68] 정실 관계자들은 그들의 경쟁자보다 정부 계약을 쉽게 따내고 경쟁에서 유리한 고지를 점한다. 부동산 과잉 투자가 이루어지고 부동산 가격이 보통 사람들은 구입할 수 없을 정도로 오른 사회는 〈달팽이 집蝸居〉 같은 TV 드라마 시리즈를 탄생시켰다. 이 드라마는 너무나 현실적이어서 검열 당국이 방송을 일부 금지했을 정도였다.[69] (옮긴이 주: 2009년 방영되어 그해 최고 인기를 구가했다. 주택에 대한 서민들의 갈망과 관리들의 부패를 동시에 보여 준 배우 현실적인 드라마다.) 최상위급 부자들은 고급 아파트를 먼저 잡아채고 이를 서민들에게 더 비싼 가격으로 되판다. 비극적인 결말은, 극소수의 소유자들은 소유한 아파트에 거주하지 않지만 아파트를 필요로 하는 대부분의 중국인들은 그 집을 구매할 능력이 없다는 사실이다.

마지막으로 꼭 하고 싶은 말은, 인허가료는 경제 개혁을 가로막고 자원 배분을 왜곡하는 강력한 기득권을 만들어 낸다는 것이다. 지방 정부는 민간이 거주할 주택에 대한 수요가 클수록 이로부터 거둘 수 있는 지대가 늘어나기 때문에 대중의 구매력에 걸맞은 주택을 제공할 유인이 거의 없다(보시라이가 충칭에서 저소득층을 위한 임대 주택 정책을 실행한 것은 예외였다. 그 당시 그의 야망은 대중적 지지를 얻어 베이징 정계에 진출하는 것이었기 때문이다). 톰 로스키Tom Rawski 는 "이러한 기업들은 여러 건설 프로젝트에 참여해 입찰 없이 계약을 따냈고, 관련 부문의 거래는 모든 리더들에게 사적 이익을 취할 수 있는 기회를 제공했다"고 설명한다.

앤드루 월더의 설명도 이와 비슷하다. 금융에서 전기, 원유까지 경제의 핵심 부문을 장악한 최고위 정치 엘리트들에게는 "최근 수십 년간 그들 가족에게 상당한 혜택을 가져온 현 상황을 유지하는 것이 엄청난 기득권으로 작용하기 때문에" 시진핑은 반부패 운동으로 그들을 해체하려고 할 수밖에 없었다.[70](자세한 것은 6장 참조)

결론적으로 부패가 경제 성장에 '좋은가' 또는 '나쁜가'의 단순한 이분법을 넘어서야 한다. 내 분석이 보여 주듯이, 어떤 형태의 부패는 어느 모로 보나 경제에 해악과 부담을 준다. 이러한 부패에는 도둑질과 급행료와 같은 부패가 있다. 인허가료는 성장을 촉진할 수 있음에도 불구하고 매우 심각한 부작용을 일으킬 수 있다. 이런 위험과 왜곡이 전체 중국 시민에 영향을 주지만 그 효과는 계산하기가 불가능하다.

부패한 중국은 왜 성장하는가

중국 정실 자본주의의 작동 방식

내 분석은 중국 정실 자본주의의 실질적인 작동 방식에 대한 기존 이해 방식을 바꿀 것을 요구한다. 페이는 이런 시스템을 "자본가가 정치인으로부터 값어치 있는 지대를 획득하는 것"으로 묘사한다. 이런 과정은 "중국 공산당의 몰락"으로 연결된다. 나는 페이가 본 정실 자본주의 문제점에 완벽히 동의한다. 그러한 문제점에는 "소수가 부를 축재하는 것과 높은 수준의 불평등성"이 있다.[71] 그러나 그의 묘사는 동전의 다른 한 면을 간과한다. 부패 관료가 종종 유능하고 개발을 촉진한다는 사실을 놓치는 것이다. 페이는 그토록 경제를 좀먹는 중국의 정실 자본주의가 40년간 경제 발전을 가져온 이유에 대해서는 완전한 침묵을 지킨다.

나는 내 연구에서 4가지 중요한 시사점을 강조했다. 첫째, 중국 정치인들은 부패했지만 그들은 경제 발전을 촉진하고 때로는 심지어 사회 복지를 제공한다. 보시라이와 지젠예의 사례로부터 우리는 가장 유능한 리더들이 성장을 촉진하는 전략을, 단지 불도저식으로 정책을 밀어붙이고 텅 빈 '유령 도시'만을 건설하는 데 그치지 않는다는 것을 알았다. 대신에 보시라이와 지젠예 모두 그들의 지역을 전략적으로 배치했고 브랜드화했다. 보시라이와 그의 부하 직원들은 효과적으로 '충칭 모델'을 브랜드화했으며 중국 중앙으로 진출하는 관문 역할을 하는 충칭의 이섬을 잘 살렸다. 지젠예는 양저우가 제조업 수출 영역에서 쿤산(그의 이전 재임 도시)과 경쟁할 수 없다는 것을 알고 있었다. 그래서 그는 양저우를 문화유산의 도시로 브랜드화했다. 이를 성취하기 위해 그는 도시를 가로질러 흐르는 역사 유물인 구원 운하古运河를 재정비했다. 운하 재정비로 관광객들과 고급 부동산 개발업체들을 끌어모을 수 있었다. 지젠예는 전직 신문사 편집자 출신답게 자신의 업적 홍보에 미디어를 동원하는 영민함을 보여 주었다. 양저우에서 그는 재정비된 운하 주위를 뛰는 마라톤 대회를 조직했고 이 대회는 TV에 생중계되었다. 그는 선전용 쇼를 통해 인상적인 풍경을 보여 주었고 지역 주민들의 지지를 얻었다.[72] 나중에 밝혀진 그의 스캔들에만 집중하는 것은 이러한 개발 전략의 중요성을 이해하기 어렵게 만든다.

둘째, 중국 정치인들이 성장을 고취할수록 그들 자신과 정실들에게 더 많은 지대를 생산해 낸다. 이것은 엘리트들의 이익 공유 시스템을 구성하는데, 일선 공무원들의 이익 공유와 유사하지만 다른 점을 지니고 있다.(4장) 일선 공무원의 이익 공유는 부가 혜택을 통해 이루어진다. 지젠예의 경우, 그는 지분 공유를 통해 골든맨티스와 이익을 공유했다. 양저우를 역사적 의미를 지닌 현대적 도시로 탈바꿈시킴으로써, 그는 단지 경제적 성장을 이룩한 것이 아니라 토지와 부동산의 가치를 올렸다. 이를 통해서 지대를 올렸는데 이러한 이익 공유 유형의 부패는 페이가 반복적으로 강조한 '갈취'와는 다르다. 중국에서 갈취는 때때로 발생하지만 지배적인 부패 형태는 아니다.(2장)

셋째, 정실주의는 개인적 치부를 위해서만이 아니라 야망을 가진 정치인이 성과를 내는 데에도 도움을 준다. 쉬밍이 보시라이와 맺은 관계가 그 사례다. 보시라이는 쉬밍을 총애했는데 단지 뇌물을(수많은 자본가가 줄 서서 뇌물을 주고 싶었지만) 주었기 때문이 아니다. 내 추측으로는 쉬밍이 유능했고 그가 원하는 결과를 내놓을 수 있다는 것을 증명했기 때문이다. 보시라이가 특히 애착을 가졌던 싱하이 광장과 빅토리플라자를 건설할 때 쉬밍은 한 공사 현장에서 버려진 모래를 다른 건설 현장에 사용했다. 《차이신》조차도 이러한 공법을 "혁신적"이라고 평가했을 정도다.[73] 정치 엘리트들에게 공식적 급여는 상상을 초월할 정도로 낮다.(4장) 부유한 정실들은 정치 엘리트들의 개인적인 부와 사치스러운 소비에 필요한 자금을 공급할 뿐 아니라, 정치 엘리트들이 개발 목표를 달성할 수 있도록 도와준다.[74] 이러한 목표 달성은 정치 엘리트들의 승진에 매우 필수적인 요소다. 정실 자본가들은 공공사업에 기부하고, 그들의 비즈니스 네트워크를 동원해 국가가 주도하는 사업에 참여하며, 정치인들이 중요하게 생각하는 프로젝트를 달성하도록 돕고, 도시의 실질 이미지와 리더의 개인적 성과를 개선한다. 이런 것들을 이해한다면, 대니얼 벨Daniel Bell이 중국 정치 시스템을 두고 '능력과 덕'에 기반한 관료 선출이라며 찬사를 보낸 것이 핵심적인 현실을 간과한 일임을 알 수 있다. 정치인은 정치적 후견인이나 기업가들의 도움 없이는 제대로 된 성과를 보여 주기 힘들다.[75]

넷째, 중국의 정실 자본주의는 경쟁적이다. 보시라이는 혁명 원로의 후손으로서 권력과 영향력 측면에서 예외적인 인물이다. 다른 지도자들은 자본가들을 정실 관계로 만들기 위해서 자신의 능력과 야망을 보여 주어야 한다. 자본가들은 약자나 실패자에게 자신의 운명을 믿고 싶지 않을 것이기 때문이다. 사례로 헝양시 당서기인 퉁밍첸이 있다.(5장 부록 참조) 퉁밍첸은 소심하고 지루한 사람이었는데 지역 언론들은 "심지어 향급 리더들도 그를 진지하게 생각하지 않았다"고 보도했다. 기업가들이 퉁밍첸에게 아첨을 한 것이 아니라 그의 사무실로 쳐들어가 답변을 요구한 일이 있을 정도였다.

지방 정부가 세금, 수수료 면제, 노동자 실습, 보조금 지급 등으로 투자자를 위한 '우대 정책'을 제공하는 것은 또 다른 형태의 경쟁을 보여 준다. 뇌물이 결부되어 있다는 점을 제외하면 중국의 이것은 미국의 주 정부가 기업들을 유치하기 위해 제시하는 인센티브와 유사하다.[76] 여러 지역이 기업들을 유치하기 위해 경쟁하듯이 중국의 지방 정부 역시 더 좋은 계약을 성사하기 위해 '극심한 경쟁'을 하게 된다. 한 중국 언론은 "기업은 투자 지역을 결정하기 전에 여러 지역을 방문한다. 그리고 한 지방 정부의 계약을 레버리지로 다른 지방 정부에서 더 좋은 조건을 얻기 위해" 노력한다.[77] 지방 정부의 우대 정책은 보통 지방 정부 홈페이지나 브로슈어, 투자 설명회에서 소개되곤 한다. 그러나 시진핑의 반부패 운동이 시작된 후 우대 정책은 지방 정부의 리더와 선택된 투자자들 사이의 특수 관계나 부패 연루로 인해 점차 터부시되었다. 한 관료는 "요즘은 '우대 정책'에 대한 언급조차 없다. 과거에는 이 용어를 사용할 수 있었지만 지금은 그럴 수 없다. 그런 용어를 사용하면 곤란해진다"[78]라고 인터뷰했다. 결론적으로 선거를 통한 경쟁은 없지만 중국 정치 엘리트들은 그들 자신을 위해, 그리고 경제 성장과 민간 기업 고객들을 위해 경쟁한다.

부패한 중국은 왜 성장하는가

결론: 부패와 성장의 관계는 이분법적이지 않다

중국의 정실 자본주의는 금융 위험과 첨예한 불평등을 동반한 인상적인 성장 이야기이다. 보시라이와 지젠예가 대표하는, 유능하면서도 부패한 관료들은 번영과 부패를 동시에 지닌 중국 모순의 배경에 있는 주인공들이다.[79] 그들을 자세히 살펴봄으로써 우리는 지나친 단순화를 피할 수 있다. 그리고 중국 정치 경제에 내재한 모순을 이해할 수 있다. 중요한 것은 성장을 고취하는 것과 뇌물이 단순히 병렬적으로 공존한 것이 아니라 서로에게 먹을거리를 제공했다는 사실이다.

부패를 연구하는 사람들에게는, 모든 부패가 투자와 성장을 저해한다는 단순한 믿음에 대해 의심을 가져 볼 좋은 기회다. 중국에서 인허가료는 정치적으로 결탁한 자본가들이 열정적으로 투자하고 건설하는 것을 고취했다. 동시에 정치가들이 그들의 발전 목표를 달성해 승진 사다리를 올라타게 했다. 이런 부패는 스테로이드처럼 기능하는 데 심각하지만 간접적인 해악을 끼친다. 인허가료가 경제에 미치는 효과는 연속적(선형적, 연간 평균 성장률을 낮추는)이기보다는 간헐적(쌓였다가 나중에 한꺼번에 터지는)이다.

시진핑 주석하의 지도부는 수십 년간 지속된 정실 자본주의의 문제를 해결해야 함을 뼈저리게 느끼고 있다. 시진핑 주석이 부패를 억제하고 중국식 진보 시대를 가져올 수 있을까? 그의 반부패 운동이 의도하지 않았던 새로운 문제를 가져올 것인가? 다음 장에서 이에 대해 살펴본다.

6장

시진핑의 반부패 운동과 중국의 미래

CHINA'S GILDED AGE

시진핑 주석이 권력을 차지한 후 부패와의 전쟁은 시진핑 행정부의 초석이 되었다. 그의 반부패 운동은 공산당 역사에서 가장 치열했다. 현재까지 150만 명의 관료가 문책을 당했다.[1] 부패를 몰아내겠다는 시진핑의 결심이 경제를 질식시킬 것인가? 이전 수십 년간 중국 관료들은 경제적 발전을 이루기 위해 모든 수단과 방법을 동원해 물불을 가리지 않고 앞으로 돌진했다. 지금 많은 사람들은 시진핑의 반부패 정책이, 5장에서 묘사한 것처럼 관료주의와 연결된 발전 지향적 리더들의 기업가적 모험 정신과 위험 감수 등을 억제할 것이라고 걱정한다.

시진핑의 반부패 운동이 향후에 걷게 될 경로를 간접적으로 유추할 수 있는 방법은 지방 정부 리더들의 몰락을 예측할 수 있는 요소를 살펴보는 것이다.[2] 중국 정계의 용어로 '낙마'는 부패 때문에 조사받는 것을 의미한다. 이 장에서는 5장의 개별적인 리더들을 분석한 것과 는 달리 시진핑의 부패와의 전쟁 이전인 2011년, 331개 시급 당서기 (시정부 최고위급 인사)들에 대한 통계적 분석에 집중한다. 이들 리더 집 단은 시진핑의 전에 없던 강력한 반부패 공격의 초점이었다.

인상적인 경제적 성과를 이룩하고 미디어에 자주 등장했던 지방 리더들에게 낙마 가능성이 더 있었을까? 그들을 후견하던 인물들이 낙마하면 어떻게 됐을까? 반부패 공격이 대규모 공습처럼 진행되어 많은 수의 관료가 예측 불가능하게 낙마했을까?

내 분석은 성과가 아니라 후견이 낙마 가능성을 잘 예측한다는 것 을 보여 준다.[3] 시급 리더들이 재임 기간 이룩한 성과는 부패 수사 노 출에 대한 방패막이 되지도 않는다. 그러나 후견인에게 문제가 생기 면 후견인의 보호를 받았던 피후견인들의 낙마 위험은 급격히 올라간 다. 후견을 제외한 낙마 가능성은 반부패 운동의 통시적 경향을 반영 한다. 반부패 운동은 2012년 이후 급격히 강화되었고 2014년 정점에 도달했다. 그리고 그 이후 점점 강도가 사그라들었다.

그렇지만 보통의 정책과 달리 시진핑의 반부패 운동은 감소하기는 했지만 중단되지는 않았다. 현재 중국 관료들은 강도 높은 감사 환경 하에 놓여 있다. 이런 환경은 일시적인 것이 아니라 '뉴 노멀'로 변모 했다. 시진핑의 반부패 운동이 뇌물을 넘어서서 이데올로기적인 통제 와 공산당 노선 관철로 확대됨에 따라, 관료 체제의 경직성은 한층 강 화되었다.

　　　　　　　　부패한 중국은 왜 성장하는가

시진핑의 반부패 운동이 특별한 5가지 이유

2012년 11월 15일, 시진핑은 공산당의 핵심 엘리트 그룹인 정치국상무위원회 앞에서 그의 첫 연설을 했다. 불길하게도 그는 당의 국가 지도자들 간의 극적인 대립이 보시라이를 축출하는 것으로 결정된 후에 정치적 데뷔를 했다. 보시라이는 충칭시 당서기였고 시진핑과 최고 지도자 자리를 놓고 경쟁했었다. 보시라이는 '당 규율을 엄중 위반'한 것으로 기소되었다. 시진핑은 대놓고 부패가 위기에 이를 정도로 만연했고 그대로 방치한다면 "당과 국가를 파멸로 이르게 할" 것이라고 경고했다.

반부패 운동은 진보 시대의 중국에서 새로운 것은 아니다. 시장 개방 이후 1982~1995년 사이에 다섯 번의 반부패 운동이 있었다. 시진핑의 반부패 운동은 여섯 번째였다.[4] 1995년까지 반부패 활동은 '대중 동원에 의한 운동' 방식의 성격을 띠었다.[5] 이후 당은 3장에서 설명한 것처럼 일회성 단속에서 체계적 역량 제고 정책으로 방향을 틀었다.[6]

시진핑의 운동은(〈그림 6-1〉) 이전의 운동과 5가지 주목할 점에서 달랐다. 첫째, 매우 장기적이며 현재도 진행 중이다. 매니언이 지적하듯이 보통 운동(캠페인)은 "폭발적이고 강렬한 집행" 방식으로 이루어진다. 극적이지만 짧고 강렬한 자원과 인력을 동원하기 때문에 제한된 시간 동안만 지속된다. 이는 마치 미국의 선거 캠페인과 비슷하다. 그러나 이번 반부패 운동은 이미 6년이 되었지만 중단될 기미는 보이지 않고 있다.(옮긴이 주: 2023년 현재 시진핑 주석은 3연임을 하고 있으며, 반부패 운동은 여전히 진행 중이다.) 오히려 이번 운동은 '캠페인이 아니며

중국의 뉴 노멀'이 되었다.[7]

둘째, 엄청난 수의 관료가 수사망에 걸려들었다. 최근 공식 통계에 의하면 2012~2017년 사이에 규율 당국은 대중으로부터 총 1200만 건의 제보와 보고를 받았으며, 270만 개의 단서를 토대로 150만 건을 조사했고 150만 명을 처벌했다. 이 가운데에 청급(시의 당서기급에 해당)이 8900명이었고 처급(현의 당서기급에 해당)은 6만 3000명이었다. 5만 8000명의 범법자에 대해서 형사 기소가 이루어졌다.[8] 150만 건의 처벌 강도는 당의 견책(경고와 질책)에서부터 당적 박탈, 좌천, 축출, 형사 처벌까지 있었다. 형사 처벌의 최고 수준은 사형이었다.[9] 2018년만 보면 50만 명이 넘는 당 간부가 부패로 처벌받았다. 여기에는 중앙조직부의 관료도 68명이 있었다. 중앙조직부는 공산당 산하 기관으로 최고위급 인사의 임명을 결정하는 곳이다.[10]

셋째, 시진핑은 지위가 높든 낮든(그의 유명한 표현에 의하면 '호랑이와 파리') 부패한 관료를 숙청할 것을 맹세했다. 숙청 대상에는 몇몇 '초거대 호랑이'가 포함되었다. 이들은 국가 수준의 최고위급 관료들이다.[11] 2015년에는 중앙기율검사위원회가 부부장급(옮긴이 주: 우리나라의 차관급에 해당.) 99명의 낙마 관료 명단을 공개했다. 이 명단에서 가장 고위급은 저우융캉이었다. 그는 2012년까지 중국의 최고 의사 결정 기관인 상무위원회 위원 9명 중 하나였으며 중국의 무시무시한 공안부 부장이었다. 다른 초거대 호랑이로는 후진타오 전임 주석의 비서였던 링지화, 중앙군사위원회 부주석이었던 궈보슝, 보시라이에 이어 충칭시 당서기였고 정치국 위원이었던 쑨정차이가 있다. 내 분석의 후반에 등장할 다수의 지방 지도자 역시 낙마를 면치 못했다.

부패한 중국은 왜 성장하는가

〈그림 6-1〉 저장에서의 반부패 선전 활동. 시진핑이 출연하는 비디오와 포스터들.

넷째, 반부패 운동은 당과 국가 기관을 넘어서 군부, 국유 기업, 금융 조직, 그리고 최근에는 국가 미디어와 대학교까지 확대되었다. 금융 영역에서는, 최근에 낙마한 화룽자산운용의 전 회장인 라이샤오민이 있다. 화롱자산운용은 1999년 부실 채권 처리를 위하여 국가에 의해 세워진 금융 기관이다. 《차이신》의 보도에 의하면 라이샤오민은 "집에서 발견된 3톤가량의 현금 다발과 그의 어머니 이름으로 개설된 3억 위안의 은행 계좌, 여러 성 상납 건" 혐의로 체포되었다.[12] 중국중앙TV_{CCTV}의 몇몇 프로듀서는 잘못을 저지른 기업들에 대한 보도를 안 하는 조건으로 뇌물을 받은 혐의로 조사를 받았다.[13] 중국의 고등교육 시스템 역시 부패로부터 자유롭지 않았다. 공금 유용, 홍보 조작, 뇌물, 학위 판매 등의 부패가 있었다. 최근 정부는 일련의 최고 대학교 경영진들을 체포했다.[14]

마지막으로 덧붙일 중요 사항은 최근의 반부패 운동은 여러 관료를 체포하는 것 외에 관료 체제의 규범을 똑바로 하는 데에도 목표를 두고 있다는 것이다. 시진핑 주석이 첫 연설을 하고 한 달 후, 당은 8가지 규제를 발표해 '사치스러움과 불량 공작 작풍'을 억제하도록 했다.(〈그림 6-2〉)

8가지 금지 항목은 회의 수 줄이기, 해외 방문 금지, 리더들의 '출판과 그들 이름으로 축하 편지 발송 금지' 등을 포함했다.[15] 이러한 규범을 새로 세우는 운동은 광범위한 조직적 재구성을 수반했고 2018년 여러 감찰 기구를 통합한 초대형 기구인 국가감찰위원회_{National Supervisory Commission, NSC}를 설립하면서 정점에 달했다.

시진핑은 뇌물과의 싸움을 완전히 새로운 수준에서 한 것이며 마오 시대 이후 가장 길고, 넓고, 깊은 반부패 운동을 진행한 것이다. 실제로 시진핑은 모순적인 정책 수단(지속적인 캠페인)을 발명한 것이다.

부패한 중국은 왜 성장하는가

〈그림 6-2〉 8가지 규제에 대한 포스터. 도박, 인터넷 서핑, 연회, 근무 중 음주 등을 금지하고
있다.

성과와 후견은 둘 모두 중국에서 정치적 경력을 형성한다.[16] 시진핑 시기 부패와의 전쟁에서 정치적 생존에 보다 중요한 것은 무엇인가?

경제적 성과와 대중적 인기

중국의 승진 시스템에서 경제적 성과를 참조한다는 것은 잘 알려진 사실이다. 특히 GDP 성장을 통해 세수가 증가한 성과가 중요하다.[17] 이것이 사실이라면, 높은 경제적 성과를 올린 관료일수록 덜 낙마할 것이라고 예상할 수 있다. 그들이 원하는 결과물을 주었고 이것은 당의 정통성에 맞게 복무한 것이기 때문이다.

그러나 성과는 또한 반대 방향으로 작동할 수도 있다. 5장에서 보았듯이 공격적으로 성장을 추구한 리더들은 더 많은 위험을 감수해야 했고 혁신적인 발전 전략과 정책에 대해 보다 많은 개인적 책임을 져야 했다. 활기찬 경제와 투자 활동은 대규모의 뇌물 수수 기회를 제공한다. 게다가 보시라이처럼 야심 찬 지도자들은 성장을 가져올 뿐 아니라 미디어의 주목을 사려고 한다. 대중의 높은 관심을 갖는 것은 원하지 않는 주목을 끌거나 적을 만들어 정치인의 낙마를 가속화할 수 있다.[18]

성과에 관한 나의 통계적 분석은 2가지 질문을 조사할 것이다.

- 높은 경제적 성과를 이룬 리더들이 보다 더 낙마하는 경향이 있는가?
- 높은 미디어 노출을 보이는 리더들이 보다 더 낙마하는 경향이 있는가?

정치적 후견인의 위세

두 번째 중요한 요소는 후견이다. 이원적인 후견-피후견 관계, 또는 '파벌주의'는 중국 엘리트 정치의 오래된 특징이다.[19] 앤드루 네이선Andrew Nathan이 서술하듯이 "현존하는 조직의 위계질서와 전통적으로 확립된 소통과 권위의 흐름은 일종의 복잡한 구조물을 제공한다. 이 구조물 위에서 각 분파들은 자기의 비공식적이고 개인적인 충성과 관계를 확장할 수 있게 된다."[20] 초거대 호랑이들은 광범위하고 다층적인 제자, 후배, 동료들을 배양한다. 위계질서를 통해 지대를 생성하고 공유하기 위해 결탁한다. 초거대 호랑이가 쓰러지면 그의 패거리도 함께 몰락한다.

많은 분석가가 현재의 반부패 운동은 시진핑 주석이 정적을 숙청하고 충성파로 대체하기 위한 것뿐이라고 믿는다. 예를 들어 호주의 전 정치인인 케빈 러드는 반부패 캠페인을 "정치 투쟁에서 마스터 클래스"라고 표현했다.[21] 중국 전문가인 무룽쉐춘은 《뉴욕타임스》에 실린 칼럼을 통해 시진핑의 캠페인을 "스탈린주의 숙청"이라 불렀다.[22] 이러한 주장은 통계적으로 조사를 받아야만 하고 조사가 가능해야 한다.

만약 반부패 운동이 단순한 '정치 투쟁'이거나 '숙청'에 불과하다면 시정부급 지도자들의 후견인의 정치적 위치가 상당히 중요함을 의미한다. 나는 후견인을, 시 당서기를 임명하는 어느 특정 지방 성정부의 당서기로 정의한다(보나 사세한 내용은 6장 부록 참조). 특히 만약 시를 책임지는 지도자의 후견인이 18기(2012~2017년) 중앙정치국 위원이라면, 우리는 그의 피후견인들이 보호받을 것이라 예상할 수 있다. 그러나 정치국위원회 위원이 낙마하면 모두 또는 다수의 그가 임명한 시급 지도자들이 함께 몰락할 것이라고 예상할 수 있다.(팁 박스 참조) 18기 정치국위원회 위원 중 유일하게 낙마한 관료는 쑨정차이였고 그는 2017년 뇌물과 시진핑을 전복하려는 유언비어 유포죄로 수사를 받았다.[23]

요약하자면, 내 분석은 후견 제도에 관한 3가지 질문을 조사할 것이다.

- 시급 지도자들의 성정부급 후견인이 낙마하면 시급 지도자들도 몰락할 가능성이 높은가?
- 시급 지도자들의 후견인이 정치국위원회나 정치국상무위원회의 위원이라면 낙마로부터 안전한가?
- 쑨정차이의 낙마가 그의 피후견인들의 낙마 가능성을 높였는가?

단속을 피하는 타이밍

또 다른 중요한 요소는 타이밍이다. 중국 정치 시스템의 독특한 특징은 정책 시행이 캠페인 방식으로 진행된다는 점이다. 이것은 과거 공산당의 혁명 전통에서 유래한다. 엘리자베스 페리Elizabeth Perry의 표현에 의하면 이런 방식의 정책 시행은 본질적으로 "발작성"의 특징을 가진다.[24] 규칙에 기반한 기술 관료제의 일상적인 정책 시행과 달리 캠페인은 대중 동원이 필요하다. 대중 동원은 최고 지도자가 전체 관료 집단과 심지어는 전체 사회에 특별한 목표를 제시하고 자원의 배분을 지시한다. 대중 동원의 이점은 한 공무원의 이야기처럼 "우리는 일을

팁 박스: 정치국상무위원회와 시진핑의 종신 집권

정치국상무위원회는 중국을 통치하는 가장 강력한 국가급 지도자들의 위원회다. 5년에 한 번씩 당의 지도부는 7~9명의 위원을 임명하며 이들은 집단 지도 체제를 구성한다. 18기 정치국상무위원회는 시진핑, 리커창(총리), 장더장, 위정성, 류원산, 왕치산(반부패 운동 지휘), 장가오리였다. 이 위원회에서 최고 지위는 당의 총서기이며 국가 주석이기도 한 시진핑이다.

정치국상무위원회는 15~25명으로 구성된 정치국위원회의 일부이며 '당 지휘부'라고도 불린다.[25] 정치국위원회의 위원들은 동시에 다른 지위를 점하는데 부장(우리나라의 장관), 지방 정부 당서기, 군부 사령관 등이 있다. 그들은 정기적으로 만나서 국가 정책을 결정한다.

이론적으로 2000여 명의 전국인민대표대회(중국의 입법 기관) 대표자들은 중앙 위원을(대략 200명 정도) 선출하고, 중앙 위원은 정치국 위원을 선출한다. 마지막으로 정치국 위원은 정치국상무위원회를 선출한다. 그러나 현실에서는 케네스 리버설 Kenneth Lieberthal이 관측하듯이 "그 반대가 사실에 가깝다. 가장 작은 수의 위원회가 가장 중요한 구조다."

마오의 죽음 이후 덩샤오핑이 권력을 잡자 그는 최고 권력 기구인 정치국상무위원회에서 집단 지도 체제를 제도화했다. 유일한 지도자가 권력을 남용하는 것을 막기 위해 그는 1982년 공산당의 주석직과 부주석직을 폐지했다.[26] 오늘날 많은 사람들은 시진핑이 개인 권력을 다시 집중하려는 것에 대해 우려를 표한다. 그래서 2017년, 헌법에 의한 재임 기간 만료를 종신 집권으로 대체하려는 움직임을 염려한다.[27] (옮긴이 주: 이러한 우려는 2022년에 현실이 되었다.)

신속하게 처리할 수 있다. 특히 큰일일수록"[28]에 있다. 그러나 극단적인 노력의 집중이 필요하기 때문에 보통 캠페인 방식은 짧고 과열된 정점에 도달한 후 바로 소멸되는 특징을 가진다. 공직에서의 제외 가능성은 단순히 캠페인이 가지는 특성을 반영할 수도 있다. 성과와 후견 외에 시간에 따른 경향의 효과를 조사하기 위해 나는 사건역사분석Event History Analysis, EHA을 했다.(옮긴이 주: 어떤 사건[여기서는 공직자의 낙마]의 발생과 타이밍에 대한 회귀 분석을 사건역사분석이라고 한다.)

시 당서기 331명의 운명을 가르는 것

이 분석을 위해 나는 반부패 운동 기간 동안 지방 정부 단위에서 관료들의 정치적 결과들을 조사했다. 이 집단에는 331명의 관료가 있으며 그들은 2011년 시 당서기들이다. 여기서 지방성급 도시인 베이징, 상하이, 텐진, 충칭은 제외했다. 당서기는 모든 수준의 정부 기관에서 최고위급 관료다. 그들은 임명 같은 정치 영역에서 최고 권위를 행사할 뿐 아니라 경제적, 사회적 정책에서 최종 결정 권한을 가진다. 내 자료들은 이런 관료들이 승진하거나, 다른 곳으로 발령 나거나, 부패 혐의로 수사를 받는 것들을 추적해서 2012~2017년의 패널 데이터Panel data를 만들었다.(옮긴이 주: 패널 데이터는 예를 들면 '시 당서기들'의 '연도별 낙마'처럼 어느 한 해[시점]의 낙마한 사람에 관한 데이터와 낙마에 대한 시계열 데이터를 함께 모은 것이다.)

　시급 수준에서의 분석은 반부패 운동이 주민들의 생활에 직접적인 영향을 주어 지방 정부 통치와 발전에 미치는 영향을 보여 준다. 중국의 5단계 위계질서(중앙, 성, 시, 현, 향촌)에서 시는 성 수준 바로 밑에 위치한다. 한 도시의 지도자는 다양한 수준의 정부 역할에 대해 다음과 같이 설명한다.[29]

> 시급 당서기가 하는 일은 거시적이고 미시적이며 추상적이고 구체적이다. 가장 낮은 수준인 향촌의 리더들은 문제 해결을 위한 권한이 많지 않다. 그러나 시급 지도자는 거시적인 계획을 세울 수 있는 권한이 있다. 성급은 보다 더 거시적이다. 중앙 정부는 완전히 거시적이다. 전체 나라의 전략적 방향을 설정한다. 정책의 구체적 시행은 대체로 현급 수준에서 일어난다.

이 인용이 암시하듯이 지방의 발전을 조사하기 위해 처음으로 분석할 곳은 시급 수준이다. 시 수준의 분석은 현이나 향촌 수준의 분석을 위한 기초를 이룬다.

특히 나는 2011년에 재직한 331명 시 당서기에 집중해서 분석했다. 왜냐하면 그들이 2012년 이후 시진핑의 부패 단속 운동을 겪었기 때문이다. 현재의 반부패 운동은 당에 의해 수행된 것 중 가장 강력한 캠페인이며 331명의 시 당서기들은 중국 개혁 역사에서 가장 스트레스를 많이 받은 집단일 것이다.

6장 부록의 〈표 A6-1〉과 〈표 A6-2〉는 내 연구의 변수를 요약한 것이다. 종속 변수(고고자 하는 설괏값)는 관료의 '낙마'다. 여기서 낙마는 비리 의혹으로 인해 어떤 조사가 시작된 것으로 정의한다(여러 해가 지나야 알 수 있는 유죄 확정보다는 비리 의혹). 혐의에 대한 유죄 선고 유무와 상관없이 조사만으로도 경력은 끝장난다. 이런 변수는 미디어의 기사나 중앙기율검사위원회의 홈페이지에 실린 공식 보고서를 토대로 만들었다.

다층적 성과 측정

나는 시 당서기의 성과를 도시가 성 전체에서 차지하는 GDP 비중의 성장률로 측정했다. 시기는 2011년 말~2012년 말을 기준으로 했다(이 회귀 분석에서, 나는 다른 방식으로 경제 성과를 측정한 값을 포함했다. GDP의 연 성장률, 1인당 세수 등의 변수를 사용했다. 그러나 마지막 분석에서는 이 변수를 생략했다. 그 이유는 경제 성과를 다른 방식으로 측정하더라도 결과가 바뀌지 않았기 때문이다). 나는 일반적인 GDP 성장률보다 성 전체 GDP에서 차지하는 비중의 성장률이 경제 성과를 더 잘 대표한다고 믿는다. 더 높은 상급 관료들의 관점에서 하는 평가는 평가 대상들의 동료 그룹에 대한 비교를 통해 이루어질 가능성이 높다. 즉, 시의 경제 성장률의 절댓값 자체보다 성 전체의 GDP에서 차지하는 비중의 성장률 고저가 중요하게 된다.[30] 나는 2011년의 미디어 언급 역시 포함했다.[31] 중국 중앙지나 지방지에 등장하는 언급 횟수를 성 내의 신문사 수로 나눈 값을, 미디어 언급을 나타내는 변수로 사용했다.

이런 방식으로 성과를 측정하는 것은 당연히 완벽하지 않다. 5장에서 한 사례 연구가 보여 주듯이 매우 유능한 리더의 성과는 경제적 성과를 포함하면서도 그 이상을 넘어선다. 보시라이나 지젠예 같은 발전 지향적 리더들은 공공재, 인프라, 복지 서비스 등을 제공함으로써 사회적 발전에 중점을 두었다. 그러나 모든 사회적 영역에 관련된 지표를 포함하기보다는 경제적 성과에 집중할 것이다. 경제적 성과가 여전히 모든 지도자들에게 가장 중요한 것이기 때문이다. 또한 나는 미디어 언급을 대중적 유명세와 뉴스거리가 될 만한 사회적 결과를 측정하는 대용물로 사용했다.

후견인의 위세 측정

후견의 효과를 측정하기 위해 나는 후견에 대해 기존의 문헌보다 좀 더 엄격한 정의를 사용했다. 전형적으로 후견은 정부 내에서 피후견인(여기서는 시급 지도자들)보다 한 수준 높은 리더들과 얼마나 가까운지 그 관련 정도로 측정한다. 후견 관계에 있는 사람들의 관련성은 같은 성이나 향 출신, 같은 대학 출신, 같은 단위에서 일한 경험 등에 의해 결정된다.[32] 이러한 느슨한 정의는 회귀 분석에 필요한 다양한 변수를 만들어 내지만 후견을 정확하게 특정해 내는 데는 실패한다. 예를 들어 고위 관료가 여러 하급 관료들과 같은 향촌 출신일 때 그들은 모두 후견-피후견 관계를 맺는 것으로 해석될 수 있다. 어떤 하급 관료들은 실제로 고위 관료에 의존하지 않는 경우도 있다.

권위주의적 체제에서 권력이란 선호하는 후보나 제자를 더 낮은 수준의 자리에 임명할 수 있는 능력이다. 이것이 후견의 정의다. 당서기는 임명을 통제한다.[33] 이러한 중국식 정치 시스템에서 나는 '후견인'을 성 당서기로 정의한다. 이때 성 당서기는 시 당서기가 해당 시로 임명됐을 때 현직에 있었던 성 당서기를 의미한다. 성 당서기가 시 당서기를 개인적으로 선택하지 않더라도 그는 적어도 임명을 거부하지 않은 것이다. 예를 들어 천촨핑은 2011년 산시성 타이위안 시의 당서기였다. 그는 2010년 타이위안 시에 임명받았다. 그때 위안춘칭은 샨시성의 성 당서기였다. 내 자료에서 위안춘칭은 천촨핑의 후견인으로 분류된다. 2012년 이후 84퍼센트의 시급 지도자들은 다른 지역으로 발령 났고, 2012~2017년 동안 한 명 이상의 후견인을 가진 것으로 분류될 수 있다. 시급 지도자들의 후견인 중 한 명 이상이 낙마하면 '후견인 낙마'라는 변수는 1로 나타낸다.

후견인 낙마 변수 외에 나는 시급 지도자가 18기 정치국상무위원회나 정치국위원회 위원이 임명했는지, 또는 쑨정차이의(그는 2017년 낙마했다) 피후견인이었는지를 구분해서 나타냈다. 이러한 측정 방식은 후견인의 국가적, 정치적 상태가 그들 피후견인의 정치적 생존 가능성에 영향을 주는가를 알 수 있도록 한다.

또 다른 변수들

또 나는 각 도시의 2011년 1인당 GDP를 경제적 부를 측정하는 변수로 사용했다. 제도의 질적 수준을 나타내기 위해 국가경제연구소 the National Economic Research Institute, NERI 시장화 지표를 사용해서 성정부 수준의 지표를 만들었다.[34] 내 분석은 NERI 지표 중 '국가-시장 관계'와 '법에 의한 통치' 지표를 사용했다. 이 2가지는 부패와 가장 연관이 깊기 때문이다. 나는 국가-시장의 관계가 건전하고 법에 의한 통치 원리가 강하게 작동하는 성에서는 시정부의 리더들과 작은 부패가 수사를 받을 가능성도 낮을 것으로 예상한다.

나는 또한 시 지도자들의 다양한 특징을 변수화했다. 이러한 특징으로 그들이 같은 지역 출신인지 여부(전체 경력 기간 동안 같은 성에서 근

부패한 중국은 왜 성장하는가

무 포함)가 있다. 여기에 성, 민족, 나이, 공산당 입당 나이 등을 덧붙였다. 마지막으로 나는 시급 리더가 2012~2017년 사이에 발령됐는지를 변수화했다. 이런 변수들은 마지막 회귀 분석에서 빠졌는데 결과에 영향을 주지 못했기 때문이다.

누가 낙마하고 누가 무사할 것인가

반부패 캠페인에 대한 강도 높은 미디어의 보도에도 불구하고 부성급(옮긴이 주: 부성급sub-provincial level, 副省級은 지방 행정 단위의 최고 수준인 성의 산하 시를 말한다.) 수준의 지도자들의 정치적 몰락과 생존에 관한 패턴은 알기 어렵기 때문에 331명의 시 당서기 집단을 묘사하는 것이 이들의 운명에 대한 이해를 도와준다. 첫 번째 눈에 띄는 특징은 낙마자의 수가 〈그림 6-3〉처럼 역전된 V자 형태라는 것이다. 낙마자 수는 2012년에 2명이었으나 2014년에 18명으로 가파르게 증가했고 이후에는 감소했다. 2017년에는 8개 시의 당서기가 낙마했고 그 수는 2012년, 2013년보다 많았다. 2017년에는 총 54명의 관료가 낙마했으며 이 집단의 16퍼센트에 해당한다. 이 집단 자체의 규모가 감소하는 것을 감안하여 〈그림 6-3〉의 오른쪽에 위험률을 시각화했다. 여기서는 특정 연도의 집단 내에서 낙마자 수를 사용해 우도 측정an estimation of the likelihood을 보여 주었다.(옮긴이 주: 우도 측정은 통계학 용어로 여기서는 낙마율 측정을 의미한다.) 단순한 낙마자 수를 본 것과 마찬가지로 위험률hazard rate은(옮긴이 주: 위험률은 통계학 용어로 여기서는 시 당서기들의 낙마율을 의미한

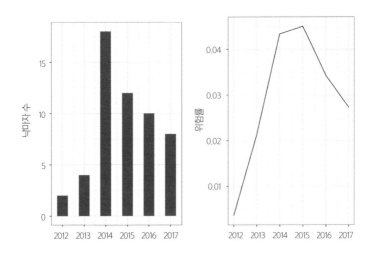

〈그림 6-3〉시 당서기의 낙마는 파동 형태의 위험률을 보여 준다.

다.) 2012년부터 2014년까지 가파르게 증가하다가 2015년 정점에 도달했고 그 이후 감소했다. 달리 말하면 반부패 운동은 약화됐지만 끝나지는 않았다고 할 수 있다.

두 번째 특징은 시 당서기의 높은 교체율이다.(〈표 6-1〉) 이전 연구에서 발견한 평균 재임 기간이 갈수록 짧아지는 것과 일치한다.[35] 중국 헌법에서 지방 당서기와 행정부 수장의 임기는 5년이고 최대 연임이 가능하다.[36] 그러나 관행적으로 지방 리더들은 한 기관에서 5년을 초과해서 근무하는 경우가 거의 없다. 331명의 당서기 집단 중 2017년까지 단지 6명이(2퍼센트) 그들의 원래 기관에 '온전히' 머물러 근무했다. 이들 6명은 다른 곳으로 발령을 받지도 않았고 수사받지도 않았다.[37] 6년 동안 279명(84퍼센트)이 다른 지역이나 직위로 발령받았다. 그중 54명(14퍼센트)은 낙마했다. 시진핑의 반부패 운동의 강도는

부패한 중국은 왜 성장하는가

	발령=1		발령=0			
연도	낙마	비낙마	낙마	비낙마	누적낙마	누적발령
2012	1	72	1	257	2	73
2013	3	201	1	124	6	204
2014	9	211	9	96	24	220
2015	10	242	2	53	36	252
2016	8	266	2	19	46	274
2017	9	271	0	6	54	279

〈표 6-1〉 시 당서기들의 높은 교체율.

부성급 리더들에게 불안정하고 강압적인 환경을 제공했다.

셋째, 낙마의 지리적 특성이 주목을 끈다.(〈표 6-2〉)[38] 낙마자 수가 가장 많았던 곳은 중부 지역이었다.(20명) 광산 지역인 산시성은 2012년부터 2017년까지 6명의 시 당서기가 낙마해서 성 가운데 가장 낙마자 수가 많았다. 두 번째로 많은 곳은 서부 지역이다. 전부 15명이 낙마했고 그다음은 북동부의 12명, 그리고 가장 발전한 연안 지역은 7명이 낙마했다. 장쑤성은 연안 지역에서 가장 많은 3명이 낙마했다. 2011년의 시급 리더들은 덜 발전한 지역에서 낙마하는 경향이 높았다. 특히 광산 지역과 사양화된 중공업 지역의 낙마율이 높았다.

마지막으로 낙마자들의 개인적인 특성을 보자. 낙마한 54명의 시 당서기 중에서 52명이 남성이었다. 또 52명이 한족이었으며 나이는 2011년에 46~59세였다. 47명은 그 지역 출신이었고 40명은 2011년부터 낙마할 시점 사이에 발령받았다. 2명은 정치국상무위원회 후견

지역	지역 전체 낙마자 수	성	성내 낙마자 수 (2012~2017)
동부/연안	7	장쑤	3
		저장	1
		광둥	1
		샨둥	1
중부	20	샨시	6
		안후이	3
		쟝시	2
		허난	3
		후베이	2
		후난	4
서부	15	닝샤	1
		깐수	2
		샨시	1
		내몽고	2
		광시	2
		쓰촨	4
		구이조우	1
		윈난	2
북동부	12	헤이룽쟝	5
		랴오닝	4
		지린	3

〈표 6-2〉 낙마자들의 지역과 성에 따른 지리적 분포.

부패한 중국은 왜 성장하는가

인이 있었다. 14명은 정치국위원회 후견인이 있었다. 낙마자 중 20퍼센트는 후견인의 낙마가 있었다. 낙마하지 않은 관료 277명 중 14퍼센트는 후견인의 낙마가 있었다. 낙마자 그룹에서 그들이 속한 시의 성정부 GDP 대비 비중은 0.86퍼센트의 중앙값을 가졌다. 미디어 노출의 중앙값은 9.98퍼센트였다. 낙마하지 않은 그룹은 각각 1.22퍼센트와 9.13퍼센트였다. 주목할 만한 것은 54명의 낙마자 중 22명(40퍼센트)이 낙마한 해 또는 바로 전해에 승진했다는 사실이다. 이것은 5장에서 내가 확인한 것을 다시 반복해서 들려준다. 중국 정치 시스템에서 유능함과 부패는 공존한다는 사실 말이다.

이러한 기술 통계 방식은 낙마한 리더들의 특성에 대한 대략적인 윤곽을 알려 주지만, 어떤 특징이 낙마를 설명하는 주요 요인인지에 대해서는 알려 주지 않는다. 기술 통계 방식은 시간의 효과 역시 설명해 내지 못한다. 따라서 다음으로 통계적 분석을 진행할 것이다.

사건역사분석으로 살펴본 낙마 가능성

사건역사분석EHA은 어느 특정 사건이 특정한 시점에 발생할 확률, 또는 위험률Hazard rates을 추정하는 동적 모델을 사용한 분석 기법이다. 내 연구에서 사건은 '낙마'에 해당한다. 낙마는 당서기가 부패 혐의로 조사받는 것을 의미한다. 위험률은 직접적으로 관측할 수는 없다. 위험률은 회귀 분석의 결과로 추정된다. 관측되는 것은 '낙마'를 나타내는 이진 변수이고 낙마하면 1, 낙마하지 않으면 0의 값을 할당한다.

EHA는 시간에 따른 위험률을 비교할 수 있게 한다. 또 EHA는 동적 특성 때문에 사회학, 역사 제도학에서 통시적으로 변하는 계급 이동, 이민, 조직 설립, 정책 변화 등의 현상을 연구할 때 많이 쓰인다.[39]

그러나 아직도 중국을 분석할 때 많은 분석이 경력 패턴, 승진, 부패 수사 등의 연구에 EHA 모델을 사용하지 않고 있다. 그 대신 표준적인 로지스틱logistic 회귀 분석을 사용한다. 로지스틱 회귀 분석에서는 "변수의 시간 의존성은 통계적으로 성가신 것으로 취급된다. 따라서 시간 의존성은 무언가 매우 중요한 것이 아니라 '통제되어야' 한다"고 본다.[40] 그러나 진화하는 반부패 운동을 살펴보려면 시간의 효과를 심각하게 고려해야만 한다.

보다 구체적으로 내 분석은 EHA의 변형인 이산 위험률 모델을 사용했다. 콕스비례위험모형이 통시적 분석에서는 가장 많이 쓰이지만 콕스비례위험모형은 변수의 연속성이나 연속성에 준하는 것을 필요로 한다. 예를 들어 부패 조사 발생이 시간 단위 또는 하루 단위로 있어야 한다. 따라서 콕스비례위험모형은 내 분석과는 부합하지 않는다. 내 연구에서 종속 변수와 관련된 공변량들은 1인당 관측 기간의 총합으로 구성된다. 따라서 1년 중 어느 시점에 시급 당서기가 부패로 조사를 받았는가는 내 연구와 관련이 적다. 이산 시간 모형은 또한 시간에 따라 변하는 공변량을 다루기 쉽게 하고 비례위험모형의 가정을 따르지 않는 변수들의 관계식을 검증할 수 있게 한다.

데이비드 카터David Carter 와 커티스 시뇨리노Curtis Signorino 를 따라 나는 시간 의존성을 시간 더미 변수보다는 스플라인 곡선을(시간, 시간², 시간³) 사용해 분석했다. 스플라인 곡선이 시간 의존성을 '훨씬 쉽게 재현해 내고 해석할 수 있기 때문이다.'[41] 스플라인 곡선을 사용하면 위험을 시각화하고 해석할 수 있다. 나는 내 논의를 로지스틱 회귀 분석을 살펴보는 것에서부터 시작하고자 한다. 〈표 6-3〉에서 모형 2~5는 곡선을 도입했고 모형 4는 성급 수준에서 고정 효과를 도입했다.

〈표 6-3〉의 5개 모형에서 오직 '후견인의 낙마'가 시 당서기의 낙마에 가장 중요하고 통계적으로 유의한 추정치를 가진다. 경제 변수, 국가경제연구소NERI 지표, 후견인의 특성, 통시적 효과를 추가해도 여전히 강한 통계치를 보여 준다. 경제 성과(성정부 GDP 비중의 성장률)와 미디어 언급은 통계적으로 유의한 효과를 보여 주지 못한다. 이는 경제적으로 성과가 좋은 리더들이 반부패 운동 동안 낙마할 가능성에 영향을 주지 못한다는 것을 의미한다. 도시의 부유함 정도는 시 당서기의 낙마 가능성에 대한 예측력이 없다.

NERI 지표가 통계적으로 유의하지 않다는 결과는 주의할 필요가 있다. 아마도 부패를 연구할 때 가장 어려운 것은 어느 관료에 대한 수사가 진행 중이더라도 우리는 그 관료가 실제로 부패한지 알 수 없다는 것이다. 체포된 이가 가장 부패한 사람이 아닐 가능성도 있다. 또는 정말로 부패한 사람이 체포되지 않았을 가능성도 있다. 그러나 우리는 법치주의가 강하게 적용되는 작은 정부와, 정부의 간섭이 적은 곳에서는 부패가 덜할 것이라는 합리적 추측을 할 수 있다.[42] 2가지 NERI 지수가(정부 시장 관계와 법치주의) 통계적으로 유의하지 않다는 긴씨는 실세 부패의 반번함이 낙마 가능성에 영향을 많이 주지 못함을 의미한다.

후견인을 보면 〈그림 6-4〉는 〈표 6-3〉의 모형 5에 기반한 위험률을

	종속 변수: 낙마				
	(1)	(2)	(3)	(4)	(5)
후견인 낙마	1.144***	1.079***	0.815**	3.368***	0.982**
	(0.374)	(0.401)	(0.404)	(1.071)	(0.389)
성정부 GDP 대비 비중의 성장(2012)	2.968	3.210	3.177	6.301	3.037
	(4.202)	(4.210)	(4.108)	(4.859)	(4.209)
미디어 언급(2011)	0.003	0.002	0.000	0.005	0.002
	(0.016)	(0.017)	(0.017)	(0.023)	(0.016)
시의 1인당 GDP(2011)	0.000	0.000	0.000	0.000	0.000
	(0.000)	(0.000)	(0.000)	(0.000)	(0.000)
NERI 정부와 시장 관계(2012)		−0.020			
		(0.135)			
NERI 법치주의 (2012)		0.154	3		
		(0.105)			
후견인: 18기 정치국위원회			−0.543		
			(0.377)		
후견인: 18기 정치 국상무위원회			0.123		
			(0.750)		
후견인: 쑨정차이			0.795		
			(0.805)		
시간, 시간², 시간³		√	√	√	√
성정부 고정 효과				√	
관측 수	1,586	1,586	1,586	1,586	1,586
로그 우도	−211.018	−203.869	−203.346	−181.280	−204.621
아카이케 정보 준칙	432.036	426.138	428.693	420.559	425.241

〈표 6-3〉시 당서기의 낙마를 결정하는 요소들. (참고: * p 〈 0.1; ** p 〈 0.05; *** p 〈 0.01)

나타낸 것이다. 후견인의 효과는 90퍼센트 유의 수준에서 통계적으로 유의했다. 왼쪽 그림은 후견인이 낙마하지 않은 시 리더들의 위험률이다. 오른쪽 그림은 후견인이 낙마한 경우다. 결과는 '후견인의 낙

부패한 중국은 왜 성장하는가

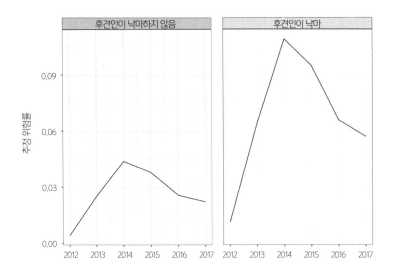

〈그림 6-4〉 후견인의 낙마가 시급 리더의 낙마에 미치는 영향.

마'의 강력한 효과가 캠페인 방식의 강력한 법 집행과 교차함을 의미한다. 두 그룹 모두 파형의 패턴을 가졌다. 위험률은 2014년에 정점에 도달했고 그 이후 감소했다. 2017년에는 2012년보다 높은 수준에서 안정화되었다. 차이점은 후견인이 낙마한 시 지도자들은 그렇지 않은 시 지도자들보다 낙마할 가능성이 높았다. 2012년에 후견인이 낙마한 그룹은 위험률이 조금 높았지만, 2013년에는 둘의 차이가 2배 이상 증가했다. 이러한 큰 차이는 2017년까지 지속되었다.

'후견인의 낙마'가 성급 수준의 독특한 사정을 반영할 수 있다. 예를 들면 앞서 기업 통계에서 보았듯이 광산이나 중공업에 크게 의존하는 성들에서는 보다 많은 낙마자가 있었다. 그러나 실제 분석을 해 보면 아닌 것으로 드러났다. 성에 독특한 고정 효과를 더해 보면(모형 4), '후견인의 낙마'가 가지는 효과에 상당한 증가가 있었지만 통계적 유의성은 감소하지 않는다.(옮긴이 주: 새로운 변수[성에 독특한 특성]를 추가했는데 기존의 변수['후견인의 낙마']가 가지는 효과가 상당히 증가했고 통계적 유의성도 감소하지 않았다. 이것은 기존의 변수가 새로운 변수의 효과를 가지고 있지 않음을 보여 준다.)

'후견인의 낙마'가 통계적으로 견실하고 큰 효과도 가지지만, 국가 리더들과의 유대 관계가 시 리더들의 정치적 결과에 대한 일관적인 예측을 보여 주지는 않는다.(모형 3) 현임 정치국위원회와 정치국상무위원회에 의해 임명된 피후견인들은 일관적으로 보호되지는 않는다. 누구는 생존했고 누구는 낙마했기 때문이다. 54명의 시 당서기 낙마자 중에서 2명은 정치국상무위원회(리커창 총리와 위정성 포함)가 후견인이었고, 14명은 정치국위원회가 후견인이었다. 쑨정차이의 피후견인인 것 역시 통계적으로 유의한 낙마 원인이 되지 못했다. 그가 임명한 7명 중 2명만 낙마했기 때문이다. 따라서 이런 결과는 시진핑의 반부패 운동이 그저 국가 리더들 간의 '정치 투쟁'이라는 통속적인 주장을 뒷받침하지 않는다.

만약 내가 회귀 분석 결과를 시 당서기에게 설명한다면 '좋은 소식, 나쁜 소식, 중립적 소식'을 들려주게 될 것이다. 좋은 소식은 반부패 운동의 정점이 지났다는 것이다. 나쁜 소식은 그것이 아직도 중단되지 않았다는 것이다. 중립적인 소식은 경제 성장을 가져오고 미디어 노출이 많은 것은 좋지도 않고 나쁘지도 않다는 것이다. 그러나 시 당서기의 후견인이 낙마하면 그의 피후견인은 불안해진다. 마지막으로 정치국에 후견인을 가졌다고 해서 반드시 부패 조사로부터 자유로운 것은 아니다. 따라서 국가 최고위 수준의 강한 뒷배경이 있어도 지방 관원은 항상 자기 뒤를 조심해야 한다.

반부패 운동의 주기와 흐름

내 분석은 전면적인 반부패 운동을 경험한 시 당서기 집단을 집중적으로 확대해서 살펴봤다. 이후의 연구는 국가 또는 지방(성)에 의해 임명된 리더들까지 확대될 수 있다. 이를 위해 나라 전체에 걸친 수사 패턴을 살펴보는 것이 유용하다. 중앙기율검사위원회 웹사이트에서 수집한 자료를 〈그림 6-5〉에 나타냈다. 〈그림 6-5〉는 2013년에서 2018년 초기까지 조사 수를(중앙과 성으로 분리) 보여 준다.[43]

총 256건의 조사 대상은 중앙 정부가 임명한 성 당서기와 부장급 관료들이었다. 이는 〈그림 6-5〉에서 검은색으로 나타냈다. 전에 없이 많은 수의 초거대 호랑이들의 낙마가 있었다. 주목할 만한 것은 비록 후반기에 낙마한 관원 수가 적었지만, 조사 수에서 정점이랄 것을 찾을 수 없다는 것이다. 대신에 국가적 수준에서는 반부패 운동의 주기적인 흐름을 볼 수 있다.

시 당서기, 시장, 규모가 큰 국유 기업의 사장 등 성에서 임명한 관료들에 대해 내 자료를 살펴보면 전부 1724개의 부패 건수가 있다. 이 그룹에서 2014년 정점에 도달한 파도 형태의 캠페인 진행을 볼 수 있다. 이 패턴은 앞에서 분석한 더 작은 집단의 유형과 일치한다. 2013년에는 27건의 수사가 있었다. 바로 다음 해에는 385건으로 치솟

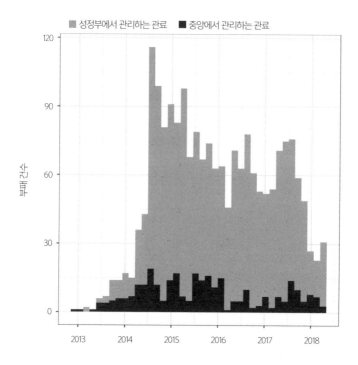

〈그림 6-5〉 중앙과 성에서 임명한 관료들의 낙마(2013~2018년).

았다. 같은 해 8월에는 76건이었고 이 숫자는 2013년 전체 건수보다
많다. 8월 이후 감소하긴 했지만 2014년 6월부터 2017년 9월까지 매
달 적어도 20명의 낙마가 있었다. 주기적으로 조사 건수는 폭발적으
로 늘어났다. 2016년 중반, 2017년 중반, 2018년 초반이 증가했던 시
점이다. 과거 6년(2013~2018년)은 지방 리더들에게 매우 큰 스트레스
를 주었던 시기였다.

부패한 중국은 왜 성장하는가

부패를 단속하면 발전이 더뎌질까

반부패 운동이 중국의 경제 성장을 저해할 것인가를 평가하기 위해서는 단기적 효과와 장기적 효과를 구분해서 봐야 한다. 단기적으로 기회주의적 자본가가 더 이상 법을 우회하거나 특권을 얻기 위해 후견인에 의존하지 않으면, 그들은 비즈니스 활동을 줄일 것이다. 따라서 낮은 성장으로 귀결된다.[44] 대단히 엄격한 조사는 정부 관료를 불안하게 하고 위험 회피적으로 만든다. 이렇게 되면 그들은 새로운 계획을 승인하는 것보다는 차라리 복지부동의 자세를 취하게 된다. 예를 들어 2015년에 지방 관료들은 국가발전개혁위원회The National Development Reform Commission, NDRC의 승인에도 불구하고 450억 위안 규모의 투자 프로젝트를 질질 끌었던 적이 있다.[45] 이런 상황은 투자에 과도한 열정을 가진 경제에서는 매우 특이한 일이었다. 끝으로, 관료들에 대한 엄중 단속 과정에 연루될 것을 두려워한 기업들은 해외로 도피하게 된다. 2014년에 4250억 달러 규모의 자본 도피가 있었던 것으로 추정된다.[46] 그러나 이러한 것들은 당이 정실주의를 뿌리 뽑겠다고 결심한 이상 고통스럽지만 필요한 조정 과정이다. 만약 당의 결심이 성공한다면 궁극적으로 건강한 경제 체제와 보다 규율 있는 행정부를 만들 것이다.[47]

시진핑의 반부패 운동은 아직 기대한 장기적 편익을 거두고 있지는 않다. 또는 2가지 이유로 더 나쁜 미래 전망이 있을 수 있다. 첫째, 그의 운동은 부패한 관료를 잡아내는 것을 넘어 정치적 통제를 더 강화하는 수단으로 빠르게 진화하고 있다. 시진핑은 관료들이 당의 이

데올로기를 고수하고 충성을 다할 것을 요구한다. 시진핑은 2019년 중앙기율검사위원회에서의 연설에서 "반드시 굳세게 당 중앙의 권위를 옹호하고 집중통일영도集中统一领导로 모든 당이 일치단결해서 통일된 행동을 확보해야 한다"고 강조했다.[48](옮긴이 주: 이 내용은 2021년 11월 중국 공산당 19기 중앙위원회 6차 전체 회의[6중전회]에서 발표한 이른바 '3차 역사 결의'에 또 등장한다. '집중통일영도'의 원칙은, 의사 결정 시스템에 있어 기존의 당의 영도 원칙에서 당 중앙[최고 지도자]으로의 변화를 문서로 확정했음을 의미한다.) 그의 연설에 보조를 맞추어 중앙규율당국은 반부패 운동의 범위를 부패를 감시하는 것에서 정책 실행을 감시하고 정치적 사고방식을 교정하는 것으로 확대했다.[49] 이에 대해 신화통신은 다음과 같이 선언했다.[50]

중앙기율위원회와 국가감찰위원회는 당의 정치력 역량 제고에 앞장서야 하며, 공산당 중앙위원회를 밀접하게 따라서 사상과 정치적 행동에서 시진핑 동지를 핵심으로 해야 한다. 중앙기율검사위원회와 국가감찰위원회는 근본 문제에 대해 '검을 들고 싸울' 용기가 필요하다.

이 메시지는 규율 당국에 힘을 실어 주기 위한 것이었지만 맥락은 분명하다. 묻지 말고 올바른 '사상'에 순응하라는 것이다. 사실 이것은 관료 체제 내에서의 언론 자유를 말살한다. 마오 시기에 솔직한 의견 개진과 논쟁이 억압되었을 때 처참한 결과가 뒤따랐다는 것을 우리는 배웠다.[51] 이런 이유로 1978년 개혁과 개방을 시작했을 때 덩샤오핑의 역사적인 연설에서 가장 중점에 둔 것은 "독립적으로 생각하고 두

려워하지 말고 말하라"였다.

둘째, 시진핑은 관료 체제를 속박함과 동시에 사회적, 정치적 자유를 옥죄었다. 만약 시진핑이 관료 체제를 이전의 대담하지만 부패하기 쉬운 조직에서 철저하게 규율된 조직으로 바꾸고자 한다면, 관료 체제의 기업가적 모험 정신과 위험 감수 기능은 점진적인 정치적 자유화를 통해 민간 부문과 시민 사회로 이전되었어야 한다. 막스 베버가 지적하듯이, 서구 사회에서 합법적이고 합리적인 관료 체제의 출현은 자유 시장 경제의 발흥과 함께했는데 이유는 그 둘이 서로 보완적이었기 때문이다. 시진핑은 권력을 잡자마자 당-국가와 사회 두 영역에서 자유를 억압하는 정책을 펼쳤다.

달리 말하면, 최고 지도자가 그의 부하 직원들에게 과감함과 규율을 잘 지킬 것 모두를 촉구한 것인데 이는 비현실적인 요구다.[52] 이것이 바로 새로운 문제(복지부동의 자세)[53] 출현의 이유다. 복지부동은 '란정懶政'으로도 알려져 있는데 공무원의 게으름을 의미한다. 게으름이 만연해지자 국무원은 근무 태만, 결정 미루기, 할당된 자금 사용하지 않기 등을 경고하기도 했다.[54] (〈그림 6-6〉) 시진핑은 반부패 운동에 대한 관료들의 점증하는 반발을 염려하는 듯 보인다. 해결책은? 중앙당은 2019년을 '일선 간부의 고충을 경감하는 해'로 선언했다. 내용은 고위급 간부들이 일선 공무원에게 모순적이고 부담이 많은 지시를 하지 말라는 것이었다.[55] 시진핑 시대는 모든 상명하복 해법(엄중한 단속)이 새로운 문제를 낳고(복지부동), 체제는 이 문제를 더욱 상명하복적인 해법(복지부동을 처벌)으로 풀려고 한다는 역설을 가져온다.

결론: 반부패 운동의 장기적 영향에 주목하라

이 장에서는 공격적인 반부패 운동이 중국의 향후 발전에 주는 영향에 대해서 살펴보았다. 나는 4가지 중요한 요점을 제시했다. 첫째, 뇌물에 대한 시진핑의 전쟁은 지속적인 양상을 띠고 있으며 이는 역설적이다. 본래 캠페인이란 짧고 굵은 것이 특징이기 때문이다. 내가 분석한 자료들은 반부패 전쟁이 2014년에 정점을 지나긴 했지만 여전히 진행 중인 것을 보여 준다.

둘째, 지방 리더들의 교체율이 매우 높다는 사실이다. 331명의 당 서기 중에서 16퍼센트가 낙마했고, 단지 6퍼센트만이 반부패 운동이 시작된 후 6년이 지날 때까지 원래 자리를 지켰다(낙마하지도 않고 제자리에 있지도 않은 관료들은 다른 곳으로 전보 발령이 난 것을 의미한다). 매우 높은 강도의 조사와 지속적으로 낙마하는 관료들이 생기는 상황 속에서 지방 리더들은 엄청난 불안정성과 스트레스 넘치는 환경을 극복해야만 했다. 이런 조건은 의욕 상실로 이어진다.

셋째, 내 분석은 지방 리더들의 성과가 낙마에 대한 방패가 되지 않음을 보여 주었다. 그들의 운명은 그들 후견인의 운명에 달려 있다. 이런 상황은 정치 시스템을 규칙(법)에 의한 것보다는 개인에 의존하는 것으로 만든다.[56] 그렇지만 시진핑의 반부패 운동을 그저 국가 엘리트들 간의 정치 투쟁으로 보는 것 역시 너무 단순한 관점이다. 정치국상무위원회와 정치국위원회의 모든 위원이 낙마로부터 자유로웠던 것은 아니다. 쑨정차이가 몰락했더라도 그가 임명했던 모든 관료가 낙마한 것은 아니었다.

부패한 중국은 왜 성장하는가

庸政懒政怠政问责了!
这16个典型案例
被国办通报

为贯彻落实党中央、国务院关于加强督促检查、严肃责任追究的决策部署,根据李克强总理关于严厉整肃庸政懒政怠政行为的重要指示批示精神,2017年2月至5月,国务院办公厅会同监察部等有关部门,对国务院第三次大督查、审计署跟踪审计及部门专项督查发现的突出问题,组织开展了核查问责,依法依规对117个问题涉及的1089人进行问责和处理。

6月15日,国务院办公厅正式对外通报了16个"庸政懒政怠政"督查问责典型案例。

重点问责哪些问题?

· 中央预算内投资项目进展迟缓
· 财政资金闲置沉淀
· 涉企乱收费
· 落实"放管服"改革政策不到位
· 公租房大量空置
· 医保基金管理使用不到位
· 套取挪用侵占保障性住房资金
· 挪用套取侵占扶贫资金

〈그림 6-6〉 중국 중앙 정부 웹사이트에 올라온 '란정'에 대한 경고문.

넷째, 연구자들은 반부패 운동이 성장에 미치는 단기적 효과를 넘어서는 장기적 관점을 가져야 한다.[57] 연구자들은 시진핑의 경제적 선호와 관료주의 선호 사이에서 나타나는 어긋남 같은, 깊이 있는 이해와 문제를 장기적으로 보는 관점을 가져야 한다. 그의 행정부는 국가가 주도하는 경제에 대해 강한 집착을 보이고 있으며 이러한 유형의 경제는 관료들의 진취적이고 위험을 감수하는 태도를 필요로 한다. 그러나 시진핑의 혹독한 반부패 운동은 국가 주도 경제와 모순을 불러일으키게 된다. 의심의 여지없이, 공산당은 살아남기 위해 부패와 싸워야 하며 정부 관료를 규율해야 한다. 그러나 이러한 목표를 달성하기 위해서는 경제적 자유화와 사회적 자유화를 동시에 추구해야 한다.

부패한 중국은 왜 성장하는가

7장

중국과 미국의
도금 시대로 살펴본
부패의 역설

CHINA'S GILDED AGE

푸 선생은 유명한 계약을 따냈다. 철도 프로젝트에 싼 이자로 대출을 받게 해 주고 토지 사용권을 제공한 영향력 있는 관료에게 보답으로 여행용 가방에 회사 주식을 잔뜩 넣어서 뇌물로 주었다. 인프라와 예산을 책임지고 있는 정책 당국자들은 푸 선생의 친구이자 간접적인 비즈니스 동업자였다. 그들의 가족 중 누군가가 강철 회사를 운영했고 이 회사는 건설 붐이 일어날 때 큰돈을 벌 수 있었다. 자본가와 정치가들의 유대가 깊어질수록 거래는 더욱 커졌다. 정부는 순차적으로 푸의 벤처 사업에 토지 사용권과 대출 규모를 2배로 늘려 주었다. 물론 정부는 그의 사업이 직면한 비용과 손실 가능성에 대해서는 눈감아 주었다. 푸 선생은 국가급 지도자들을 설득해 지리적 구획도 바꾸었다. 이렇게 하면 그는 산악 지역에서 높은 가치를 지닌 토지 사용권을 받아 큰 수익을 낼 수 있기 때문이다. 그는 명민함과 유대 관계를

통해 성공적으로 '산을 옮겼다(어마어마한 부를 쌓았다).'

　이런 유형의 이야기는 중국의 부패의 심각성을 보여 주는 것 같다. 기업인이 관료와 결탁해 개인적 치부를 위해 개발 프로젝트를 따내고, 정실주의가 중앙과 지방 정부에 만연하고, 뇌물이 판치는 중국의 단면을 잘 보여 주는 듯하다. 이러한 부패에도 불구하고 경제적 성장을 이루어 낸 사실에 많은 사람이 의아해한다. 어떤 사람들은 1990년 이후 줄곧 중국 체제가 붕괴할 것이라고 예측해 왔다.[1]

　그런데 푸 선생은 중국 사람이 아니고 미국인이다.[2] 중국에서는 릴런드 스탠퍼드 Leland Stanford 의 성인 '스탠퍼드'를 '스 탄 푸'로 번역한다.(옮긴이 주: 릴런드 스탠퍼드는 미국의 대표적인 벼락부자이자 악덕 자본가 robber baron 로, 스탠퍼드대학교를 설립했다.) 거대 기업의 대표이자 자선가인 그는 19세기 말 미국 도금 사회의 절정기에 대학교를 설립했고 현재 이 대학은 전 세계 최고 대학 중 하나다.

　도금 사회는 정실 자본주의의 시기다. 또한 이 시기는 비상한 성장과 변화의 시기였다. 수백만의 미국인이 농촌에서 공장으로 이주했고, 수많은 이의 삶의 수준이 올라갔으며, 새로운 산업이 발흥했다. 자본 시장은 확대되었고, 철도는 장거리 상업을 가능하게 했으며 J. P. 모건이나 존 D. 록펠러 같은 초거대 거물들이 등장했다. 이 시기의 만연한 부패에도 불구하고 미국은 영국을 따라잡아 세계의 공장이 되었다.

　오늘날 중국은 동일하지는 않지만 미국의 도금 시대와 비슷한 것을 경험하고 있다. 덩샤오핑 시기 개혁주의자들은 섬세한 정치적 단결을 했고 마오의 파괴적인 통치의 폐허에서 중국을 재건했다. 이것은 미국이 내전으로 인한 대대적인 파괴 후에 국가를 재건한 것과 마찬가지다. 중국의 시장 개혁은 미국이 19세기에 경험한 것처럼 심한 불평등에도 불구하고 8억 5000만 명의 빈곤층을 구제했다. 미국과 마찬가지로 중국에서 지배적인 유형의 부패는 인허가료(자본가가 권력자들로부터 특권을 구입)다. 그러나 이러한 유사함에도 불구하고 두 나라의 정치 시스템은 너무나도 달랐다.

이 책은 부패를 세분화하고 중국을 역사 비교학적인 관점에서 살펴봄으로써 중국의 성장과 부패의 역설의 신화를 해체한다. 이 마지막 장에서 나는 내 핵심 주장을 다시 살펴보고 중국과 미국의 도금 시대에 대한 심층 비교를 할 것이다. 또 중국의 부패와 정치 시스템에 관한 9가지 중요한 질문에 대해서 논의하고자 한다.

부패한 중국이 발전할 수 있었던 4가지 이유

부패는 항상 경제 성장을 방해한다는 주장은 과도한 단순화다. 부패가 자본가의 활동에 미치는 영향은 부패의 유형에 의존한다. 나는 부패를 세분화함으로써 왜 중국이 부패가 만연함에도 번영했는가를 4가지로 설명했다.

인허가료 유형의 확산

분명 중국에는 4가지 유형의 부패가 다 있다. 그러나 지배적인 유형은 인허가료다. 주관적인 판단이나 일화에 기반해 이러한 주장을 하는 것이 아니라[3] 내 연구는 부패 구조를 비교하고 보여 주는 여러 증거를 제공했다. 2장에서는 여러 나라와의 비교를 통해, 3장에서는 중국 내에서의 비교를 통해 부패를 살펴보았다. 중국에서 인허가료가 지배적인 유형을 차지한다면, 부패가 성장과 함께 나란히 갈 수 있다는 것은 놀랄 만한 일이 아니다. 자본주의의 스테로이드처럼 작동하는 이 유형의 부패는 단기적으로 투자를 독려하고 거래를 활성화하기 때문이다. 그러나 이것은 위험을 키우고 초과 수익과 투기 부문으로 왜곡된 자원 배분이 일어나게 만든다.(5장) 여기에 더해 인허가료는 부패한 관료와 정치적으로 결탁한 자본가 그룹을 치부하게 만들어 사회 불평등을 악화시킨다. 이것들은 모두 19세기 미국의 반복이다.

이익 공유 정치 시스템

왜 인허가료가 다른 유형의 부패들보다 지배적이 되었나? 다르게 말하면, 왜 중국은 보다 성장 친화적인 부패 구조로 진화했는가? 중국의 정치 시스템은 이익 공유의 모델 위에서 작동한다. 정치 엘리트들 사이에서, 그들의 경력과 금전적 보수(계약에 대한 뇌물)는 경제적 번영과 연동되어 있다. 따라서 지방 리더들은 비즈니스로부터 갈취하는 것보다 선호하는 투자자들에게 특혜성 계약 제공, 값싼 토지 이용료, 규제 면제, 다른 특혜 등으로 '도움의 손'이 되고자 한다.(5장) 대런 애쓰모글루Daron Acemoglu 와 제임스 로빈슨James Robinson 이 주장하듯이 중국에서 국가-비즈니스의 관계는 '갈취' 유형이 아니라 거래 관계에 가까웠다.[4]

공식적 급여가 적고 굵직한 계약으로부터 혜택을 받을 수 있는 권력도 없었던 수백만의 일선 공무원은 어떻게 살았을까? 4장에서 설명했듯이 그들 역시 보상이라는 이익 공유제 기반 위에서 움직였다. 공식적 급여는 '투항' 임금에 가깝게 표준화되었지만, 공공 피고용인에 대한 부가 혜택과 추가 지급은 지방 정부와 그들의 소속 기관의 금전적 성과와 연동되었다. 이런 방식으로 그들의 부가적 보상은 효율 임금으로 작동했고, 하위 관료들이 수익을 창출하고 갈취와 도둑질을 회피하는 기제로 작동했다.

부패의 폐해 억제

그 어떠한 이익 공유 제도도 성장을 저해하는 부패에 대한 국가의 감시와 처벌 없이는 제대로 작동할 수 없다. 세계화된 시장 경제에 걸맞은 현대적인 관료 체제를 만들기 위해 중앙 정부는 1998년부터 일련의 역량 강화 개혁을 진행했다.(3장) 지방 리더들은 부하 직원들의 약탈적 관행과 도둑질을 억제함으로써 이러한 개혁에 동참했다. 실제로 어떤 리더들은 중앙 정부의 개혁 정책 외에도 자신만의 독특한 통제 장치를 고안했다.(4장) 2000년 이후의 부패 패턴을 보면 대규모 뇌물은 폭발적으로 늘었고 횡령, 유용, 작은 규모의 뇌물, 약탈적 관행들은 눈에 띄게 감소했다.(3장) 쉽게 이야기하면 부패가 가장 파괴적인 유형이 되지 않도록 하기 위해서는 유인책과 처벌이 같이 가야 한다. 어느 한쪽도 그 자체만으로 충분하지 않다.

발전적인 지역 간 경쟁

비록 선거 제도는 없지만, 중국의 중앙 집권화된 정치 시스템에서도 지역 간 치열한 경쟁이 벌어진다. 경쟁자보다 잘하기 위해서 '약탈의 손'을 억제하는 것 외에도, 유능했던 보시라이나 지젠예 같은 리더들은 그들의 지역을 브랜드화하고 정책 실험과 비즈니스에 적합한 곳으로 만들었으며(5장) 상업 친화적인 지역으로 만들기 위한 전략들을 내왔다.

동시에 그들은 자본가들이 제공한 뇌물로 부를 축적하거나 소비를 했으며 선택된 자본가들에게 특혜를 제공했다. 정치적 후견과 기업가 고객을 얻기 위해 리더는 유능함과 잠재적 능력을 보여 주어야 한다.(5장과 5장 부록 참조) 간단히 말하면 중국에서는 부패와 발전 모두 경쟁적이다.

공통점이 많은 미국과 중국의 도금 시대

미국의 도시는 우리에게 수수께끼를 준다. 1880년에서 1930년까지 도시들은 부패로 악명이 높았다. 부패는 일반적으로 정부의 효율성을 갉아먹고 경제 성장을 저해한다. 그런데 미국의 도시들은 번영했다.[5]

일단 우리가 부패를 세분화해서 보고 인허가료가 왜곡적이긴 하지만 성장을 제고한다는 것을 인식한다면, 중국의 부패와 성장이 동시에 결합된 것은 모순이 아니다. 중국 사례가 이례적인 것도 아니다. 도금 시대에서 진보 시대까지의 미국을 묘사한 리베카 메네스Rebecca Menes에 의하면 오늘날의 중국에 그대로 적용할 수 있다.[6] 그렇다면 두 경우는 어떻게 비슷한가?

부패한 중국은 왜 성장하는가

해당 시기는 각각 언제인가

미국과 중국의 장기적인 부패에 관련된 세분화 자료는 없지만, 우리는 미디어에 실린 전체적인 수준의 부패를 살펴볼 수 있다. 내가 비교를 위해 이용한 자료는 미국의 경우 1870년부터 1940년까지 70년 동안의 부패에 대한 신문 기사였다. 중국의 경우는 1999년부터 2016년까지의 신문 기사를 사용했다. 〈표 7-1〉에서 볼 수 있듯이 이 두 시기 동안 중국과 미국의 1인당 GDP는 같은 수준이다. 1996년부터 2016년까지 중국 경제는 미국 경제가 도금 시대의 초기부터 제2차 세계 대전까지 이룩한 것을 성취했다. 여기에 큰 차이가 있다. 중국 경제는 10배 더 빠른 압축적 발전을 한 것이다.[7]

글레이저와 골딘을 따라[8] 나는 미디어에서 다루는 부패 기사를 부패의 포괄적인 수준을 대변하는 대용 변수로 사용했다. 물론 이것은 불완전한 수치이지만, 긴 역사 기간 동안에 구할 수 있는 가장 좋은 지표다. 미디어에 언급되었다는 것은 대중의 여론에서 부패의 중요성을 반영한다. 미국의 경우, 신문에 '부패'라는 단어가 등장한 수를 그해의 전체 기사 수로 나누어 보았다.[9] 중국의 경우에는 공식 언론인 《인민일보》를 통해 같은 과정을 반복했다.(7장 부록)

카를로스 라미레스Carlos Ramirez의 이전 연구는 미국에서 발행된 동일한 미국 신문의 기사를 가지고 비교했다. 이런 방식은 문제가 있는데, 미국 미디어가 중국에서 벌어지는 부패보다 미국 내 부패를 더 많이 다루기 때문이다.[10] 보다 정교한 비교를 위해 나는 각국의 고유한 뉴스를 기준으로 비교했다. 따라서 미국과 중국에서 부패를 언급한 숫자 자체는 직접적인 비교가 힘들다(같은 뉴스 미디어를 사용한 라미레스와

1인당 GDP(달러)	중국의 연도	미국의 연도
3,500	1993	1873
3,925	2000	1879
4,185	2001	1880
4,575	2002	1881
4,910	2003	1887
5,365	2004	1890
5,755	2005	1898
6,555	2006	1903
7,230	2007	1918
7,845	2008	1923
8,500	2009	1936
9,070	2010	1937
9,325	2011	1939

〈표 7-1〉 미국과 중국의 소득 수준이 동일했던 시기. GDP 수치는 경제 지표 데이터베이스 펜월드테이블 Penn World Table 을 인용했다. www.measuringworth.com/datasets/usgdp(2019년 12월 10일 접속)

는 다르다). 내 목표는 두 나라 각각에서 장기적인 시간에 따른 변화를 비교하는 것이다.[11]

진보 시대로의 전환과 부패

〈그림 7-1〉은 중국과 미국의 부패 추이를, 경제적으로 비교 가능한 시기별로 보여 준다. 미국의 도금 시대(1870~1900년)와 진보 시대

부패한 중국은 왜 성장하는가

(1890~1920년)는 역사적 문헌을 통해 식별하기 쉽다. 반면 중국의 도금 시대는 과연 언제 시작해서 언제 끝났을까? 이 질문에 대한 답은 역사 학자들 사이에서도 의견이 분분하다. 중국의 도금 시대는 아직도 진행 중인 사건이기 때문이다. 〈그림 7-1〉로 보건대 우리는 두 다른 시기인 중국의 도금 시대와 진보 시대를 외삽할 수 있다.

간단한 방법은 1인당 GDP를 통해 비교 가능한 시기를 특정해 내는 것이다. 이 방법을 따라 미국의 도금 시대와 진보 시대를 대략 50년의 기간으로(1870년대부터 1920년대까지) 잡으면 이에 상응하는 중국의 기간은 1999년부터 2011년까지 12년 동안이다. 이 기간은 장쩌민-주룽지, 후진타오-원자바오 행정부 시기다. 2012년, 부패의 심각성을 일깨우는 시진핑의 선언으로 보건대, 중국은 여전히 진보 시대를 졸업하지 못했다. 실제로는 최근에야 진보 시대에 진입한 것으로 보인다.

더 좋은 방법은 각 시기의 정치적, 경제적 변화를 고려하는 것이다. 도금 시대는 급속한 경제적 발전, 만연한 부패, 선명한 불평등으로 특징지을 수 있다. 반면에 진보 시대는 이전 시기의 과도함을 개선하기 위한 여러 행정 개혁, 정치 개혁들이 특징이다. 이러한 구조적 인식을 기반으로 보면, 시장 개방 이후 35년의 기간(1987~2012년)을 중국의 도금 시대라 할 수 있다.

중국의 진보 시대의 경계를 정확히 아는 것은 어려운 작업이며 여러 해석이 뒤따른다. 3장에서 이야기했듯이 1998년 장쩌민-주룽지 행정부는 작은 규모의 부패와 재정상 불법 행위를 억제하기 위해 전면적인 행정 개혁 프로그램을 시작했다. 만약 이 시기를 진보 시대에

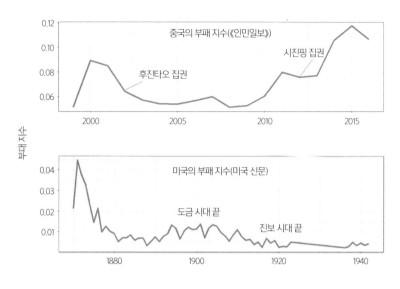

〈그림 7-1〉중국과 미국의 도금 시대의 부패를 비교하기.

포함시킨다면 중국의 도금 시대(1978~2012년)와 중첩된다. 10년이 더 지난 2012년에 시진핑은 공산당 역사에서 전례 없던 전면적인 반부패 운동을 시작했다. 반부패 운동은 규범을 개선하는 조치도 있었지만 주로 여러 부패 관원들을 체포하는 데 집중했다. 이것은 아마도 개혁의 두 번째 단계에 해당할 수도 있다. 어쨌든 중국은 2019년에(국제적으로 초강대국이 되었고 중등 소득 국가로 도약한) 진보 시대로 접어들었다고 보는 것이 타당하다.

이런 것을 염두에 두고 먼저, 1870년대부터 1940년까지 미국의 부패 경향을 살펴보자. 전체적인 패턴은 분명하다. 부패는 도금 시대의 시작과 함께 정점에 달했고 그 이후 급속하게 감소했으며 안정화되었다. 부패의 정점은 1870년대였고 주로 부패에 시달렸던 그랜트 행정

부패한 중국은 왜 성장하는가

부 시기에 집중되었다. 가장 악명 높은 스캔들은 크레디트 모빌리에 철도회사였다. 이 회사의 오너는 국가 보조금을 승인해 주고 회사의 열악한 재정 상태를 모르는 척하는 대가로 의원들에게 회사 주식을 주었다. 이러한 부패의 정점을 지난 후 부패 관련 기사는 급속하게 줄었다. 20세기는 진보 시대로 이어졌다. 이 시기에는 1893년 금융 위기와 약점을 파내는 신문의 증가가 반영되어 부패 기사가 미미하게 늘기는 했다. 이 시기의 마지막에는 부패 관련 기사 건수가 줄었으며 제1차 세계 대전 기간 동안 이 수준을 유지했다.

중국의 부패 추이는 덜 분명하다. 1인당 GDP로 비교 가능한 시기를 보면, 1998년부터 2010년까지의 중국은 미국의 도금 시대부터 진보 시대까지와 비슷한 패턴을 보인다. 초기에 부패가 급속하게 증가하고 이후 지속적으로 감소했다. 그러나 1978~2011년을 중국의 도금 시대로 본다면(내 연구 자료는 1999년 이전 자료를 포함하지 않는다), 그리고 2012년을 진보 시대의 시작으로 본다면, 중국은 미국의 역사적 경험과 다르게 부패 기사가 초기에 급증하고 이후에 지속적으로 감소하는 패턴을 보이지 않는다. 대신 중국에서는 두 번의 정점을 볼 수 있다. 첫 번째는 장쩌민-주룽지 행정부가 전 국가적으로 행정 개혁을 시작한 1998년이고, 두 번째는 2015년 관료 중 낙마자 수가 정점에 도달했을 때다.(6장)

미국과 비교했을 때 중국의 또 다른 특징은 부패에 대한 보도가 리더의 정책에 매우 민감하다는 것이다. 〈그림 7-2〉는 1990년부터 2016년까지 부패 기사의 수이며 3개의 행정부 시기에 해당한다(장쩌민-주룽지, 후진타오-원자바오, 시진핑-리커창). 추이를 보기 위해 평활화한

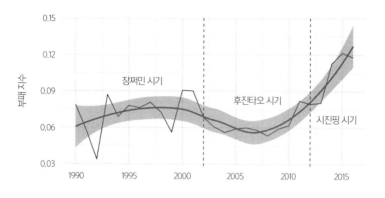

〈그림 7-2〉 1990년부터 2016년까지 중국의 부패 기사.

곡선을 추가했다.

부패 기사 수는 장쩌민-주룽지 시기에서 후진타오-원자바오 시기까지 좁은 범위에서 변동을 거듭했고, 후진타오-원자바오 시기에 저점을 지났다. 그러나 이것은 부패의 수가 실제로 낮음을 의미하는 것은 아니다. 월더가 묘사했듯이 이때는 '표류와 지연'의 시기였다. 표류와 지연은 부패 같은 구조적 문제를 곪게 만드는 모호한 집단 지도 체제하에서 발생했다.[12] 뇌물에 대한 시진핑의 개인적인 캠페인은 미디어가 부패에 관한 기사를 전례 없이 높게 생산하도록 만들었다.

기존 비교 연구 개선하기

내 분석이 미국과 중국의 도금 시대의 유사성을 처음으로 그려 낸 것은 아니다. 내 연구는 이전 연구의 결론을 수정한다.《이중 모순Double Paradox》에서 위드먼은 마오 이후의 중국이 미국의 도금 시대와 비슷하다고 주장한다. 둘 다 지방의 부패와 급속한 경제 발전이 공존했고 구

부패한 중국은 왜 성장하는가

조적 변화를 경험했다. 또한 만연한 부패는 반부패 노력을 끌어냈다.[13] 그러나 위드먼이 유사점을 지적한 것은 옳았지만 두 나라를 체계적으로 분석할 데이터가 없었다. 따라서 그는 몇몇 중요한 핵심적인 차이를 간과했다.

내 데이터는 두 도금 시대의 장기적인 경향 차이를 강조한다. 미국은 점차 변하는 진화적 경로를 따랐다. 부패는 도금 시대에 가장 만연했고 이는 진보 시대에 정치적, 행정적 개혁에 박차를 가하게 했다.[14] 하지만 1940년에는 부패가 더 이상 뉴스 헤드라인의 주요 주제가 아니게 되었다. 그러나 중국의 경우 이러한 순서가 명확하게 드러나지 않는다. 행정 개혁을 통한 반부패 정책은 1998년에 시작했다. 이는 시진핑의 전면적인 반부패 운동이 시작한 2012년보다 10년 이상 앞섰다. 현재 부패 관련 기사의 수는 1999년 이후 최고 수준으로 올라 있다.

게다가 부패 기사에 대한 비교 데이터가 있어도, 중국의 도금 시대의 시작과 끝을 정하는 것은 쉽지 않다. 라미레스의 분석은 미국 신문의 기사만 이용했고 19세기 미국과 1978년 이후 중국을 비교가 가능하도록 1인당 GDP를 사용했다. 이 방법으로 그는 "중국에서의 부패는 주의를 요하지만 미국의 역사적 경험에 비추어 보았을 때 매우 높은 수준은 아니다"[15]라고 결론을 내린다. 내 분석은 그가 선택한 데이터와 그가 1인당 GDP만으로 정한 '비교 가능한 단계'에 대해 의문을 제기한다. 나는 개선된 방법으로 통해 다른 결론에 도달했다. 중국의 도금 시대의 부패는 미국의 도금 시대의 부패만큼 덜 심각한 것으로 보이지 않는다. 게다가 부패에 관한 언론 보도는 권위주의 중국에서는 최고 지도자의 정책에 우선적으로 영향을 받는다는 것을 고려해야 한다.

미국과 중국의 부패는 어떻게 다른가

나의 비교-역사학적 방법론은 헌팅턴의 부패의 '생애 주기'[16] 이론을 다시금 생각해 보게 한다. 헌팅턴의 이론에 따르면 부패는 현대화 단계에서 급속하게 증가하지만, 국가가 부유해지고 국가 경영 능력이 올라감에 따라 감소한다. 이러한 진화적인 패턴은 18세기 영국이 보여 주었고, 19세기 미국에서도 나타났다. 라미레스에 따르면 중국에서는 2000년대에 일어났다.[17] 그러나 이런 주장은 〈그림 7-1〉의 미디어 기사에서 나타난, 뇌물처럼 불법적인 부패의 감소만을 고려한다. 중요한 것은 그의 분석이, 한 국가가 부유해지고 복잡해짐에 따라 합법적인 교환(인허가료)으로 진화하는 부패의 질적인 변화를 간과한다는 점이다.

현재의 제1세계 국가들의 경제는 폭력배나 도둑들에 의해 운영되지는 않지만 여전히 부패는 존재한다. 데이비드 화이트David Whyte가 영국의 사례에서 보았듯이 "우리는 아프가니스탄도 아니고 러시아도 아니다." 그렇지만 "영국의 부패를 특징짓는 것은 기관들의 이해관계다."[18] 마찬가지로 역사가 리처드 화이트Richard White는 19세기 도금 시대의 금권 정치와 2008년 금융 위기의 연속성을 강조한다. "19세기와 마찬가지로, 높은 레버리지에 기반한 기업들이 이를 만들어 낸 사람들에게도 낯선 의심스러운 증권을 판매해 결국에는 거대한 손실, 파산, 정부의 구제 금융, 심각한 경기 침체를 일으켰다. 지금은 19세기와 비슷하다."[19] 그러나 현저한 차이는 도금 시대에는 독직이 뇌물을 동반

부패한 중국은 왜 성장하는가

했다면, 현재는 뇌물이 제공되지 않았고 극소수에게만 범죄 책임이
있다는 것이다.

미국에서 인허가료는 어떻게 제도화되고 합법적이게 되었을까? 뇌
물과 횡령을 포함한 특정 유형의 부패를 도덕적으로 용인할 수 없는
불법으로 확정하는 절차에 대한 초석은 진보 시대에 세워졌다. 개혁
주의는 엽관제를 무너뜨렸고 점진적으로, 적절한 보상을 받는 전문적
인 공무원 체계를 제도적으로 확립했다. 이들은 더 이상 작은 규모의
뇌물이나 수수료 등으로 보상을 받을 필요가 없었다.[20] 그들은 강력한
독점을 해체할 법을 만들었고, 기업이 정치 캠페인에 기여하는 것을
금지했다. 정치 캠페인은 자금 내역을 공개해야만 했다. 규칙에 기반
한 예산과 회계는 무차별적으로 공공 자금을 모집하거나 사용하는 것
을 대체했다.

그러나 이런 것들이 부패를 완전히 끝내지는 못했다. 캠페인 자금
제공 제한을 우회하기 위해 로비스트나 이해관계자 그룹들이 정치행
동위원회Political Action Committee를 구성했다.(옮긴이 주: 정치행동위원회는 미국
에서 회원들로부터 캠페인 자금을 모집하고 후보에게 자금을 제공할 목적으로 만
든 로비 단체를 의미한다.) 20세기가 지남에 따라 정치 캠페인 기여가 치
솟았다. 로비스트는 현금 뇌물 없이 영향력을 확보할 수 있는 방법을
찾았다. K-스트리트K-street에서 악명 높은 잭 아브라모프Jack Abramoff는
정치인들에게 사용된 방법—사치스러운 여행이나 비싼 스포츠 경기
티켓 선물하기, 정해진 음식점에 음식과 수류 제공하기, 가장 효력이
있었던 방법인 정치인의 참모를 민간 회사의 중역으로 고용하기 등—
을 폭로했다.(옮긴이 주: K-스트리트는 백악관 근처의 거리 이름으로 미국의

로비집단을 상징한다.) 시사 방송 프로그램 〈60분〉과의 인터뷰에서 아브라모프는 대담하게도 "우리는 의회를 소유하고 있다. 이것의 의미는 무엇인가? 우리 고객의 모든 요구, 우리가 원하는 모든 것을 그들은 실행하게 될 것이다. 그뿐 아니라 우리가 할 수 있으리라 생각지 못한 것도 의회는 생각할 것이다"[21] 라고 말했다.

시간이 흘러 합법적인 인허가료의 범위가 넓어짐에 따라 뇌물은 불필요하고 정말로 바람직하지 못한 것이 되었다. 21세기로 넘어오면서 금권 정치는 점차 복잡해지는 금융 시스템으로 전이되었고, 이 금융 시스템은 레버리지에 의해 뒤틀리고 전문적인 세부 사항에 의해 복잡해져 이제는 그 누구도 이해하기 힘들게 되었다. 한편 금융 기관들은 위험 감수를 가능하게 할 느슨한 규제를 위해 공격적으로 로비했다. 미국금융위기조사위원회에 의하면 "1999년부터 2008년까지 금융 부문은 알려진 것만 27억 달러의 로비 자금을 지출했다. 개인들과 정치행동위원회는 10억 달러 이상을 정치인 캠페인에 제공했다."[22] 블랙박스 시스템에서 어마어마한 규모의 규제 포획은 간접적이었지만 궁극적으로 2008년의 금융 위기로 이어졌다.[23] 실제로 한 연구에 의하면 더 많은 위험을 감수하기 위해 로비했던 채권자들은 상대방 채무자의 채무 불이행 비율이 높았으며 구제 금융 비율도 높았다.[24]

중국이 걸어온 길을 서구 사회와 비교해 보면, 인허가료를 향한 부패의 진화는 비슷해 보인다. 그러나 중국식 인허가료는 여전히 조악하고 개인에 의존한다. 반면에 서구 사회의 인허가료는 복잡하고 제도화된 특성을 가진다.(2장) 게다가 정실 자본주의를 억제하기 위해 시진핑은 민주적인 견제를 거부했고 위에서 아래로의 규율을 강화하는 방식을 사용해 부패한 정치인과 자본가를 색출했다.[25] 미국의 진보 시대는 불법적인 형태의 부패를 민주적 수단을 통해 성공적으로 탈바꿈시켰다. 민주적 수단으로는 탐사 보도, 선거에 의한 경쟁, 비밀 투표, 투명한 정책 등이 사용되었다.

공산당 지배하에 있는 중국의 인허가료는 언젠가 워싱턴의 K-스트리트처럼 제도적이고 합법적인 스타일로 바뀔 것인가? 나는 그렇지 않다고 생각한다. 제도적 부패는 민주주의의 핵심인 공식적인 대의제 정치의 타락이다. 미국 헌법 수정 제1조는 '정부에 억울한 사연을 청원할 수 있는 국민의 권리'를 신성하게 받든다. 레시그의 말에 의하면 이 권리는 정치적 기구가 '체계적으로 잘못된 영향력에 굴복할 때' 변질된다.[26] 당의 지도부와 시진핑 개인을 향한 권력 집중화는 중국 엘리트의 부패를 고도의 개인적이면서도 쌍방 관계 문제로 만들었다. 6장에서 보았듯이 그의 반부패 운동하에서 후견인은 중국 정치인의 흥망을 결정하는 데 성과보다 더 중요한 요소가 되었다.

우리는 부패에 대해 오해하고 있다

부패를 다룬 훌륭한 문헌은 많다. 여기에는 부패의 유형 분류, 엘리트의 지대 추구, 작은 규모의 뇌물과 부패에 대한 미시적 연구 등이 있다. 이 책은 앞서 연구의 기초 위에서 쓰였지만 이전의 연구와는 4가지 중요한 차이점이 있다.

첫째, 나는 부유한 나라의 정치 시스템은 부패하지 않았고 그들은 초창기 발전 과정에서 '좋은' 제도를 세웠기 때문에 성공했다는 암묵적인 가정에 반론을 제기한다. 애쓰모글루와 로빈슨이 주장하듯이 경제적 번영은 '갈취하지 않고' 그리고 '모두에게 열린' 제도를 필요로 한다. 그들은 영국이 1688년 명예혁명 이후 의회 제도를 세운 것을 예로 든다. 마찬가지로 더글러스 노스Douglass North, 존 월리스John Wallis, 배리 바인가스트Barry Weingast는 사회가 '제한적인' 상태에서 '개방된 질서'로 전환하기 위해서는 법에 의한 통치rule of law를 포함한 어떤 필수적인 조건들이 갖춰져 있어야 한다고 했다.[27]

이런 이론들의 공통된 시사점은 부패는 성장을 가로막는다는 것이다. 부패는 '갈취하는' 행동이며 사적 소유권을 위협하고 법에 의한 통치를 갉아먹는 행위이기 때문이다.

이런 영향력 있는 문헌들이 성장을 저해하는 부패라는 전통적인 지적 배경을 구성한다. 이 문헌들은 부패를 통제하는 것이 핵심인 '좋은 통치good governance'를 지향한다. 또한 이런 관점은 세계은행 같은 국제 개발 기구의 관점이기도 하다.《좋은 통치를 찾아서The Quest for Good Governance》라는 책에서 알리나 문지우-피피디Alina Mungiu Pippidi는 반부패의 핵심 과제는 사회적 규범을 '개별성에서 윤리적 보편성'으로 전환하는 것이라고 주장한다. 여기서 보편성은 '누구에게나 동일한 대우를 하는 것'을 의미한다.[28] OECD 국가가 '좋은 통치'의 마지막 단계에 도달했다는 가정은, 이 나라들을 최고로 평가하는 세계적 평가 기준의 관점일 뿐이다.

이 책은 부유한 나라들이더라도 부패로부터 자유롭지 않으며 정실주의, 친족 관계에 기반한 후견주의, 횡령, 갈취 등이 성공적으로 제거

되었더라도 실제로 모두에게 동일한 대우가 적용되지 않음을 주장한다. 현대에서 부패는 합법적이고 제도화되었으며 콕 집어 말하기 어려운 다른 유형—인허가료—을 띤다. 게다가 이런 상태로 도달하는 과정은 '첫째, 좋은 제도를 확립하라' 그러면 좋은 결과를 얻을 것이라는 것도 아니다. 그보다는 역사가들이 상기해 주듯이 민주주의의 출현과 확산, 법에 의한 통치, 서구 사회에서의 능력주의는 국내에서 만연한 계약에 의한 거래 성립과 해외에서의 식민지 자원의 수탈과 일치한다.[29] 서구 사회의 발흥은 결코 좋은 제도와 '혁신적 문화'의 결과가 아니었다. 그것은 부패, 착취, 불평등과 함께해 왔다. 서구 역사에 대해 나쁜 점까지 모두 살피려는 솔직한 평가는[30] 개발도상국에서의 경제적, 정치적 현대화의 과정을 보다 잘 이해할 수 있도록 도와준다. 부패는 부유하거나 현대적인 제도를 도입하더라도 반드시 없어지지는 않는다. 그보다 부패는 비인격적인 교환과 복잡한 것을 향해 진화한다. 중국은 비슷한 구조적 변화의 과정을 매우 짧고 압축적인 시간 내에 겪었으며 여전히 진행 중이다.

둘째, 이 책은 중국 정치 시스템에 존재하는 이익 공유의 메커니즘을 보였다. 정치 엘리트들이 경제 성장의 과실을 공유하는 것은 이전의 많은 연구에서 언급되었다. 맨슈어 올슨의 유명한 비유인 '정주형 강도',[31] 무스타크 칸Mushtaq Khan의 '정치적 정착', 렌트 프리쳇, 쿠날 센Kunal Sen, 에릭 베르커Eric Werker의 '계약 공간'은 여러 엘리트들의 지대 공유 계약을 설명한다. 이러한 계약은 경제적 발전을 추동할 수도 있고 막을 수도 있다.[32] '동아시아 모순'에 관한 문헌들은 동아시아 경제가 부패에도 불구하고 번영했다고 주장한다. 그 이유는 동아시아의 부패가 '정부가 제공하는 혜택과 뇌물과 리베이트를 교환하는 안정적이고 상호 혜택을 주는' 형태를 띠었기 때문이다. 쑨옌이 중국의 부패를 '이익 공유'라고 부른 것은 같은 기준에 의한 것이다.[33] 비록 이런 문헌이 '안정적인 교환'과 '이익 공유'가 성장을 제고할 수 있다고 주장했지만 그런 협의가 어떻게 일어나고 작동하는가에 대해서는 설명하지 않는다. 어떻게 몇 안 되는 최고위급 엘리트를 제외한 여러 당사자가 성장의 이익을 '공유'할 수 있을까?

이 책은 정치 엘리트들 사이뿐 아니라, 관료 집단 내 비엘리트들 사이에서의 '이익 공유' 방법에 대한 간격을 메운다. 몇몇 학자는 개혁주의적 지도부가 당 간부들에게 발전의 과실을 공유할 수 있게 함으로써 자본주의 성장의 초석을 놓았다는 사실을 지적했다. 엘리트 관원들에게 있어 이러한 혜택에는 승진이 있다. 또 전체적으로 번영하는 경제에서 자신이 선호하는 회사를 도와주고 그 대가로 받는 뇌물이나 리베이트도 있다(5장에서 본 지젠예의 경우). 그러나 이것이 다는 아니다. 내 연구에 의하면 이익 공유는 일선 공무원 수준에서도 보상 관행을 통해 작동한다. 이러한 제도들은 개혁 시기의 중국 관료주의를 누적적으로 이윤 지향적이도록 만들었고, 이러한 특성은 부패와 함께 수익을 만들어 내는 활동을 가속시켰다.

셋째, 나는 부패의 거시적, 미시적 수준의 통합된 설명을 제시했다. 몇몇 예외는 있지만, 엘리트들의 지대 공유와 관료 체제의 역량 강화는 각각의 경로를 따르는 경향이 있다. 지대와 정실주의를 연구한 사람들은 정치 엘리트들에 대한 연구에 집중한다. 만약 국가에서 가장 강력한 권력을 지닌 행위자가 지대 공유에 동의하지 않고 약탈을 억제하지 않는다면, 그들은 복지를 향상시키는 정책을 만들어 내지 못할 것이다. 다른 한편 '국가 역량'에 관한 문헌들은 일선 관료들과 그들이 공공 서비스를 제공하고 규칙을 강제하는 방법을 중요하게 본다.[34] 그러나 두 관점 모두 그 자체만으로는 충분하지 않다. 공공 행정 조직이 저임금을 받고 불만스러워하며 부패했다면, 그리고 유능한 관료들이 리더의 무능으로 인해 큰 변화를 만들어 내지 못한다면 좋은 정책은 실행되지 않는다.

부패를 세분화해서 보는 내 분석은 엘리트와 비엘리트, 교환을 동반한 부패와 그렇지 않은 부패 모두를 다룬다. 거시적 수준에서 나는 시장 개방과 주요 전환점에서 경제와 통치를 재구성한 중국 지도부의 결정을 추적했다.(3장) 이 결정은 경제가 성장함에 따라 국가-비즈니스의 관계를 바꾸었다.(5장) 내 이야기의 나머지 절반은, 행정 역량을 세우고 관료주의적 인센티브를 만들어 작은 규모의 부패와 도둑질을 줄이는 딱딱하고 전문적인 작업에 집중했다.(3장, 4장) 이러한 통합된 관점은 여타 나라의 발전과 부패를 분석할 때 적용되어야 하고 적용될 수도 있어야 한다.

넷째, 이 책은 부패가 경제 성장에 '좋다' 또는 '나쁘다'라는 과도한 단순화를 반대한다. 모든 부패가 나쁜 것은 맞지만 그 피해는 부패 유형에 따라 다르게 나타난다. 인허가료는 스테로이드와 비슷하다. 스테로이드는 성장을 촉진하지만 심각한 부작용이 있다. 정실 자본주의와 규제 포획으로부터 생기는 누적된 위험은 여러 나라를 비교하는 것으로 알아내기 어렵다. 연구자들은 동아시아와 미국의 금융 붐이 1997년, 2008년에 붕괴했을 때 놀랐다. 부패의 경제적 효과를 분석할 때 우리는 연간 GDP 성장 너머의 것을 봐야 하며 부패가 가져오는 간접적이고 왜곡된 결과를 조사해야 한다. 내 설명은 중국의 부패와 연관된 가까운 미래의 위험과 가능한 변종에 대해 경고한다(다음 부분을 참조하라).

중국의 미래에 대한 4대 의문

중국의 모순을 설명했고, 중국을 비교 역사학적 관점에서 미국이 19세기에 경험했던 것과 대비해 살펴보았으므로 이제는 중국 정치 경제에 대한 4가지 중요 질문으로 돌아갈 차례다.

결국 중국은 실패할 것인가

중국 정치 시스템에 대한 묘사는 극명하게 대조를 이룬다. 에릭 리 Eric Li와 대니얼 벨 쪽은 중국의 시스템을, 선거가 아니라 '능력과 덕성'에 의해 관료를 선발하는 유교적 능력주의로 묘사한다.[35] 그들은 중국의 능력주의가 민주주의에 비해 월등한 대안을 제시한다고 주장한다. 대니얼 벨은 강한 어조로 "중국 정부는 자신의 모델을 해외에 알리기 위해 더 적극적인 역할을 할 수 있다"라고 했다. 물론 후에 그는 이것이 '이상적인 것'이라고 변명했다.[36] 민신 페이와 고든 창 Gordon Chang은 또 다른 극단에서 오랫동안 중국 체제가 부패하고 있고 붕괴 직전이라고 주장해 왔다.[37]

이 책은 두 가지 관점 모두 옳지 않음을 보여 준다. 5장에서 상세히

부패한 중국은 왜 성장하는가

말했듯이 중국 정치 시스템에서는 부패와 유능함이 공존할 수 있다. 심지어 서로가 서로를 강화해 주기도 한다.[38] 6장에서 내 주장을 뒷받침하는 다른 증거들을 제시했다. 내가 연구한 시 당서기에 관한 자료들은 부패로 인해 낙마한 40퍼센트의 리더가 그 전해 또는 같은 해에 승진했던 사실을 보여 준다.

중국의 능력주의를 옹호하는 사람들은 후견주의와 부패를 인정한다. '그러나 근본적인 추동력은 능력이다.'[39] 사실 이 책은 부패가 가끔 나타나는 결함이 아니고 시스템의 고질적인 것임을 보여 준다. 집권당은 토지, 금융, 조달 계약 등 귀중한 자원을 통제하고, 개별적인 리더들은 어마어마한 개인 권력을 행사한다. 이것이 끊임없이 리더들에게 뇌물을 주고 간섭과 특혜를 요구하는 이유다.[40] (5장)

능력주의 학파 역시 누가 수호자를 수호할 것인가의 문제를 해결하지 못한다. 리ᄂᆞ는 관료를 임명하는 중앙조직부를 '가장 성공적인 기업의 부러움을 살 인사 관리의 엔진'이라고 칭송한다. 그러나 이 부서 역시 부패에 감염될 수 있다. 임명과 승진을 다루는 부서이기 때문에 실제로 부패할 수 있다.[41]

이에 반대하는 사람들은 다른 방향으로 오류를 저지른다. 그들은 중국의 부패를 확대해서 보고, 부패한 관료들 중에서도 활발한 성장, 승진을 위한 노력을 무시한다.(5장) 현재의 더딘 경제 발전은 1990년대에 그랬던 것처럼 그들의 붕괴 예상을 합리화하지 않는다. 중국뿐아니라 대부분의 나라가 중능 소득 수준에 이르면 경제 발전의 둔화를 경험한다.[42] 보다 중요하게는, 붕괴 담론은 거대한 부패에도 불구하고 어떻게 중국이 40여 년 동안 변화 발전을 유지했는지에 대한 적당한 설명을 하지 못한다.

흔히 후견주의가 능력주의를 반대한다고 알고 있지만 중국 공산당 내에서는 이 둘이 함께 공존했다. 후견주의에 가장 찌들은 시스템에서는 정치적 후견인이 함량 미달의 피후견인을 관료에 임명한다. 바버라 게디스^{Barbara Geddes}의 라틴 아메리카의 관료 체제 연구에서 이 점이 극명하게 드러났다.[43] 그러나 중국 정치 후견인들은 유망한 피후견인을 물색하고 이들의 경력 과정에서 능력을 배양한다. 어느 공산당 당교 리더는 내게 다음과 같이 설명했다. "아래 관료들에게 전략적으로 자리를 준비하고 그들에게 스스로를 증명할 기회를 주는 것이 후견인의 역할이다." 달리 말하면 우리는 보통 '능력'이 개인의 고유한 내재적 특성이라 생각하지만 중국 정치 시스템에서 능력은 정치적 후견인에 의해 함양되는 것이다. 또한 그는 이렇게 말했다. "우리는 결국 위에서 아래로 향하는 시스템이다. 국민들에 의해 선출되는 것이 아니다. 따라서 누가 함께 앞으로 가게 될 것인가를 정하는 것은 최고 지도자의 몫이다."[44]

간단히 말해서 독자들은 중국을 찬양하거나 폄하하는 모든 종류의 주장을 회의적으로 바라봐야 한다. 모순은 진보 시대의 중국 정치 경제에 나타나는 가장 일관적인 특징이다. 이를 이해하기 위해서는 이러한 모순을 파악해야 한다.

공산주의인가 자본주의인가

"시진핑의 중국은 부와 공산주의 모두를 추구한다." 이것은 《파이낸셜타임스》에 실린 마틴 울프의 칼럼 제목이다.[45] 제목은 재치가 넘

부패한 중국은 왜 성장하는가

쳤지만 사실 관계에는 오류가 있다. 중국은 공산주의가 아니다. 평등주의는 더욱 아니다. 중국의 불평등은 자본주의 미국의 불평등보다 더 심해졌다.[46] 실제로 중국의 정치 경제는 마르크스의 훈시인 '각자의 필요에 따라' 작동하는 것이 아니라 '각자의 능력과 연줄'에 따라 작동한다.(4장, 5장) 이런 관점에서 보면 중국은 공산주의를 가장한 자본주의 독재 국가로 이해하면 된다.

공산당 체제의 권력 집중이 자본주의 시장 개방과 결합하면 그 결과는 경쟁적 부패와 성장에 대한 고취의 독특한 혼합물이 된다. 인허가료는 중국에서 쉽게 지배적인 부패 유형이 되었는데 그 이유는 전제주의적인 관료가 일방적인 결정을 내릴 수 있고 이익에 대한 배타적인 접근을 승인할 수 있기 때문이다. 인도 같은 분절적인 민주주의와 비교되는데, 바르단에 따르면 인도의 관료들은 "문제를 즉시 중단할 수 있다", 그러나 "문제를 빨리 해결할 수는 없었다."(2장) 하지만 중국 관료들은 반대와 협의에 의한 방해가 없으므로 '불도저'식으로 밀어붙일 역량이 있었다.(5장) 그들은 큰 변화를 빨리 만들 수 있었고 이는 성장을 촉진했다. 하지만 비용이 많이 들어가는 실수들을 저지르거나 재앙을 일으키기도 했다.

내 설명 방식은 정치 경제학자에게, 전체 나라를 '포용적인가 그렇지 않은가', '약탈적인가 그렇지 않은가', '개방적인가 제한적인가'처럼 이분법적으로 살피면 혼재된 현실을 제대로 보지 못하게 된다는 것을 알려 준다.[47] 전통적으로 중국은 일당 독재 때문에 자동적으로 '포용적이지 않은', '약탈적인', '접근이 제한된' 것으로 분류됐다. 그러나 이 책이 보였듯이 이 전제 체제 내에서도 여전히 탈중앙화, 경쟁, 민간 부

문 참여 같은 일반적으로 민주주의와 관련된 요소들이 존재한다.[48]

부패가 체제 붕괴로 이어질 것인가

중국이 심각한 부패 문제를 가지고 있음을 부정하기는 어렵다. 시진핑 주석은 부패 문제가 공산당의 실존적 위험을 가지고 있다고 공표했다. 그러나 시진핑은 특별한 유형의 부패에 주된 관심을 가지고 있다. 그는 정치 엘리트들 사이에 후견-피후견 관계로 얽힌 교환을 동반한 부패에 관심을 둔다. 특히 강력한 권력을 지닌 '홍색' 가문 출신으로 보시라이 같은 혁명 원로 후손이거나 국유 산업 부문의 기득권(예를 들면 석유 산업을 장악한 저우융캉)처럼 후견-피후견 관계의 부패를 주목한다.[49]

그런 부패는 직접적으로 경제를 둔화시키거나 대중적 저항을 일으켜 체제 전복까지 나아가기는 어렵다. 이 책은 비록 중국 관료가 광범위한 결탁과 거래에 연루되지만 결국 그들은 사회적, 경제적 발전을 이룩해 냈음을 보여 주었다. 그래서 중국을 전체적으로 '약탈적이고' 또는 '갈취하는' 나라라고 꼬리표를 붙이는 것은 오해만 일으키게 된다.[50] 피터 에번스Peter Evans는 모부투 세세 세코Mobutu Sese Seko 치하의 자이르(콩고민주공화국의 옛 이름)를 묘사하면서 약탈적 국가를 "큰 금액의 잉여를 빼먹고 제공하는 공공재는 거의 없는"[51] 것으로 정의했다. 그러나 중국은 자이르가 아니다.

중국은 또한 이집트와도 다르다. 이집트에서는 시민들이 거리로 나갔다. 약탈적인 부패에 대한 절망과 분노 때문이었다. 브루스 딕슨Bruce Dickson의 중국 도시 거주민에 대한 조사는, 비록 부패가 만연하다는 것을 많은 주민이 알고 있지만 그중 상당수가 시진핑의 반부패 운동 이후 많이 개선되었다고 생각한다는 것을 보여 주었다.[52] 게다가 그의 조사는 부패와 다른 문제들에 대한 불만에도 불구하고 정치적 신뢰가 높고 집권당에 대한 지지도 역시 높다는 것을 보여 주었다.

중국의 부패는 체제의 안정성을 다른 방식으로 위협한다. 최고 수준의 엘리트들 사이의 뇌물은 파벌 경쟁과 정치적 권력 승계를 위한 투쟁을 부추긴다. 이는 보시라이 스캔들에서 극적으로 드러났다. 각 영지가 거대한 지대를 축적하면 야심을 갖게 되고 결국은 최고 지도자에게 반기를 들게 된다. 월더는 현재 중국 공산당이 직면한 위험을, 국민당이 1930년대와 1940년대에 겪었던 내부 분열에 비교한다. 장제스에 의하면 "권력과 자기 이익을 향한 특수한 계급 투쟁이자 대중을 소외시킨"[53] 분열이었다. 부패는 하나의 특수한 시나리오를 따라 체제 붕괴로 이어질 수 있다. 정실 자본주의와 연결된 구조적 위험이 갑작스러운 붕괴로 내파되고 그 파급 효과가 지도부의 통제 범위 밖으로 퍼질 때이다.[54] 이것이 바로 시진핑이 금융 위험은 국가 안전의 문제라며 레버리지를 줄이는 정책을 강조하는 이유다.[55]

주목할 만한 것은, 많은 사람이 수년간 중국의 붕괴에 대해 주장했지만[56] 미국 '체제'가 역사적으로 부패와 관련된 위기를 반복해서 겪었음에도 불구하고(1839년 첫 번째 대공황부터 2008년 위기까지) 왜 붕괴하지 않았는가에 대해 질문하는 사람은 거의 아무도 없었다는 점이다. 아마도 미국은 시민들이 선거로 정치인이나 정당을 바꿀 수 있기 때문에 회복력이 있었을 것이다.[57] 중국 공산당은 행정과 경제를 따로 떼어 내서 볼 수 없다. 따라서 만약 거대한 실패가 생긴다면 국민들은 당의 최고 지도자를 거부할 뿐 아니라 전체 전제 정권을 몰아낼 것이다.

반부패 운동이 성장을 억제할 것인가

전임 지도자들이 부패를 눈감고 모른 척했다면 시진핑은 부패가 초래할 위기에 대담하게 대응했다. 그의 반부패 운동이 만약 정실 자본주의를 억제하고 평등하면서 투명한 비즈니스 환경을 만들어 냈다면 중국의 장기적 성장에 유익할 것이다. 문제는 반부패 운동이 부패를 감시하는 것을 넘어 당의 노선에 충실할 것과 개인숭배로 이어지는 경우에 발생한다. 더 나쁜 것은 한 치의 빈틈도 없는 규율은 시진핑 주석이 요구하는 '대담한' 관료와는 모순된다는 점이다. 매우 가혹한 감시와 '모든 것을 실행'할 것을 요구하는 비현실적인 기대 사이에서 관료 체제는 마비 상태가 되며 적응하고 혁신할 수 있는 능력을 발휘할 수 없게 된다.[58](6장)

시진핑의 지속적인 캠페인은 관료들로 하여금 높은 경계를 유지하도록 했지만, 지도부가 핵심 원인을 해결하지 않는 한 인허가료 형태의 부패를 박멸하지는 못할 것이다. 핵심 원인은 바로 경제에서 국가가 가진 거대한 권력이다. 관료가 귀중한 자원을 통제하고 개인적 권력이 견제되지 않는다면, 그들의 특혜에 대한 수요는 계속 있을 것이다. 이런 점에서 볼 때 우려스럽게도 시진핑은 반대로 움직였다. 그는 국가 부문을 확장하고 더 많은 정치적 통제권을 주었다.[59]

따라서 더 좋은 질문은, 부패가 사라질 것인가가 아니라 부패가 새로운 방식으로 나타날 수 있는가다. 인허가료가 전통적으로 토지와

부패한 중국은 왜 성장하는가

부동산 거래에 집중됐다면(5장) 앞으로는 기술이나 혁신 부문으로 이동할 수 있다. 기술, 혁신 부문은 정부인도기금Government guiding funds, GGFs 같은 어마어마한 플랫폼에 의해 지원을 받는다. 이판 웨이Yifan Wei와 공동 저자들이 설명하듯이 정부인도기금은 "첨단 기술과 신흥 산업에 공적 또는 사적 투자를 늘리기 위해 만든 새로운 형태의 산업 정책 기반 기금이다." 대부분의 정부인도기금은 벤처 캐피털, 사모 펀드를 고용해 기금을 운용하거나 투자한다. 2017년 말, 중국 전역에 걸쳐 정부인도기금은 1500여 개였고 총규모는 9조 5000억 위안(1.4조 달러)이었다. 이 금액은 미국의 대중 무역 적자액의 대략 3배 정도다.[60]

정부인도기금은 새로운 금융 기법을 도입했지만 그들 역시 부패에 취약하다. 기금을 누가 누구에게 어떤 목적으로 배분하는지 불명확하기 때문이다. 게다가 신흥 부문으로의 투자는 근본적으로 위험하며 실패 가능성이 높기 때문에 펀드 매니저가 행한 투자의 적격성 여부를 알기 어렵다. 어떤 정부인도기금은 시진핑의 중요한 해외 정책인 일대일로와 관련해 해외 프로젝트에 참여한다.[61] 그러나 일대일로는 부패로 세계의 주목을 끌고 있다.[62] 초대형 거래, 복잡한 금융 기법, 불투명성, 모호함 등은 시진핑의 엄중 단속에도 불구하고 한층 발전된 인허가료로 성장하는 토양을 제공할 수 있다.

부패의 역설에 대한 5대 의문

비록 중국의 경험에 집중해서 분석했지만, 부패를 세분화해서 보는 것은 학계뿐 아니라 부패와 통치를 해결하려는 실무자에게도 중요하다. 마지막으로 이 책이 말하고자 하는 부패에 관한 5개의 중요 질문들을 살펴보고자 한다.

부패란 무엇인가

부패는 관료가 사적 이익을 취하기 위해 권력을 남용하는 것으로 정의한다.[63] 대부분 세계적으로 사용하는 지표와 학문적 연구는 이것을 불법적인 권력 남용으로 해석한다. 여기에는 뇌물, 횡령, 매표 등 가난한 나라에서 가장 만연한 부패들이 포함된다. 그런 정의는 새뮤얼 이사차로프Samuel Issacharoff가 정의한 '부의 과도한 영향의 결과로 생기는 왜곡된 정치적 결과물'에서 '과도한 영향'을 제외한다.[64] 과도한 영향은 부유한 경제에 존재하는 것이다.[65]

이 책에서 '인허가료'에 대한 개념은 영향력을 매입하려는 합법적인 행위를 포함한다. 이런 행위에는 회전문 인사 관행, 정치인 가족 구성원을 회사 이사로 초빙하기, 정치인의 참모에게 수입이 좋은 일자리 제공하기 등이 있다. 이러한 광범위한 행위의 불법성은 논쟁적이다. 법학자인 레시그가 인정하듯이 "우리의 의회는 제도로서는 부패했고, 의회 구성원으로서의 의원 개인들은 그 누구도 부패하지 않았다"는 관념은 "많은 사람이 받아들이기 힘들다."[66] 어떤 사람들은 자신의 이익을 위해 정치계에 영향을 가하려는 노력을 '금권 정치'나 '접근권 구매'로 표현하는 것을 선호한다. 아마도 이것은 부패가 후진성을 내포하기 때문일 것이다. 글레이저와 골딘은 "대부분의 미국인들에게 부패는 가난한 나라의 덜 부유한 사람들에게서 벌어지는 것이다"라고 지적한다.[67] 화이트는 부유한 나라의 부패를 이야기하는 것이 "스스로 상상한 국가의 유산… 공정과 민주주의"를 폄하하는 것으로 보일 수 있다고 지적한다.[68]

하지만 나는 다르게 생각한다. 민주주의 가치를 높게 볼수록 공식적, 정치적 대표성이 왜곡될 가능성에 대해 오히려 더 경계해야 한다. 제1세계의 금권 정치를 억누르는 것은 큰 도전 과제다. 금권 정치는 종종 합법적이고 제도화되었으며 모호하기 때문이다. 미국의 로비 활동을 보라. 로비스트는 등록되어 활동하고, 캠페인에 기부하는 것은 대체로 공개되어 있다.[69] 로비 활동은 합법적이며 민주주의 대의제가 작동하기 위해 필수적이기까지 하다. 로비 활동이 지나치고, 음습하고, 사회 전체의 이익보다 작은 집단의 이익을 위해 쓰일 때 '부패'가 된다. 실제 관행에서는 거의 예외 없이[70] 로비 활동이 선을 넘어 부패로 변했는지 여부를 판단하기가 거의 불가능하다. 따라서 모든 로비 활동은 정상적인 것으로 받아들여진다. 그러나 뇌물은 명백하게 부패이기 때문에 모든 사람의 주목을 받는다.[71]

인허가료가 이론과 부패 측정에서도 누락되면, 오직 가난한 나라들만이 부패로 인해 고통을 받고 부유한 민주주의 국가에는 부패가 없다는 잘못된 관점이 강화된다. 이러한 잘못된 관점은 부유한 나라들의 무관심이나 자기만족적 관점을 형성한다. 좁은 이익 집단의 이익을 위해서 공식 제도들의 왜곡이 생길 때 이것을 부패로 인식하지 않으면, 긴급 문제를 해결하기 위해 필요한 대중적 압박은 감소하게 된다. 긴급한 문제로는 캠페인 자금 조달, 금융 규제, 기후 정의 같은 것들이 있다.

부패를 어떻게 측정할까

부패는 측정하기 까다롭다. 따라서 그 어떤 하나의 접근 방식도 '완벽하지' 않다. 국가별 비교를 위해서는 전문가 인식에 근거한 부패 측정이 가장 영향력 있는 접근 방법이다. 2장에서는, 부패를 세분화한 인식으로 측정하는 최초의 방법을 제시했다. 처음으로, 다른 유형의 부패를 여러 나라에 걸쳐서 체계적으로 측정함으로써 특정 유형의 부패가 얼마나 더 많은 피해를 주는가와 그 이유를 검증할 수 있었다. 특히 특정하기 힘든 범주인 인허가료를 명확히 하기 위해 더 많은 노력이 필요하다. 정치적 연줄에 관한 연구는 중국을 포함해 각 나라 특성에 따라 연구한 것이 많지만,[72] 여러 국가에 걸쳐서 측정한 것은 드물다.[73]

특히 뇌물 측정에 대해, 내 연구는 '급행료'와 '인허가료'의 구분이 필요함을 강조했다. 다시 말해 뇌물은 여러 가지 다른 목적으로 제공된다. 급행료는 괴롭힘과 지연을 극복하기 위해 제공하고, 인허가료는 특권을 얻기 위해 제공한다. 뇌물에 관한 기업 수준에서의 조사는 거의 대부분 급행료만을 문제로 삼는다.[74] 회사들은 영향력을 매입하는 것을 인정하고 싶지 않거나, 심지어는 그들이 정직하더라도 독직 행위를 뇌물로 보지 않기 때문이다. 급행료에 관한 문헌들은 전체적인 이해를 위해 정치적 연줄과 통합해서 봐야 한다.

정량적인 측정을 개선하는 것 외에도, 부패를 연구하는 학자들은 여러 나라에 걸친 부패 구조를 정성적으로 분류하는 방법을 다시금 고려해야 한다. 기존의 유형 분류 체계는 분석자의 주관적인 판단에 근거한 하나의 범주를 특정한 나라에 할당하는 방식으로 행해진다.[75]

이런 접근 방식은 주관적이고 그보다 더 문제가 되는 것은, 이런 방식이 각 나라가 오직 단일한 유형의 부패를 가지고 있다는 오해를 심어 준다는 점이다. 나는 UCI를 통해 조사 결과를 시각화했으며(2장) 모든 나라들은 여러 유형의 부패의 결합으로, 그리고 각기 다른 비중으로 부패를 가지고 있음을 보였다.

부패가 경제 성장을 저해할까

전통적인 생각에 따르면 부패는 경제 성장을 저해한다. 얼핏 이러한 가정은 관찰한 것과 잘 맞는 것처럼 보이고 여러 국가에 걸친 회귀 분석 결과는 강한 지지를 받는다.[76]

그러나 부패가 항상 성장을 저해한다는 믿음은 '부패'와 '경제 성장'의 정의 모두에서 잘못되었다. 국가 전체로 살펴본 지수는 부패를 세분화하지 않으며 대부분 인허가료를 과소평가한다.[77](2장) 그리고 성장은 보통 1인당 GDP로 측정되는데 부패가 경제에 미치는 영향을 측정할 때 매우 부적절한 측정 도구다.

인허가료의 효과에 대해, 이 장의 도입부에서 소개한 미국의 도금 시대의 철도 건설 일화를 보자. 금권 정치와 로비 활동은 정치인이 엄청난 규모의 보조를 승인하고, 금융 위험과 비용을 무시하며, 정작 위기가 발생했을 때는 대중의 이익을 훼손해서라도 악덕 자본가를 구제해 준다. 기업이 정부와 친밀한 유대 관계를 유지함으로써 건설 노동자 학대, 원주민 축출, 생태 환경 파괴에 면죄부를 주었다.[78] 글레이저와 골딘이 이야기하듯 이러한 것들의 사회적 비용은 어마어마하지만 "그것을 측정하는 것은 거의 불가능하다."[79] 경제학자 아르빈드 자인

Arvind Jain은 그 결과에 대해 "부패와 잘못된 공공 정책으로 인해 생기는 비용 사이의 연관 관계를 연구하는 것이 부족하게 되는" 것이라고 말한다.[80]

이론상 우리는 우리가 가치 있다고 생각하는 것을 측정한다. 그러나 현실에서는 우리가 측정하는 것을 가치 있다고 생각한다. 쉽게 내려받을 수 있고 회귀 분석 모델에 바로 적용할 수 있는 자료들은 우리가 쉽게 인정할 만한 개념, 이론, 정책들을 생산해 낸다. 세분화한 부패 측정 방법과, GDP를 넘어서는 부패가 경제에 미치는 영향을 측정하는 방법을 개발함으로써 우리는 부패와 자본주의에 대한 이해를 크게 개선할 수 있다.

부패 구조가 경제 발전에 미치는 영향을 조사하는 역사적-정성적 연구와 정량적 연구는 통합해서 수행되어야 한다. 특히 부패 구조를 성장을 덜 저해하는 형태로 만들기 위한 정치적 노력들에 주목해야 한다. 안드레이 슐라이퍼와 대니얼 트레이스먼Daniel Treisman은《지도 없이Without a Map》란 책을 통해 몇몇 러시아 개혁은 리더들이 "사회적으로 비용이 더 많은 지대를 비용이 덜한 지대"와 교환했을 때 성공적이었음을 보였다.[81] 성장을 저해하는 특정 유형의 부패를 선택적으로 박멸했던 중국의 사례와(비록 인허가료가 폭발적으로 늘어났지만) 비슷한 이야기다(3장).

불평등에 어떤 영향을 미칠까

부패는 성장뿐 아니라 특히 불평등에(경제적, 정치적 불평등 모두에) 영향을 끼친다. 경제적 불평등과 정치적 불평등은 서로 분리될 수 없

부패한 중국은 왜 성장하는가

지만 문헌이나 대중적인 담론은 소득의 불평등에만 집중하려는 경향이 있다.[82] 초갑부들은 매우 부유할 뿐 아니라 영향력도 매우 크다. 그들은 자신들의 이익을 위해 이 책에서 정의한 '인허가료'를[83] 통해 정치적, 법률적 시스템을 조종한다. 부패를 제대로 분석하지 않으면 그 어떠한 정치적 불평등에 관한 연구도 온전할 수 없다.[84]

유엔발전프로그램에서 처음 고안되어 1990년에 발표된 인간개발지수Human Development Index, HDI에 관심을 가져야 한다. 이 프로그램은 2019년 '소득을 넘어서서' '건강, 교육, 기술 접근성, 충격에 대한 노출 등 여러 차원에서의 불평등에'[85] 관심을 가져야 한다고 선포했다. 이처럼 불평등의 개념 확장은 매우 중요하다. 내 연구는, 이러한 측정 방식이 향후 확장되어 부패와 불가분 관계에 있는 정치적 영향력에 대한 불평등을 다뤄야 한다고 제안한다.

그런 불평등은 나라에 따라 다양한 형태를 띤다. 서구 사회에 비해 규칙에 의한 통치가 미약한 중국에서 불평등은 '정치적 연줄'로 나타난다. 정치적 연줄은 민간 기업가가 개별 엘리트 관료와 함께 이익 공유의 특권을 구축할 때 나타난다. 강력한 공식 제도와 규칙에 의해 통치되는 고급 자본주의 경제에서는, 정치적 영향력에 대한 불평등한 접근성이 로비 시스템에서 발견된다. 거대 기업과 이익 단체는 로비 시스템을 통해 합법적으로 정책 수립에 어마어마한 영향력을 발휘한다. 정치적 영향력에 대한 불평등한 접근성은 법과 정책을 만들 때 큰 영향을 주기 때문에 다른 모든 영역에서의 불평등을 가져온다. 소득, 공공 서비스에 대한 접근성, 위험에 대한 노출 정도의 영역에서 불평등을 초래하는 것이다. 이런 형태의 불평등을 추적하기 위해서는 인허가료에 대한 더 좋은 측정이 필요하다.

부패와 어떻게 싸워야 하나

부패에 관한 광대한 연구들은 부패와 싸울 때 실용적인 통찰력을 거의 제공하지 않는다. 전 아프가니스탄 합동 독립부패감시위원회의 위원장이었던 마크 파이먼Mark Pyman은 "부패에 대해 연구하는 사람들은 단지 부패가 얼마나 나쁜 것인지를 보여 주고 싶어 하는 것처럼 보인다. 왜 그럴까? 그들은 그저 '문제를 감상하는' 것에 불과하다."[86] 나는 틀릴 위험을 무릅쓰고 '해답'을 제시하지는 않겠지만 대신에 반부패 노력에 대한 연구의 몇 가지 시사점을 강조하고자 한다.

반부패에 관한 한 여러 상황에 두루 적용되는 만능 해법은 없다. 부패를 세분화해서 분석한 내 작업은 4가지 범주(바늘도둑, 소도둑, 급행료, 인허가료)를 사용해 맞춤형 분석을 해야 한다고 강조한다. 이런 방식의 범주별 분해 접근 방식은 최근 '미시적', '부문에 특화된', '프로젝트에 특화된'처럼 부패에 대해 특정한 맥락으로 접근하는 방식과 궤를 같이한다. 부패를 하나의 균질한 재앙으로 보기보다는 세분화해서 봐야 한다.[87] 이분법적 분할은 너무 조악하고, 모든 대상을 따로 분석하는 구체적 분석은 너무 다양하게 된다. 내 분석은 이런 2가지 방법론 사이에서 균형적인 방법론을 제시한다. 맥락에 의존하는 접근 방식을 이론과 실제에 적용할 때 이런 균형은 필수적이다.

중국의 경험은 반부패에 대해 3가지 중요한 시사점을 제공한다. 첫째, 공무원의 급여가 생활 임금보다 작은 가난한 나라에서 제1세계의 '모범 사례'를 설파하고 부패에 대해 '무관용' 원칙을 적용하는 것

부패한 중국은 왜 성장하는가

은 현실적이지 않다. 가난하고 약한 나라에서의 공공 부문 개혁은 각 국의 현실에 맞는 다양한 형태의 '과도적 행정 기관'을 탐구해야 한다. 중국의 사례에서 교훈을 얻되 맹목적으로 복사해서는 안 된다.[88]

둘째, 도둑질과 작은 규모의 뇌물과 관련된 부패를 억제하기 위해서는 인센티브와 부합하는 역량 강화적 개혁이 필요하다. 정치 경제학자들은 기술적 정책을 무시하는 경향이 있지만,[89] 기술 관료들은 종종 성공적인 역량 강화적 개혁의 전제 조건으로써 정치적 인센티브를 무시한다. 중국 정치인들은 행정 조직의 현대화와 성장을 저해하는 부패와의 전쟁에 헌신하고 있다. 그 이유는 그들이 지역 성장에 지분이 있고 동료들과 치열하게 경쟁하기 때문이다. 이러한 인센티브가 없다면 한 나라의 개혁은 통상적으로 역량 강화 개혁의 형식적인 절차만 채택할 뿐 끝까지 완수하지는 못하게 된다.[90]

셋째, 인허가료와의 싸움에는 구별되고 사려 깊은 해법들이 필요하다. 시진핑은 반부패 운동을 통해 여러 부패 관원들을 체포했지만 그의 운동은 인허가료의 핵심 원인 주변을 맴돌기만 했다. 인허가료의 핵심은 경제에 대한 국가의 통제와 리더의 개인적 권력이다. 더 나쁜 것은 시진핑이 언론을 통제했다는 것이다. 인터넷, NGO, 변호사, 시민 사회를 통제한 것이다. 그의 행정 조직은 지방 정부 수준에서 정부 투명성과 의사 결정 과정에 참여하는 실험적 요소들을 후퇴시켰다.[91] 초거대 행정 조직에 상명하복하는 검사는 불법 행위를 찾아내기 매우 어렵다. 초거대 행정 조직은 시민 사회의 조력이 필요하다.

그러나 시민들이 효과적으로 부패를 감시하는 능력은 자동적으로 주어지지 않는다. 이러한 능력은 시민의 책임 의식에 관한 규범에 의존한다. 시민의 책임 의식은 NGO 활동과 실천에 의해서 배양된다.[92] 시진핑은 아래로부터 올라오는 요구를 억누름으로써 부패를 감시하는 사회의 역할을 제거했을 뿐 아니라, 시민의 자질 형성에도 심각한 손상을 주었다. 2012년 이후 진행된 중국의 반부패 운동의 경로는 바로 이 지점에서 미국의 진보 시대와 크게 달라진다.

결론: 부패를 새롭게 보아야 중국과 세계가 보인다

일본 사회에 대한 통찰을 제시한 《국화와 칼》의 저자인 인류학자 루스 베네딕트는 "20세기가 가지는 여러 장애 중 한 가지는 우리가 여전히 가장 모호하고 편견에 사로잡힌 생각을 가지고 있다는 것이다. 일본인의 국가가 일본이라는 것과 미국인의 국가가 미국이라는 생각이 바로 그러한 편견이다"[93]라고 말했다. 국제 여행과 정보의 확산이 늘어났지만 이러한 장애는 21세기에도 계속 이어지고 있다. 1980년대 일본 부흥의 정점 시기에 많은 미국인은 일본을 아시아에서 발흥한 주요 '문명적인' 위협으로 평가했다. 오늘날 중국은 일본을 대신해 넘버원(일본보다 훨씬 심각한 결과를 초래할 수 있는) 적국이 되었다.

중국과 미국은 새로운 '냉전'을 향해 돌진하는 것처럼 보인다. 워싱턴 정가에서는 두 초강대국 간 경쟁을 '문명의 충돌'로 보려는 경향이 득세하고 있다.[94] 한편 베이징에서는 권위주의를 합리화하기 위해 유교주의를 들먹이는 문화적 주장들이 유행을 타고 있다. 중국이 예외적이며 모든 면에서 서구 사회에 반대한다는 주장은 잘못된 오해를 가지게 한다. 중국을 이해하기 위해서는 서구와 다른 것과 비슷한 것 모두를 고려해야 한다. 우리는 서구 사회가 자신의 역사에 대해 주장하는 여러 담론을 다시 고려해야 한다. 베네딕트의 말처럼, 우리 자신을 이해해야 비로소 타인을 이해할 수 있다.

중국이 보여 준 만연한 부패와 빠른 성장은 미국의 도금 시대와 명백한 유사성이 있다. 그러나 보통 역사는 잊힌다. 물론 정치적 자유, 경제에서의 정부 역할, 각국의 역사적 조건들을 살펴보면 두 나라의 차이점은 상당하다. 그럼에도 두 도금 시대는 공통점이 있다. 새로운 부자들의 발흥, 정부와 결탁한 거대 비즈니스, 풍요 속의 빈곤, 부패에 대한 반발과 억제되지 않은 자본주의 등이다.

근본적으로 중국이든 미국이든 또는 어떤 나라든, 부패에 대한 연구는 우리가 가진 기본 개념과 이론을 재구성할 것을 요구한다. 이 책은 2가지 핵심 증거를 제시했다. 첫째, 부패는 항상 나쁘지만 모든 유형의 부패가 경제에 똑같이 나쁜 것은 아니며 같은 종류의 해를 끼치는 것도 아니라는 것이다. 둘째, 자본주의는 부패를 박멸함으로써 발흥하는 것이 아니다. 자본주의는 부패의 박멸이 아니라 부패의 정성적 진화(폭력과 도둑질에서 영향력을 행사하는 쪽으로)를 통해 발전했다. 부패와 자본주의의 관계에 대한 이해를 높이기 위해 우리는 먼저 부패를 세분화해서 분석해야 한다. 또한 세분화한 부패가 GDP에 미치는 영향과 측정하기 어려운 사회적, 경제적 영향을 구분해야 한다. 내가 첫걸음을 뗐고, 다른 동료들이 이 길에 동참하길 바란다.

부록

CHINA'S GILDED AGE

부패와 GDP 성장

중국은 부패에도 불구하고 빠른 성장을 이루었는데 이를 흔히 '통계적 극단치'라고 부른다. 이런 사례는 《월스트리트저널》의 기사처럼, CPI 점수에 대해 평균 GDP 성장률을 점으로 찍어 보면 "부패와 낮은 성장률은 보통 같이 움직인다. 그러나 중국은 이러한 패턴과 맞지 않다."[1] 사실 《월스트리트저널》이 보여 준 그림은 정반대를 말한다. 부패는 높은 성장률과 같이 움직인다.

〈그림 A1-1〉은 《월스트리트저널》의 그림을 보강한 것인데, 최근 CPI 점수에 대해 평균 성장률을 1995년부터 2016년까지의 데이터를 사용해 점으로 찍은 것이다.

이 그림을 보면 부패가 심한 나라일수록 높은 GDP 성장률을 보인다는 것을 알 수 있다. 이것은 놀라운 일은 아니다. 부패가 심한 나라일수록 소득이 낮은 경향이 있는데 소득이 낮으면 성장률은 더 높을

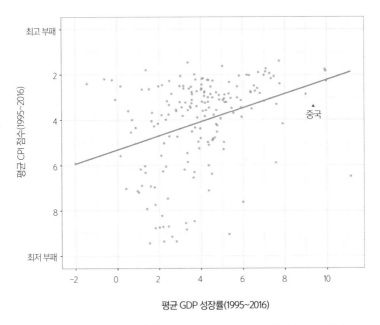

최고 부패

평균 CPI 점수(1995~2016)

2

4

6

8

최저 부패

-2　　　0　　　2　　　4　　　6　　　8　　　10

중국

평균 GDP 성장률(1995~2016)

〈그림 A1-1〉《월스트리트저널》의 분산형 도표를 바탕으로 데이터를 보강했다.

가능성이 크기 때문이다. 〈그림 A1-1〉에서 중국의 부패 지수가 회귀 분석선 아래에 위치하고 있는데 이는 기대한 것보다 덜 부패한 것을 의미한다. 일반적으로 부패와 가난의 상관관계는 성장률로 구하지 않고 1인당 GDP(1장)로 구한다.

　앞에서 주장했듯이 중국이 부패와 높은 성장률을 동시에 가지는 것은 이상한 일은 아니다. 오히려 중국을 통계적 극단치로 만드는 것은 40년 동안의 비교적 높은 부패 수준에도 불구하고 경제가 그 누구와 비교해도 높은 비율로 지속적으로 성장했다는 점이다.

　이 사례를 통해 우리는 부패가 무엇을 의미하는지,(2장) 또한 성장은 무엇인지 정확하게 정의할 필요가 있음을 알 수 있다. 사실상 '성장'에 대한 여러 측정 방법은(1인당 GDP, GDP 성장률, GDP 성장의 절대치, 높은 성장의 지속성) 부패와 상관관계를 구할 때 매우 다른 값들을 보인다. 중국의 역설을 제대로 이해하기 위해서는 분석에서 사용하는 기본적인 용어를 정확히 정의해야 한다.

UCI 방법론

이 부록은 설문지 설계와 세분화한 부패 지수를 만드는 것을 보다 자세히 설명한다. 설문 조사의 첫 단계는 잠재적인 응답자 집단을 생성하는 것이다. 나는 문헌과 온라인 이력서를 살펴보고 동료들의 추천서도 참고한 후 그 나라의 정치, 경제, 사회에 대해 광범위한 경험과 지식을 지닌 집단을 식별해 냈다. 설문 조사는 온라인 조사 플랫폼인 퀄트릭스Qualtrics를 통해서 이루어졌다. 전문가 집단의 각 구성원들에게 설문 참여를 위한 개인적인 링크를 보냈다. 이 조사는 익명으로 이루어지고 그 어떤 개인 정보도 수집되지 않으며 저장되지도 않는다는 것을 참여자들에게 고지했다.

372개의 설문 요청서를 보냈는데 135개가 시작되었으며 최종적으로 125개의 설문 조사가 완성되었다. 응답률은 36퍼센트였고 응답자 중 설문 완성률은 84퍼센트였다. 이 정도는 설문 조사에서 정상적 범위 안에 든다. 응답자들은 주로 관련 국가의 전문 영역을 연구하는 학계 사람들이었다.(73명) 기자는 11명, 비즈니스 리더와 최소 10년 이상 경험이 있는 전문직이 11명이었다. 기타는 개발 컨설턴트와 중상위급 공무원이다. 응답자 중 45퍼센트는 해당 국가의 국민들이었다.

UCI 순위	국가	바늘도둑 (0~10)	소도둑 (0~10)	급행료 (0~10)	인허가료 (0~10)	총합 (0~40)
1	방글라데시	7.9	7	8.7	8.2	31.8
2	러시아	7.5	7.2	8.6	7.7	30.9
3	인도네시아	7.8	7.1	7.5	8.2	30.5
4	나이지리아	7.6	8.2	7.4	7.3	30.4
5	인도	7.6	5.4	8	7	27.9
6	중국	6.9	6.1	6.6	7.6	27.2
7	태국	7.5	5.8	6.4	6.5	26.2
8	남아프리카공화국	6.6	6.1	5.9	7	25.5
9	브라질	5.8	5.8	5.6	7.5	24.5
10	가나	6.5	4.1	7.1	5.8	23.4
11	미국	5.2	4.8	4.1	6.9	20.8
12	한국	4.4	4.1	3.5	6.1	18
13	대만	4.3	3.7	3.8	5.1	16.8
14	일본	3.6	3	3.3	4.9	14.7
15	싱가포르	2.4	1.9	2	3.7	9.9
	평균	6.1	5.3	5.9	6.6	23.9

〈표 A2-1〉 UCI 점수와 15개국의 순위.

최종 설문 데이터는 적어도 4명의 전문가 응답이 있었던 나라들만 포함했다. 응답자 수는 나라별로 4명에서 20명이었는데 다음과 같다. 방글라데시 4명, 브라질 6명, 중국 20명, 가나 5명, 인도 6명, 인도네시아 5명, 일본 9명, 나이지리아 5명, 러시아 12명, 싱가포르 7명, 남아프리카공화국 5명, 대한민국 9명, 대만 5명, 태국 4명, 미국 20명.

2장에서 보았듯이 UCI는 4가지 범주의 부패에 대한 인식 조사를 위해 정형화된 단문을 이용한다. 우리 설문지는 전부 20개의 단문 유형 질문으로 구성되었으며 인허가료, 급행료, 소도둑, 바늘도둑 등 4개로 범주화했다. 응답자는 각 단문에서 각 유형의 부패에 대해 5단계 리커트 척도로('매우 일반적'에서 '전혀 없음'까지) 선택했다.

이러한 설문 조사를 할 때 가장 큰 난관은 설문에 응할 전문가를 확보하는 것과 각 나라에 대해 적어도 4명의 응답자를 확보하는 것이다. 당연히 학자들과 전문가들은 매우 바쁘다. 그들이 시간을 내어 긴 설문에 응답하는 것은 쉽지 않다. 한 응답자는 내 샘플에 유럽 국가가 없는 것을 두고 불평을 늘어놓았다. 유럽이 빠진 것은 여러 번 요청했음에도 유럽 지역에서 응답에 응한 전문가를 충분히 확보할 수 없었기 때문이다. 바쁜 스케줄에도 설문 조사에 응답해 준 분들에게 감사의 말씀을 전하고 싶다.

부패한 중국은 왜 성장하는가

3장 부록

3가지 중요한 부패의 정의

다음은 1999년 인민검찰원이 뇌물贿赂, huì lù, 횡령贪污, tān wū, 공금 유용挪用公款, nuó yòng gōng kuǎn이라는 부패에 대해 정의한 것이다关于民检察院直接受理案侦查案件案标准的规定. 〈표 A3-1〉과 〈표 A3-2〉에 뇌물과 횡령에 관한 데이터를 나타냈다.

뇌물

뇌물죄는 개인과 공작 단위 모두가 뇌물을 수수, 제공, 소개하는 범죄 행위를 말한다. 예를 들어 '뇌물을 받는' 범죄는 국가 공무원이 직장의 특권을 이용해 타인의 재물을 요구하거나 타인의 재물을 불법적으로 받거나 자신들의 이익을 추구하는 행위로 정의한다. '직장의 특권을 이용하는' 것은 개별 공무원의 업무 범위, 감시 권한, 임무, 공공업무, 직급에서 나오는 환경 내 권한을 이용하는 것을 의미한다. 타인의 재물을 갈취하는 것은 그것이 '타인의 이익을 위하든' 그렇지 않든 상관없이 뇌물을 받는 것으로 취급된다. 불법적으로 타인의 재물을 받은 행위가 '뇌물을 받는' 범죄가 되기 위해서는 반드시 타인의 이익을 위한다는 조건을 동시에 만족해야 한다. 그러나 타인의 이익의 적절성과 이익이 실현된 여부는 범죄를 구성하는 데 영향을 주지 않는다. 다음의 혐의는 뇌물죄를 구성한다. ① 개인이 5000위안 이상의 뇌물을 받았을 때. ② 개인이 5000위안 미만의 뇌물을 받고 다음 중 하나를 만족할 때. (1) 뇌물로 인해 국가 또는 사회 이익이 심각하게 침해되었을 때, (2) 고의로 업무 방해 또는 관련 기관이나 개인을 협박해서 나쁜 영향을 줄 때, (3) 강제로 재물이나 자금을 갈취할 때.

횡령

이 범죄는 국가 기관의 특권을 남용해 횡령, 절도, 사기에 의한 획득, 기타 다른 방법을 동원해 공공 재물을 불법적으로 획득하는 것으로 정의된다. 다음 행위를 저지르는 자는 횡령에 해당한다. ① 5000위안 이상의 개인 부패. ② 5000위안 미만의 개인 부패이지만 구호, 비상, 홍수 조절, 질병 예방, 장애인 보호, 가난 구제 등을 위한 비상 기금이나 기부금, 장물, 몰수품을 횡령할 때, 횡령 수단이 악랄하거나 증거를 인멸하고 장물을 전달하는 행위.

공금 유용

공공 자금 유용은 국가 기관의 특권을 오용해 공공 자금을 개인 용도로 쓰기, 공공 자금을 영리 활동에 사용하기, 큰 규모의 공공 자금을 사용하고 3개월 이내에 반환하지 않는 행위를 의미한다. 다음을 위반한 경우 공금 유용에 해당한다. ① 5000~1만 위안을 개인 용도 또는 불법적 활동에 유용한 경우. ② 1만~3만 위안을 개인의 영리 활동을 위한 자금으로 유용한 경우. ③ 1만~3만 위안을 개인적인 용도로 사용하고 3개월 이내에 반환하지 않은 경우. 각 성의 인민검찰원은 유용 금액의 구체적 크기를 각 성의 사정에 부합하게 정할 수 있으며 이것을 최고인민검찰원에 보고해야 한다.

연도	사건 수	인물 수	큰 규모 건수	큰 규모 비율	고위직 건수	고위직 비율
1998	8,759	9,255	1,847	21	909	10
1999	8,192	8,606	2,552	31	983	11
2000	9,872	10,367	3,658	37	1,279	12
2001	10,347	10,785	4,248	41	1,378	13
2002	10,725	11,165	4,871	45	1,391	12
2003	10,553	10,922	5,424	51	1,378	13
2004	10,572	11,266	5,690	54	1,545	14
2005	10,446	11,225	3,610	58	1,527	14
2006	11,702	12,525	7,033	60	1,598	13
2007	12,226	13,191	8,045	66	1,650	13
2008	12,471	13,528	8,805	71	1,684	12
2009	12,897	14,253	9,875	77	1,755	12
2010	13,796	15,422	10,586	77	1,810	12
2011	13,915	15,685	10,927	79	1,682	11
2012	14,946	16,919	12,326	82	1,746	10
2013	15,940	18,101	13,395	84	1,867	10
2014	19,523	21,889	17,270	88	2,814	13
2015	19,402	21,427	17,435	90	3,145	15

〈표 A3-1〉 뇌물을 규모와 직급 수준으로 분류.

부패한 중국은 왜 성장하는가

연도	사건 수	인물 수	큰 규모 건수	큰 규모 비율	고위직 건수	고위직 비율
1998	12,909	15,199	3,657	28	456	3
1999	14,372	16,737	5,173	36	570	3
2000	16,765	19,428	6,736	40	683	4
2001	16,362	18,718	6,932	42	696	4
2002	15,785	17,953	7,199	46	732	4
2003	14,161	16,162	7,191	51	632	4
2004	13,308	16,119	6,810	51	691	4
2005	11,792	15,005	6,133	52	591	4
2006	10,337	13,406	5,592	54	529	4
2007	9,956	13,529	5,866	59	462	3
2008	9,605	13,613	5,913	62	465	3
2009	8,865	13,294	5,730	65	397	3
2010	8,707	14,370	5,555	64	406	3
2011	8,475	14,366	5,508	65	343	2
2012	8,499	14,837	6,029	71	360	2
2013	9,494	16,167	6,865	72	370	2
2014	9,424	15,546	7,076	75	439	3
2015	9,596	15,820	7,380	77	579	4

〈표 A3-2〉 횡령을 규모와 직급 수준으로 분류.

4장 부록

중국의 공공 보상을 코딩하기

여기서는 산둥 지방 현의 예산 상세표를 통해 4장에서 분석한 것처럼 실제 보상 비율을 구하는 방법을 소개한다. 기존 연구는 통계 연감과 정부 웹사이트에 실린 데이터를 사용했다. 그러나 이 자료에서는 광의의 범주별(예를 들어 교육, 건강, 건설 등) 지출만 알 수 있다. 기존 자료에 발표되는 '행정 비용'이라는 범주는 실제 전체 행정 비용의 일부만을 반영한다. 내가 사용한 예산 상세 자료는 정부 지출을 산둥성의 각 현에 대해 항목별로 정리한 것이다. 〈표 A4-1〉은 자료 구조를 보여 준다(단위는 1만 위안이다). 예산 상세표로부터 각 현이 공식 급여, 보너스, 수당, 여행 경비 등에 얼마나 많은 지출을 했는지 알 수 있다.

이 데이터는 실제 보상 수준을 추정할 수 있는 귀중한 자료다. 이 데이터는 공적 급여基本工资(기본 급여)에서 부가 혜택을 포함한다. 공적 급여는 자료로부터 쉽게 알 수 있다. 자료에 분명히 정의된 열이 있기 때문이다. 그러나 '부가 혜택'은 단일한 열로 구성되어 있지 않고, 다양한 항목으로 나누어져 있다. 부가 혜택을 정확히 알아내기 위해 나는 각 항목의 구성을 설명하는 예산 매뉴얼을 참조했고 40여 명 이상의 예산 관련 공무원을 인터뷰했다.

부가 혜택을 재구성하기 위해 예산 상세표의 2개 주요 항목, '개인 지출'과 '행정 지출'을 포함했다. 개인 지출은 정부가 고용한 직원들에게 공적 급여 외에 지불한 금전적 보상이다. 여기에는 보너스, 보조금, 수당 등이 포함된다. 행정 지출은 현물(비금전적)로 지급하는 정부의 지출이다. 예를 들어 돈이 많은 세무국은 화려한 사무 공간을 짓거나 직원들에게 선물함을 보낼 수 있다. 문서화된 또 다른 특별 선물로는 '오락', '훈련', '토론회와 회의'가 있다. 이런 것들은 보통 공짜 연찬회와 정부 직원에 대한 휴가 보조라고 불린다. 나는 보수적으로 계산하기 위해 직원들의 복지에 기여하지 않는 행정 지출(특수한 설비와 장비의 구매)은 제외했다. 〈표 A4-2〉는 산둥성 현급 정부의 부가 혜택을 계산하기 위해 포함한 상세 항목이다. 이에 대한 기술 통계는 〈표 A4-3〉에 나타냈다.

위안	공식 급여	보너스	수당	여행 경비	오락	기타
A현	8,748	151	7,735	454	569	966
■현	13,339	1,160	11,033	886	1,114	1,783

〈표 A4-1〉 예산을 분해해서 보기.

공식 급여	부가 수당과 혜택	
	금전 보상	현물 혜택
기본 급여	보조	행정 비용
	보너스	보너스
	사회 보장 지불	경영 비용
	복지 지불	교통
	노동 수수료	여행
	장학금	토론회와 회의
		훈련
		오락과 접대
	기타	임대와 보수
		사무실 가구
		차량
		기타

〈표 A4-2〉 세분화한 보상과 관련된 항목.

부패한 중국은 왜 성장하는가

변수	단위	평균	표준 편차
직원당 전체 보상	위안	23,226	13,108
직원당 공식 급여	위안	5,029	1658
직원당 부가 보상	위안	18,197	12,036
1인당 세수	위안	335	334
1인당 기관 징수액	위안	283	170
1인당 재정 이전	위안	268	236
1인당 세수 변화	위안	44	115
1인당 기관 징수액 변화	위안	33	76
1인당 재정 이전 변화	위안	42	108
인구	만 명	65	28
도시 인구 비율	%	32	24
공공 부문 직원 수	명	16,366	6,908
1인당 GDP	1,000위안	12	11

〈표 A4-3〉 독립 변수와 종속 변수에 대한 기술 통계.

5장부록

4가지 관료 유형

보시라이와 지젠예는 부패한, 그리고 유능하기도 한 중국 관료들의 전형이다. 물론 모두가 같은 것은 아니다. 우리는 관료들의 또 다른 3가지 유형의 변형태인 유능하고 부패하지 않음, 무능하고 부패함, 무능하고 부패하지 않음을 살펴야 한다.(〈표 A5-1〉) 시진핑의 반부패 운동 기간에 뇌물을 받지 않았지만 자기 업무를 제대로 하지 못한 것 때문에 숙청당한 관료가 있다. 당이 그것을 부패의 한 유형으로 보기 때문이다.[2] 이는 직무 유기로 불린다.

	유능하고 부패		유능하고 부패하지 않음
사례	보시라이(충칭시 성급 당서기), 지젠예(난징시 시장)	사례	겅옌보(따퉁시 시장)
	무능하고 부패		무능하고 부패하지 않음
사례	궈융창(구스현 당서기)	사례	퉁밍첸(형양시 당서기)

〈표 A5-1〉 부패하고 유능한 관료 사례.

부패한 중국은 왜 성장하는가

연예 부장

농업 지역인 허난성 구스현의 귀융창 당서기가 보여 준 무능함과 부패를 살펴보자. 허난성은 가난의 대명사였고 국가의 재정 보조에 의존하는 지역이다. 귀융창은 당서기의 일상을 그린 다큐멘터리 〈과도기〉의 주인공이었다. 귀융창을 무능하다고 분류하는 것은 불공평할 수 있다. 비록 그가 구스현을 부유하게 만들지 못했지만, 다큐멘터리에서 그는 늘 열심히 일하는 당서기로 그려진다. 그는 끊이지 않는 회의에 참석했고, 다양한 위기에 봉착했으며, 노동자들의 임금 체불을 해결하기 위해 중재했고, 그 무엇보다 성장을 위해 열심히 노력했다. 그가 업무에서 가장 정성을 들인 일은 투자자 유치였다. 그는 투자자들과 협상하고 음주 가무를 즐기고 끊임없이 투자자들을 즐겁게 해 주었다. 다큐멘터리에는 술에 취한 귀융창이 생일 케이크를 미국인 투자자의 얼굴에 문지르는 장면이 나온다. 그리고 다음 날 귀융창은 숙취에 찌들었지만 구스현을 바꾸겠다고 다짐한다. 그는 "발전하지 못하는 것이 가장 나쁜 부패다"라고 말한다.[3]

다큐멘터리의 말미에 귀융창은 부패로 끌려간다. 이어진 조사를 통해 그가 현의 당서기로 진급하기 위해 고위급 관원에게 10만 위안을 준 사실이 발표되었다. 보시라이나 지젠예와는 달리 귀융창은 그의 관할 지역을 부유하게 만들지 못했다. 귀융창의 재임 기간 동안 해외 투자는 2004년 8억 위안에서 2009년 38억 위안으로 늘었지만 구스현은 여전히 가난했다. 더 안 좋았던 것은, 구스현의 재정 적자가 7억 위안이나 되었다는 점이다. 귀융창이 진행했던 신청사 프로젝트는 지방 언론이 "4성급 호텔만큼 호화롭다"고[4] 비판했으며 규모는

2억 위안에 달했다. 궈융창은 이러한 백색 코끼리 프로젝트_{white elephant} projects를 여러 개 진행했다.(옮긴이 주: 백색 코끼리 프로젝트는 많은 비용이 들지만 쓸모는 없는 프로젝트를 말한다.)

좋은 사람은 성공하지 못한다

이제 무능하고 부패하지 않은 유형의 관원을 살펴보자. 이들은 부패하지는 않았지만 여전히 당에 의해 처벌받는다. 중국의 간부 평가 시스템에서 관원은, 비록 그들이 직접적으로 가담하지 않거나 원인 제공을 하지 않았더라도 그들의 재임 기간에 일어난 시위와 스캔들에 대해 책임져야 한다.[5] 후난성 형양시의 당서기인 퉁밍첸이 바로 그런 사례에 해당한다. 퉁밍첸은 시진핑의 반부패 운동 중 낙마한 54명의 시 당서기 가운데 한 사람이다.(6장)

2013년 퉁밍첸은 그가 당서기였을 때 터진 매표 사건에 연루되어 체포되었다. 이 사건은 518명의 형양시 인민대표자대회가 56명의 후보로부터 성급 의회에 진출하기 위해 총 1.1억 위안을 받았던 일에 관한 것이다.[6] 비록 퉁밍첸이 주도하지 않았고 뇌물도 받지 않았으나 그는 '직무 유기'로 당적 박탈과 해임되는 처벌을 받았다.[7]

보시라이, 지젠예, 궈융창과는 다르게 퉁밍첸은 청렴함으로 유명했다. 그는 호화로운 연회를 거절했고 구내식당에서 저녁을 포장해 집에 가져가기도 했다. 자기 밥값은 스스로 지불했다. "그는 담배도 안 하고 술도 안 마신다. 그의 유일한 취미는 오래 근무한 보안 요원과 함께 사무실 근처를 산책하는 것이었다"고 지역 신문은 보도했다. 하루는 3명의 기업가가 뇌물을 주고도 선거에서 당선되지 못하자 퉁밍첸의 사무실로 쳐들어간 적이 있었다. 퉁밍첸은 그들을 체포하지 않고 그들이 낸 돈을 돌려주었다.

중국의 정치 시스템에서 퉁밍첸의 '좋은 사람老好人' 자질은 줏대가 없는 것으로 여겨진다. 관료 사회에서 상부 인사는 물론 심지어 신문조차 그런 행동을 경멸했다. "대담함이 없고 권위를 실추시켜 하위 현급 당서기도 그를 하찮게 본다."[8] 그의 전체 경력을 통해 퉁밍첸은 큰 일을 벌이지 않았고 당의 노선을 따랐으며 적을 만드는 일은 삼갔다. 그는 평화롭게 퇴직할 수도 있었다. 그러나 비극적이게도 그의 소박한 희망은 물거품이 되었다. 당은 그를 매표 스캔들에 제대로 대응하지 못했다며 처벌했다. 중국 정치에서 좋은 사람은 좋은 것이 아니다.

따퉁의 잠자지 않는 관원

마지막으로 유능하고 부패하지 않은 유형이다. 좋은 사례는 경옌보 따퉁시 시장이다. 그는 〈중국의 시장〉이라는 다큐멘터리의 주인공이다.[9] 경옌보는 지젠예와 매우 닮았으면서도 거대한 도시 재생 프로젝트를 통해 석탄 냄새에 찌든 따퉁시 재건에 열중한 불면증 환자 같은 사람이었다. 다큐멘터리를 본 어떤 평론가는 그를 '인간 불도저'라고 표현했다.[10] 다큐멘터리가 완성되었을 때 경옌보는 따퉁시에서 타이위안시의 당서기로 전보 발령이 났다. 부패 관련 기소가 없었던 것으로 보아 우리는 그가 부패하지 않았다고 가정할 수 있다. 그러나 유능하고 부패하지 않은 이상적인 집단에 속한 관원이라두 중국의 성장에 목맨 전제 정치에서는 그 자리를 보전하기 힘들다. 국가 권력이 작동되는 방식은 언제나 파괴적이다.

얼마나 많은 관료가 4가지 범주에 속하는가를 밝혀내는 것은 이 책의 과제가 아니다. 사실상 6장에서 보았듯이 이 일은 매우 힘든 작업이다(어떤 관료가 부패에 관련되었을 때 나머지 관료들의 청렴 여부는 알기 어렵기 때문이다). 그렇지만 관료의 4가지 유형을 조사함으로써 우리는 중국 전체 관료 사회를 약탈적이라고(주는 것 없이 빼앗기만 하는) 묘사하는 것은 과도한 단순화라는 것을 알 수 있다. 부패한 지도자였던 궈융창조차도 '약탈, 방탕, 무법'이라는 틀로 말하기는 힘들다.[11] 그는 성장에 헌신했고 사회 갈등을 완화시키려 했으며 투자를 독려했기 때문이다.

부패한 중국은 왜 성장하는가

변수 정의와 기술적 통계

변수	단위	정의	원천
종속 변수: 낙마	1 또는 0	주어진 해에 시 당서기의 조사 여부	미디어 기사, 인민검찰원 웹사이트
후견인 낙마	1 또는 0	같은 해 또는 이전 해의 후견인 낙마	미디어 기사, 인민검찰원 웹사이트
성정부 GDP 비중의 성장률	%	시가 성정부 GDP에서 차지하는 비중의 성장률(2011~2012)	성정부 통계 연감
미디어 언급	숫자	당서기의 이름이 중앙지(164개)와 지역 신문(469개)에 등장한 횟수(2011년 기준)를 지역 신문 수로 나눈 값	중국 주요 신문 데이터베이스
2011년 1인당 GDP	숫자	2011년 1인당 GDP	성정부 통계 연감
NERI 국가 시장 관계	0~10	국가 시장 관계에 대한 성정부의 점수	2016년 NERI 보고서
NERI 법에 의한 통치	0~10	법에 의한 통치에 대한 성정부의 점수	2016년 NERI 보고서

〈표 A6-1〉 변수 정의와 자료 원천.

변수	평균	표준 편차	건수=0	건수=1
성정부 GDP 비중의 성장률	0.01	0.04	–	–
미디어 언급(2011)	10.86	9.17	–	–
2011년 현의 1인당 GDP(위안)	37,242	25,817	–	–
2012년 NERI 국가 시장 관계	5.13	2.67	–	–
2012년NERI 법에 의한 통치	4.17	2.16	–	–
18기 정치국위원회의 피후견인	–	–	1,194	678
18기 정치국상무위원회의 피후견인	–	–	1,812	60
쑨정차이의 피후견인	–	–	1,830	42
후견인 낙마	–	–	1,793	133

〈표 A6-2〉 기술적 통계.

7장 부록

부패 지수 비교를 위한 작업

카를로스 라미레스(2014)는 에드워드 글레이저와 클라우디아 골딘 (2006)에 기반하여, 같은 경제 발전 단계에 해당하는 중국과 미국의 부패를 역사적으로 비교할 수 있는 혁신적인 방법을 고안해 냈다. 그는 미국의 여러 신문에 실린 미디어 기사를 이용해 두 나라의 부패 수준을 구했다. 두 나라의 비교 가능한 시기는, 중국은 1990년부터 2011년까지고 미국은 1870년부터 1930년까지다. 그는 이 조사를 통해 미국의 역사적 경험과 비교했을 때 중국의 부패가 그렇게 걱정스러운 정도는 아니라는 결론을 냈다. 게다가 미국이 부유해짐에 따라 부패가 감소했고 중국의 부패 수준도 비슷한 수준에 이르렀다.

라미레스의 접근 방식은 참신했지만 방법론상 심각한 문제점이 있다. 그는 미국의 신문만을 이용해 미국과 중국의 부패를 측정했다. 이러한 원천 자료를 사용하게 되면 중국의 부패 수준이 미국의 부패 수준에 비해 상당히 저평가되는 경향이 있다. 라미레스는 중국의 부패를 실제보다 낮게 평가하게 되었다.

따라서 내 분석은 라미레스의 분석에서 2가지 중요한 점을 수정했다. 첫째, 나는 부패 기사의 원천을 각국의 신문에서 찾았다. 미국의 경우 라미레스가 사용한 신문을 그대로 사용했고 중국의 경우는《인민일보》를 사용했다. 나는《인민일보》에서 중국어로 검색했다. 부패腐敗와 중국中国 두 단어를 조합해 검색했으며 여기에 '정부政府' 검색어를 추가해 정리했다. 1990~2011년 자료는《인민일보》전자판 데이터를 사용했고, 2012~2016년 자료는 중국국가지식 데이터베이스China National Knowledge Database, CNKI와 아파비 디지털뉴스컬렉션Apabi Digital Newspaper Collection에 있는《인민일보》에서 추출했다.

둘째, 경제 지표 데이터베이스인 펜월드테이블Penn World Table의 소득 정보를 이용해 라미레스의 경제적 단계 비교 시점을 수정했다. 그의 방법론을 세세히 살펴보면, 두 나라의 경제 발전에 상응하는 시기를 비교할 때 시기를 정하는 문제는 여러 해석이 있을 수 있으며 향후에 더 개선될 수 있을 것이라고 생각한다. 내가 마련한 시기 구분은 라미레스의 시기 구분보다 더 현실에 가깝다고 생각한다. 내 분석의 시기 구분은 〈표 7-1〉에 있다.

부패한 중국은 왜 성장하는가

감사의 말

책을 쓴다는 것은 영화를 만드는 일과 비슷하다. 한 시간 분량의 영화를 위해 수천 시간을 찍고 편집한다. 장면마다 이를 만들기 위해 많은 스폰서와 개인이 보이지 않는 곳에서 일한다. 책이라는 결과물은 종이 위에 나타나지만 책을 쓰는 일도 사정은 마찬가지다.

모든 작품은 첫째로 재정적 지원이 필요하다. 익명으로 남기를 원했던 민간단체의 후원에 감사한다. 이 단체는 내 연구에 큰 도움을 주었다. 또 장경국국제학술교류기금의 지원, 미시간대학교의 리버설-로젤 중국학센터와 연구실의 지원에 감사드린다.

이 책을 쓸 때 가장 큰 즐거움은 능력 있는 전문가와 연구 조교들과 공동 작업을 하는 것이었다. 네이선 베일리스Nathan Baylis, 에이미 세살Amy Cesal, 싯다르트 차우다리Siddharth Chaudhari, 페이쉬 팡Peixu Fang, 마이클 톰슨Michael Thompson, 장 전타오Jiang Zhentao, 스멍 정Simeng Zeng이 그들이다. 제인 먼톤Jane Menton은 이 프로젝트 전반에 걸쳐 도움을 주었고 내 원고에 귀중한 논평을 해 주었다.

정성적, 정량적 자료 수집에는 여러 사람의 배려가 필요하다. 이 책은 내가 중국에서 수년간 진행했던 현장 연구와 인터뷰를 기반으로 했다. 내 연구를 도와준 이들에게 다시금 감사하고 싶다. 그들은 자신의 나라에서 나를 환영해 주었고 내 배움을 도왔다. 그리고 경험과 기억을 나누어 준 수백의 관원과 기업가들에게 감사를 전하고 싶다. 그들의 이야기는 내가 만든 '영화'의 각 '장면'을 이룬다.

1장에서 본 부패 지수(UCI)를 만드는 데 있어서 바쁜 스케줄에도 불구하고 시간을 내어 설문 응답을 기꺼이 해 주신 전 세계의 전문가 응답자들에게 감사드린다. 몇몇 동료들은 설문 조사 설계에 대해 조언해 주었다. 오몰라드 아던비Omolade Adunbi, 존 시오치아리John Ciociari, 릭 홀Rick Hall, 린다 린Linda Lim, 앤 린Ann Lin, 에릭 맥도널Erin McDonnell, 앤 피처Anne Pitcher 등이 조언을 주었다. 전문가 설문 조사에서 바쁜 사람들에게 응답을 받는 것은 가장 어려운 일이었다. 그래서 나는 린다 김, 'Global integrity'의 앨런 허드슨Alan Hudson과 요하네스 톤Johannes Tonn, 로스비즈니스스쿨, 윌러스 프로그램이 나를 위해 응답자와 연결해 주었던 것에 심심한 감사를 드린다.

그리고 이 책을 쓰는 동안 각 단계에서 받았던 여러 동료의 피드백에 감사한다. 안나 그리즈말라부세Anna Grzymala-Busse, 홍호펑Ho-Fung Hung, 다이애나 킴Diana Kim, 댄 슬레이터Dan Slater의 건설적인 조언에 대해서 감사드린다. 워싱턴 디시의 글로벌개발센터Center for Global Development가 책에 관한 워크숍을 여러 번 주최해 준 덕분에 다양한 조언을 들을 수 있었다. 마수드 아메드Masood Ahmed, 찰스 케니Charles Kenny, 어맨다 글래스맨Amanda Glassman, 스콧 구겐하임Scott Guggenheim, 스콧 모리스Scott Morris, 마이클 모지스Michael Moses, 비하야 라마찬드란Vijaya Ramachandran, 윌리엄 세이브도프William Savedoff, 마이클 울콕 등이 귀한 조언을 해 주었다.

아툴 콜리Atul Kohli는 몇 년 전 뉴델리의 프린스턴주 정부 건물에서 이 책의 초반부를 발표할 기회를 주었다. 그의 조언은 나로 하여금 경제와 제도의 공진화에 대한 프로젝트를(훗날 《중국은 어떻게 가난의 함정에서 탈출했는가》라는 책이 된) 잠시 제쳐 두고 비교 역사학적으로 부패 문제를 천착하게 만들었다. 마이클 울콕은 원고를 자세히 읽고 건설적인 조언을 주었다. 특히 사회 과학과 발전 실무를 겸비한 그의 경험은 나에게 이론적, 실천적 관심을 모두 가지도록 해 주었다. 스콧 구겐하임과 마크 파이먼과의 대화는 가장 어려운 환경에서 부패와 싸우는 것에 대한 통찰을 제공해 주었다. 앨런 허드슨은 '부패를 세분화하기' 작업을 밀고 나갈 수 있도록 용기를 북돋아 주었다. 훌륭한 작가인 앨리스 에번스Alice Evans와 던컨 그린Duncan Green의 조언은 내 주장의 핵심을 개선했을 뿐 아니라 글도 잘 쓸 수 있도록 가르쳐주었다. 진 오이Jean Oi, 마크 파이먼, 앤드루 월더, 마이클 월턴Michael Walton, 이판 웨이는 최종 원고에 대한 피드백을 주었다.

수년간 나는 프라나브 바르단Pranab Bardhan, 대니얼 버커위츠Daniel Berkowitz, 패멀라 브랜드웨인Pamela Brandwein, 용순 차이Yongshun Cai, 앨런 히켄Allen Hicken, 폴린 존스Pauline Jones, 제임스 쿵James Kung, 샤오쥔 리Xiaojun Li, 케네스 리버설, 멜라니 매니언, 짐 모로Jim Morrow, 지아 난Jia Nan, 엘리자베스 페리, 유민 성Yumin Sheng, 매슈 스티븐슨Matthew Stephenson, 마크 테슬러Mark

Tessler, 대니얼 트라이스먼, 앤드루 위드먼, 마틴 윌리엄스 Martin Williams, 머라이어 자이스버그 Mariah Zeisberg, 케임브리지대학교 출판사와 옥스퍼드대학교 출판사의 편집자와 평론가들로부터 귀중한 조언을 받았다. 서던캘리포니아대학교에서 지아 난, T. J. 웡 T. J. Wong, 토론자 피터 로렌첸 Peter Lorentzen에 의해 열린 중국 제도와 시장에 관한 콘퍼런스에서도 도움을 받았다. 시카고대학교의 동아시아 워크숍의 존 패지트 John Padgett, 프린스턴대학교 워크숍의 미구엘 센티뇨 Miguel Centeno, 아툴 코리, 데버라 야사르 Deborah Yashar, 프랜시스 후쿠야마 Francis Fukuyama가 조직한 스탠퍼드대학교의 민주주의, 개발, 법에 의한 통치 센터 거버넌스 워크숍에서도 도움을 받았다.

나는 익명을 요구한 후원 단체의 두 분에게도 감사한다. 그 둘이 아니었다면 이 책은 세 번째 검토자 Reviewer 3에 의해 출판이 어려웠을 것이다. 케임브리지대학교 출판사의 로버트 드리슨 Robert Dreesen과 함께 작업할 수 있었던 것은 어마어마한 영광이었다. 그가 보내 준 신뢰 덕에 창조적인 작업을 할 수 있었다. 출판 팀의 스티븐 홀트 Steven Holt, 로버트 저드킨스 Robert Judkins, 에리카 월시 Erika Walsh에게 감사한다.

나에게 지혜와 안정감을 선사한 패멀라 브랜드웨인, 낸시 번스 Nancy Burns, 니콜라스 호손, 폴린 존스, 피터 카젠스타인 Peter Katzenstein, 마이크 울콕, 머라이어 자이스버그에게 특별히 감사하고 싶다. 또한 내 가족에게도 항상 고맙다고 말하고 싶다. 특히 나에게 틀을 깨고 사고하는 법을 알려 준 남편이자 엄격한 첫 스승인 치아-위 탕 Chia-Yu Tang에게 감사를 전한다. 이 책을 쓰면서 많은 분이 친절한 말, 교훈, 도움과 인도의 손길을 건네주었다. 이들과 이 책의 독자들에게 감사의 인사를 전

부패한 중국은 왜 성장하는가

한다.

몇 년 전 나는 극작가인 데이비드 헨리 황_{David Henry Hwang}과 대화를 나눈 적이 있었는데 그는 이렇게 말했다. "창조적인 작업의 가장 큰 보상은 그 과정 자체에 있다." 그 당시에 나는 이 표현을 이해할 수 없었다. 그렇지만 지금은 그의 말을 십분 이해한다.

1장 부패는 무조건 나쁘다는 착각

1. Edward Wong, "New Communist Party Chief in China Denounces Corruption in Speech," *The New York Times*, 19 November 2012.
2. Lu 2000; Manion 2004; Sun 2004; Wedeman 2012; Pei 2006; 2016.
3. Mauro 1995; Mo 2001; Svensson 2005; Treisman 2007. 트라이스먼은 "경제 발전과 부패의 상관관계는 매우 탄탄하다. 상관관계는 다양한 통제 변인 연구에서도 잘 입증되었다…. 또한 전 세계 각 지역에서도 발견되다"고 정리했다.(Treisman 2007, 225)
4. James Wolfensohn, Address to the Board of Governors at the Annual Meetings of the World Bank and the International Monetary Fund, 1 October 1996; International Monetary Fund (2016); OECD (2016). 다음을 참조: Mauro 1995; Rose Ackerman 1997; Kaufmann et al. 1999; Bhargava 2005.
5. "Once Feared Egypt Official Gets 12 Years and Fine," *The New York Times*, 5 May 2011; "Corruption Enrages Tunisians," The New York Times, 4 June 2017.
6. Website of the World Bank, "The World Bank in China," www.worldbank.org/en/country/china/overview (2019년 11월 19일 접속).
7. 다른 부패 지수로는 세계은행이 발표하는 부패관리지수(Worldwide Governance Indicator's Corruption Control Index)가 있다. 1996년 발표한 이래 중국은 줄곧 하위 50퍼센트에 속하고 있다.
8. 브루킹스연구소의 황은 "부패는 경제 성장을 저해한다. 그렇지만 중국은 통계적 특이치다"라고 했으며 경제학자 마우로는 "광범위한 부패와 결합된 어마어마한 경제 성장은 중국을 거대한 특이치로 보게 한다"고 했다. 로스스타인은 '심각한 특이치(profound outlier)'로 부른다. 다음을 참조. Yukon Huang, "The Truth about Chinese Corruption," *Diplomat*, 29 May 2015; Paolo Mauro, "Curbing Chinese Corruption," *China US Focus*, 30 September 2015.
9. 부패 지수를 1인당 GDP와 함께 보는 것은 경제 발전과 부패의 관계를 살피는 일반적인 방법이다(Svensson 2005; Treisman 2007; Kenny 2017). 〈그림 1-1〉은 Svensson 2005의 결과를 업데이트한 것이다.
10. 부패 지수(CPI)는 국제투명성기구에서 GDP 수치는 세계은행 발전 지수에서 인용했으며 이 그림은 155개 나라의 데이터를 보여 준다.
11. Tom Orlik, "Eight Questions: Andrew Wedeman, China's Corruption Paradox," *The Wall Street Journal*, 26 March 2012.
12. 경제학에서 이러한 패턴을 '수렴(convergence)'이라고 부른다(Oded 1996).
13. Pritchett et al. (2018)은 지속적이며 가속화된 성장과 호황, 침체, 버블 붕괴로 이어지는 지속적이지 않은 성장으로 구분한다.

14. 《국가는 왜 실패하는가》에서 대런 애쓰모글루와 제임스 로빈슨은 적절한 제도가 없어도 중국의 성장이 가능한 이유로 결정적 사건(모주석의 사망과 덩샤오핑의 복권), 개혁주의자들의 연합, 몇몇 행운을 거론한다(Acemoglu and Robinson 2012, 427). 그러나 이러한 설명은 40년간 지속되고 여전히 진행 중인 중국의 발전에 대해 만족스러운 설명을 하지 못한다. 많은 빈곤 국가가 개혁적 성향을 지닌 지도자를 보유했지만 여전히 부패에 늪에 빠져 있다. 그리고 '행운'은 어떠한 설명력도 가지지 못한다.

15. Hao and Johnston (1995); Sun (2004); Wedeman (2005a; 2012).

16. Chang (2001); Pei (2006; 2016); Acemoglu and Robinson (2012).

17. 사례로는 다음을 참조: *Cadres and Corruption* (on bureaucratic corruption), *Taxation without Representation* (on corruption in rural China), and *Anxious Wealth* (on deal making and moral decay among businessmen and officials). See Lü (2000); Bernstein and Lü (2003); Osburg (2013).

18. Blecher (1991); Oi (1992; 1999); Walder (1995b); Duckett (1998); Blecher and Shue (2001); Whiting (2001).

19. 2001년 창(Chang)은 중국 체제가 5년밖에 안 남았다고 예언했다. "No government, not even China's, can defy the laws of gravity forever," he asserted(Chang 2001).

20. Pei (2006; 2016).

21. Wedeman (2012, 8).

22. Overholt (1986); Kang (2002b).

23. Wedeman (2012, 8).

24. 매니언(2004)에 의하면 기율검사위원회는 독립성이 결여되었고 반부패보다는 당의 일체성을 더 중시했다. 범법자에 대한 처벌은 관대했다. 또한 중국 공산당은 부패 조사를 하는 과정에서 당의 고위 관료를 배제하는 것을 피하기까지 했다(Cai 2015).

25. Sun (2004, 198). See also Blanchard and Shleifer (2001).

26. 예를 들어 위드먼은 쑨옌이 주장한 중국의 부패가 러시아보다 덜 해롭다는 것에 강한 반론을 가지고 있다. 오히려 그는 중국의 부패 문제가 '개발도상국에서 볼 수 있는 고질적이고 경제적으로 파괴적인 가장 최악의 사례'라고 강조한다(Wedeman 2012, 5).

27. Sun (2004, 8). See Wedeman (2005b).

28. 부패 모델에 관한 거시 정치학 이론들은 국가 정치 엘리트만을 다룬다(Khan 2010; Acemoglu and Robinson 2012; Pritchett et al. 2018).

29. 부패의 교환이 시민이나 비즈니스 영역이 공공 행위자가 준 특혜에 대해 답례하는 것이라면, 후견주의(clientelism)는 공공 행위자가 투표나 정치적 지원에 대한 사례로 시민에게 혜택을 주는 것이다(Hicken 2011).

30. 뇌물을 통해 규제를 선거친 있으므로 다음을 참조: Rose-Ackerman (1978; 1999); Besley and McLaren (1993); Bardhan (1997); Gray and Kaufman (1998); Ades and Di Tella (1999); McMillan and Zoido (2004).

31. 슐라이퍼와 비쉬니(Shleifer and Vishny 1993)에게 '절도와 관련된 부패'는 횡령을 의미하지 않

으며 뇌물로 인한 공공 수입의 감소, 예를 들면 세관원을 매수해서 발생하는 관세 수입의 감소를 의미한다.

32. Fisman and Golden(2017). 저자들이 부패에 불법적 영향력을 행사하는 행위(influence peddling)인 독직과 합법적인 관행을 포함할 것인가에 논의를 이어 가고 있는 것을 주의하라.

33. 주목할 만한 예외는 Reinikka and Svensson (2004)의 연구다. 저자들은 우간다의 정부 교육 기금에서 있었던 기금의 87퍼센트에 달하는 절도를 연구했다.

34. Rose Ackerman (1999: 2002): Jain (2001): Bussell (2012).

35. Ian Lloyd Neubauer, "Tourists Are Reporting a Dramatic Surge in Harassment by Thai Police," *Time*, 25 January 2015.

36. Bukola Adebayo, "Former Nigerian Dictator's $267 Million Seized from Jersey Account," *CNN*, 5 June 2019.

37. Nandita Bose, "Speed Money Puts the Brakes on India's Retail Growth," *Reuters*, 5 May 2013.

38. 이 사례는 5장에서 다시 자세히 다룰 것이다.

39. 영향력 행사는 불법은 아니지만 부패로 간주될 수 있다. 피스먼과 골든은 "법적으로는 문제없지만 여론이 불법으로 정죄하는 경우가 있다"고 지적한다(Fisman and Golden 2017, 48). Several prominent legal scholars concur (Issacharoff 2010: Nichols 2017: Lessig 2018).

40. Leff (1964): Nye (1967): Scott (1972): Rose Ackerman (1978): Manion (1996). 급행료와 인허가료를 구분하는 것은 부패와 경제의 공진화 과정에 대한 나의 역사적 분석에 근거했다 (Ang 2016, Chapters 1 and 5).

41. Kaufmann and Wei (2000): Méon and Sekkat (2005): Chen et al. (2013).

42. Weber (1968).

43. Collier and Adcock (1999)은 "학자들이 어떤 개념을 이해하고 사용하는 일은 그 개념을 통해 이루고자 하는 것에 복무해야 하고 그럴 수 있어야 한다"고 조언한다(Bussell 2015에서 인용).

44. Wedeman(1997)에 의하면 도둑질은 가장 해로운 부패다. "그것은 부패 공무원이 불법적 소득을 즉시 소비하거나 해외로 빼돌릴 유인을 제공하기 때문이다." 마찬가지로 Sun (2004, 110)은 도둑질과 관련된 부패는 "경제에 대해 절대적 손실을 야기한다"고 언급했다.

45. Kenny (2017).

46. Leff (1964): Huntington (1968): Scott (1972).

47. Huntington (1968, 69).

48. 뇌물을 세금의 일종으로, 또는 세금보다 더 형편없는 것으로 보는 시도에 대해서는 다음을 참조, Shleifer and Vishny (1993): Bardhan (1997): Gray and Kaufman (1998): Wei (2000): Fisman and Svensson (2007).

49. 5장 참조, "Hunan City's Top Cadres Hit with Massive Vote Buying Case," *South China Morning Post*, 30 December 2013, which is examined in the Appendix. 또한 Li et al. (2006)를 참조할 것.

50. 계량 경제학 연구는 미국 기업들의 로비 지출 금액과 기업 성과와 미래의 초과 수익 사이에 양의 상관관계가 있음을 보여 준다. (Kim 2008, Chen et al. 2015), Fisman and Golden (2017, 44 46).

51. Li et al. (2008); Chen et al. (2013). 그러나 이러한 현상은 중국만 독특한 것은 아니다. 정치적으로 연결 고리가 있는 미국 상장 기업들 역시 매우 낮은 금리로 대출을 받을 수 있었다 (Houston et al. 2014).

52. 인허가료에 의해 성장한 경제가 과열 이후의 위기로 의해 충격을 받는다는 관념이 여기서 생긴 듯하다. 강은 한국 경제에 대해 평가하면서 "많은 관찰자들은 만연한 부패를 목격하면서 충격을 받았다고 한다. 그렇지만 그런 스캔들은 한국 정치사에서 늘 있었던 일이다." (Kang 2002a, 177)

53. 2019년 전국인민대표대회(전인대회) 개막식에서 리커창 총리는 '어려운 도전'과 '심각하고 복잡한 환경'을 경고했다.

54. Wallis (2001, 2005); Ang (2016, Chapter 7)을 참조.

55. 여러 요인이 2008년 금융 위기를 가져왔지만 규제 포획과 영향력 행사가 그 요인들 중 하나다(Baker 2010; Igan et al. 2011, cited in Fisman and Golden 2017, 45 46; White 2011).

56. Mauro (1995).

57. 5장에서 보겠지만 사업상 계약을 위해 정치인을 매수하는 자본가는 보통 민간 부문의 사장이다.

58. 중국 공공 부문 고용에 대해서는 Ang(2012)을 참조할 것. 월더는 중국의 정치 엘리트를 '현(縣)의 수장과 처장 또는 그 이상의 모든 그룹'으로 정의한다 (Walder 2004, 195).

59. Li and Zhou (2005); Huang (2017).

60. Kostka and Yu (2014).

61. 오이(Oi)의 '지방 정부 기업화'는(Oi 1992; 1999) 지방 정부의 교부세를 통한 합법적인 금전적 인센티브를 중심으로 본다. 그러나 나는 부패와 보상으로서의 지대를 검토한다.

62. Becker and Stigler (1974).

63. 시장 개혁은 지배 엘리트의 권력을 잠식할 것이라는 니(Nee)의 예상과 달리 월더는 공산당 당원들이 지속적으로 높은 수익을 올리는 것을 보여 준다(Nee 1989; Walder 1996b; 2002). 거시 경제적 수준에서는 셔크(Shirk)의 "playing to the provinces"(Shirk 1993)를 참조.

64. 부패가 정치적 질서를 유지하는 역할에 대해서 헌팅턴(Huntington)은 "부패 그 자체는 개혁의 대체재고 부패와 개혁, 이 둘은 혁명의 대체재일 수 있다"(Huntington 1968, 64)고 했다.

65. Solnick (1996); Åslund (2013); Walder (2003).

66. Olson (2000).

67. Hao and Johnston (1995), Hilton (1996); He (2000); Gong (2002); Sun (2004); Wedeman (2012); Pei (2016).

68. 슐라이퍼와 트라이스먼(2000)은 러시아에 대해 비슷한 관점을 제공한다. 통과료가 정치적 지원을 획득하는 데 필요했지만 문제는 관련자들이 덜 비싼 통과료를 받아들일 수 있도록

하는 것이었다. 중국과 달리 러시아에서는 이 문제를 해결하기 위해 역량 강화 수단을 강구하지 않았다.

69. 이는 2011년의 세계부패바로미터(the Global Corruption Barometer) 보고서와 부합한다. 이 보고서에서는 9퍼센트의 중국 공민들이 이전 해에 뇌물을 제공했음을 보여 준다. 당시 인도는 54퍼센트, 나이지리아는 64퍼센트, 캄보디아는 85퍼센트였다.

70. Yang (2004); Ko and Weng (2012); Ang (2017).

71. Interview B2013 334. 이 책은 2006년부터 2012년까지 주로 지방 관료들을 대상으로 한 375건의 인터뷰를 소개하고 있다. 또한 2012년 규제 당국을 대상으로 한 42건의 인터뷰도 있다. 내 연구의 응답자들의 익명성을 보장하기 위해 구체적 위치와 이름을 밝히지 않았다. 대신에 나는 인터뷰 대상자와의 인터뷰 시간을 명시했고 각 대상자들에게는 고유 번호를 부여했다. How China Escaped the Poverty Trap (Ang 2016)의 부록 B를 참조하라.

72. Glaeser and Goldin (2006).

73. Wallis (2005).

74. Leahy (2010).

75. Menes (2006).

76. Menes (2006).

77. Stromseth et al. (2017).

78. Economy (2018); Lardy (2019).

79. Philip Pan, "The Land That Failed to Fail," *The New York Times*, 18 November 2018.

80. Osburg (2013); Hillman (2014).

81. Sun (2004); Wedeman (2012).

82. Lü (2000); Pei (2006).

83. Pei (2016).

84. 호손(Howson, 2017)은 페이의 '중국 정실 자본주의'를 평가할 때 중국 미디어에 실리는 부패가 독립적인 조사로 이루어지지 않으며 부패한 지방 관료를 경고하거나 훈계하는 목적인 '중앙의 선전 도구'로 쓰이고 있음을 지적한다. 따라서 이러한 자료들을 체제의 붕괴로 해석하는 것은 다분히 역설적이다.

2장 독이 되는 부패 약이 되는 부패

1. 국가들의 부패를 측정하는 다른 지수로는 세계은행의 부패방지지수(Control of Corruption Index)와 국제상업부패지수(Business International's Corruption Index)가 있다.

2. 다국적 기업 전문 법률 회사인 베이커 맥킨지의 고문은 "CPI는 공공 영역의 부패에 대한 주요 지표다. 이 지표는 회사가 해외 지역에서 영업할 때 부패와 관련된 위험을 측정하는 중요한 틀로 사용되어 왔다"고 말한다. "China Continues to Improve in Transparency Interna-

tional's 2017 Corruption Perception Index," 22 February 2018, www.bakermckenzie.com/
en/insight/publications/2018/02/china improve corruption perception index (accessed 21
November 2019)를 참조.

3. Mauro (1995; 1996); Treisman (2000); Wei (2000); Mo (2001); Montinola and Jackman (2002);
Gerring and Thacker (2004); Bose et al. (2008).

4. Pei (2006); Cole et al. (2009); Cai (2015); Manion (2016); Walder (2018); Zhu (2018).

5. "The World's Most Corrupt Countries," *The New York Times*, 9 December 2016.

6. Whyte (2015); Lessig (2018).

7. Wedeman (1997); Rose Ackerman (1999); Kang (2002b); Johnston (2008); Bussell (2015)의 사
례를 참조.

8. 주목할 만한 예외는 V-Dem의 작업이다. V-Dem에는 응답자들로 하여금 행정부 내의 교
환을 기반으로 한 부패와 횡령을 구분해서 평가하도록 하는 문항이 있었다. 그러나 질문은
대체로 수치화되지 않은 언어로 이루어졌으며 내가 한 것처럼 각 범주별로 구분하지도 않
았다.

9. Euan McKirdy, "China Slips Down Corruption Perception Index, Despite High Profile
Crackdown," *CNN*, 3 December 2014.

10. Mini vandePol and Vivian Wu, "China's Anti-corruption Efforts Pay Off," *China Business
Review*, 24 March 2017.

11. 세계은행의 부패 지수를 포괄하는 세계거버넌스지표(World Governance Indicators, WGI)는 비
슷한 방법을 사용한다. CPI와 마찬가지로 제3자가 조사한 내용을 바탕으로 각국에 대해 하
나의 지표를 매긴다.

12. Alex Cobham, "Corrupting Perceptions: Why Transparency International's Flagship Cor-
ruption Index Falls Short," *Foreign Policy*, 22 July 2013; "Johann Lambsdorff Retires the
Corruption Perceptions Index," *Global Integrity*, 18 September 2009.

13. TI 웹사이트에 2016년 CPI를 산출한 원천 자료에 대한 설명이 있다. www.transparency.
org/news/feature/corruption perceptions index 2016 (accessed 21 November 2019).

14. 세계부패바로미터(Global Corruption Barometer)는 TI에 의해 전 세계에 걸쳐 수행되며 공공
서비스 접근을 위해 지불하는 뇌물에 집중한다. 이것은 나의 분류 체계에 의하면 급행료에
해당한다.

15. V-Dem은 2016년 미국정치학협회로부터 Lijphart/Przeworski/Verba Dataset Award를 수
상했다.

16. V-Dem은 방법론에 대해서 "모든 지표를 산정할 때 최소 5명의 전문가를 확보해야 한다"
고 밝히고 있다. 이 원칙은 특별한 어사적 시기 구__ 대상 글기에 따라 불가능한 경우도 있다.
Michael Coppedge, John Gerring, Carl Henrik Knutsen et al. 2018. "V Dem Methodology
v8." Varieties of Democracy (V Dem) Project를 참조. 내 연구에서는 최소 5명의 해당 국가
전문가를 대상으로 하려고 노력했다. 그러나 몇몇 나라에서는 응답을 받기가 어려워 최소

4명이라는 원칙을 세웠다.

17. Bussell (2015).

18. Lessig (2018). 존 패지트의 이점을 강조한 것에 감사드린다.

19. 이 질문들은 다음을 참조. the African Development Bank Governance Ratings 2015, Economist Intelligence Unit Country Risk Ratings 2016, and Freedom House Nations in Transit 2016, respectively. All three were CPI sources in 2016.

20. 응답자들은 리커트 방식으로 '매우 일반적'에서 '전혀 없음'까지 전부 5단계로 부패를 평가한다.

21. Gretchen Morgenson, "A Revolving Door Helps Big Banks Muscle out Fannie and Freddie," *The New York Times*, 7 December 2015.

22. King et al. (2004); King and Wand (2007).

23. Davis and Ruhe (2003); Nichols and Robertson (2017).

24. Rose Ackerman (1999).

25. Seligson (2006); Olken (2009); Razafindrakoto and Roubaud (2010).

26. 더구나 현실 세계에서 인식 수준은 현실보다 더 중요한 경우가 있다. 투자자는 인식된 위험에 기반해 투자 결정을 내린다. 시민들은 무엇보다 정치인들에 대한 인상에 근거해 정치적 지원을 한다(Grimmer et al. 2014).

27. Kenny (2017).

28. Evans (1989); World Bank (1997a).

29. 내 조사의 비교를 쉽게 하기 위해 나는 15개 국가의 2017년 CPI 순위를 반대로 다시 계산했다. 1이 가장 부패한 것이고 15가 가장 덜 부패한 것이다.

30. 이 질문은 조사의 첫 부분에 있었다. 이유는 응답자들이 이후의 세분화한 질문들에 영향을 받지 않도록 하기 위함이었다.

31. 예를 들어 2016년 CPI 자료 원천이었던 the Political and Economic Risk Consultancy는 다음 질문을 했다. "당신이 일하고 있는 나라의 부패 문제에 대해 점수를 얼마나 줄 수 있나요?"

32. Joseph (1987); Kohli (2004).

33. 이것은 최근의 미디어 기사와 일치한다. "관광객을 괴롭히는 태국 경찰관들에 대한 신고가 폭증하고 있다." *Time*, 25 January 2015.

34. Larsson (2006).

35. Blanchard and Shleifer (2001); see also Walder (2002; 2003).

36. Sun (1999).

37. Wedeman (2012).

38. Dan Harris, "Why China Is Better Than Russia for Business," China Law Blog, 15 December 2013, www.chinalawblog.com/2013/12/why china is way better than russia.html

39. Lü (2000); Bernstein and Lü (2003).

40. Celia Dugger, "When a Cuddle with Your Infant Requires a Bribe," *New York Times*, 30 August 2005.

41. Website of the Global Corruption Barometer, www.transparency.org/whatwedo/publication/people and corruption asia pacific global corruption barometer (accessed 21 November 2019).

42. Lucy Hornby, "Zhou Yongkang: Downfall of a Patron," *Financial Times*, 31 March 2014.

43. 그러나 모든 초기 단계의 민주주의가 같은 것은 아니다. 정당 구조 안정성에서의 차이는 정부가 지대와 민간 영역의 발전을 분배하는 방식에 영향을 준다(Pitcher 2012).

44. Bardhan (1997; 2010).

45. Stephanie Strom, "Website Shines Light on Petty Bribery Worldwide," *CNBC*, 6 March 2012.

46. Review by Stephenson (2015). 부유한 나라들이 민주주의를 채택하는 경향이 많으므로 민주주의가 부패에 미치는 효과를 부(wealth)가 부패에 미치는 효과와 분리하기는 어렵다.

47. Stephenson (2015, 108).

48. Stockman (2013); Teachout (2014); Lessig (2018).

49. Lessig (2018, Kindle 231).

50. Mauro (1995).

51. La Porta et al. (1999); Treisman (2000; 2007); Mo (2001).

52. 스벤손(Svensson, 2005)은 새로운 데이터를 추가해 마우로의 연구를 업데이트했다. 그는 부패와 경제적 성장 간에 음수의 상관관계가 있지만 그 결과에 통계적 유의성은 없다고 밝혔다.

53. Wedeman (2012, 5); Yukon Huang, "The truth about Chinese Corruption," *Diplomat*, 29 May 2015.

54. Johnston (2008).

55. 사례로 다음을 참조. Alice Evans' review of Deals and Development, in LSE Review of Books, 9 January 2018.

56. 중국 연구에서 이런 문제점은 '장님이 코끼리 만지기' 문제로 알려져 있다(Ang 2016; 2018c).

57. 이 방식은 부패 연구뿐 아니라 정치 경제학에서도 중요한 사고 틀이다. North et al. (2009); Khan (2010); and Pritchett et al. (2018).

3장 중국의 부패는 어떻게 진화했는가

1. "China Slips Down Corruption Perception Index," *CNN*, 3 December 2014; "What Motivates Chinese President Xi Jinping's Anti corruption Drive?," *NPR*, 24 October 2017; "Xi's Corruption Crackdown," *The National Interest*, 3 April 2014.

2. 2012년 고(Ko)와 웡(Weng)의 연구는 2008년 이전까지의 자료를 근거로 했는데 이들과 나의 결론이 일치한다. 그 이후 나는 뇌물은 규모가 커지고 보다 복잡한 형태로 변화했음을 발견했다.

3. 핵심 자원으로는 토지와 금융이 있다(Huang 2017).

4. Pei (2016); "China's Decentralized Kleptocracy," *Democracy Digest*, 18 October 2016.

5. 주목할 만한 예외로 다음을 참조, Yang (2004); Ko and Weng (2012).

6. 하나의 스냅숏으로 결론을 내는 것은 편협할 뿐 아니라 오해를 가져올 수 있다. 분석은 상호 영향을 주는 전체적인 인과 고리를 추적해야 한다. 나는 이것을 공진화(coevolution)라고 부른다(Ang 2016).

7. Vogel (2011); Coase and Wang (2012); Ang (2016); Naughton (2018).

8. Andrew Wedeman, "Growth and Corruption in China," *China Research Center (Website)*, 30 December 2012.

9. Interview B2013 326.

10. Bachman (2017).

11. 또 다른 제약은 정치적 내부자들이 국가 자산을 전용하는 것에 달려 있다. 중국에서 이 과정은 많은 사적 영역이 성장했음에도 지연된 사유화에 의해 완화되었다. 반면에 소련의 국가 자산은 정치 엘리트에 의해 사적 자산으로 걷잡을 수 없이 전환되었다(Walder 2003, 901).

12. 덩샤오핑이 서구식의 민주주의를 일축했지만 그는 서구인들이 기대했던 방식과는 다른 식으로 정치 체제를 개혁했다. 덩샤오핑은 관료 체제 개혁을 위한 여러 정책을 추진했다. 강제 은퇴, 관료 체제의 목표 변경 등 여러 가지 변화를 꾀했다. 덩샤오핑은 이를 통해 관료 체제의 책임감 제고와 경쟁을 이끌어 냈고 방대한 관료 체제의 권력에 대해 부분적 제한을 가했다.

13. Oi (1992; 1999); Montinola et al. (1995); Walder (1995b).

14. 공산주의를 빠르게 와해하고 공산당 관료의 권력과 특혜를 갑자기 박탈한 러시아와 동유럽의 '충격 요법'과 중국의 점진적 접근 방식은 종종 잘 비교된다(Walder 1996a).

15. Walder (2003).

16. Naughton (1995).

17. 이것은 이중 가격 제도다. 이중 가격 제도의 논리는 관료주의적 보상 체제에도 등장한다.(4장 참조)

18. Oi (1992; 1999).

19. Lü (2000); Wedeman (2000); Tsai (2004).

20. 이 기간 동안 향과 진의 공무원들이 농민들에게 부과한 자의적이고 추가적인 수수료는 농촌에서 만연했으며 집단적 저항을 일으켰다(Bernstein and Lü 2003).

21. Lu (2000).

22. Sun (2004); Tsai (2007a).

23. Ang (2016).

24. Lau et al. (2000).

부패한 중국은 왜 성장하는가

25. 《차이신》의 후 수리는 "잊지 말라. 사회주의라는 용어는 이미 쓰이고 있다. 그렇지만 시장 경제 개념이 중앙 정부에 의해 제안된 것은 이번이 처음이다"라고 지적한다. Hu Shuli, "Changing China's Market Framework," *The China Boom Project*, http://chinaboom.asiasociety.org/thread/36/189

26. Naughton (2018).

27. 국유 기업의 고용은 1992년, 7600만 명에서 2005년 4300만 명으로 감소했다(Naughton 2018).

28. Hsueh (2011).

29. 축복받은 절강성의 역사적 사례를 보라. (Ang 2016, Chapter 6)

30. McFaul (1995); Walder 2003; Fisman and Wang (2014).

31. "Let a Million Flowers Bloom," *The Economist*, 10 March 2011.

32. Tsai (2007a); Dickson (2008).

33. Yang (2004).

34. Yang (2004, 2, 36).

35. Walder (2018).

36. Ding (2000); Sun (2004); Wedeman (2012).

37. Sun (2004); Pei (2006).

38. Zhu (2008).

39. 1994년 주룽지 총리의 재정 재통합 정책은 지방 정부의 예산 상황을 급격하게 악화시켰다. 이런 맥락에서 토지 사용권은 대안적 소득의 중요한 원천이었다.

40. World Bank and DRC of State Council (2014).

41. "중국은 13만 킬로미터의 고속도로를 보유하고 있습니다. 이는 세계에서 가장 긴 거리에 해당합니다." Website of the State Council, News Section, 27 August 2017.

42. Hans Ulrich Riedel, "Chinese Metro Boom," *International Railway Journal*, 19 November 2014.

43. Lardy (2019, 79).

44. "China's Local Government Debts Exceed 10 Trillion Yuan," *China Daily*, 26 June 2011.

45. Frank Tang, "China Local Government Forced to Rob Peter to Pay Paul," *South China Morning Post*, 3 April 2019.

46. Ang (2016, Conclusion); Wallis (2005).

47. 과거 10년간 '정치적 연관'의 가치에 대한 연구 붐이 일어났다. 정치적 연관은 경제 활동 전반에 걸쳐 상당한 영향을 끼친 것으로 조사되었다. 정치적 연관은 자금 대출, 갈등 해결, 기업 실적 등 경제 활동에 영향을 주었다(Li et al. 2008; Wang 2013; Ang and Jia 2014; Jia 2014).

48. Walder (2018, 30).

49. Minzner (2015). 시진핑에 대한 대부분의 생각은 과거 제도적 규범을 해체한 독재자이지만 어떤 학자들은 이에 동의하지 않는다. 졸링거에 따르면 시진핑은 새로운 통치 스타일을 만들었다기보다는 "시진핑은 자신의 목적을 위해 여러 시도를 이용한다"(Solinger 2018, 5). 월더

는 많은 사람의 생각과는 다르게 시진핑은 마오와 다르다고 본다. "시진핑은 정치적 안정과 경제 성장이 가장 큰 목표인 관료다. 마오는 안정과 성장을 혐오했다"(Walder 2018, 21).

50. Tom Mitchell, Gabriel Wildau, and Henny Sender, "Wang Qishan: China's Enforcer," *The Financial Times*, 24 July 2017.

51. Yukon Huang, "China's Economy Is not Normal," *The New York Times*, 13 March 2018.

52. Lardy (2019, 19).

53. Orange Wang, "Beijing Tilts toward State Owned Enterprises," *South China Morning Post*, 21 September 2018.

54. Lardy (2019, 20).

55. "국가 자본주의의 발흥(The Rise of State Capitalism)," *The Economist*, 21 January 2012. See also John Bussey, "중국 국가 자본주의 여러 위험과의 싸움(Tackling the Many Dangers of China's State Capitalism)," *Wall Street Journal*, 27 September 2012, 등은 수만 개의 국유 기업이 중국 GDP의 절반을 생산하는 것을 지적한다.

56. "China's Private Sector Contributes to Economic Growth," *Xinhua*, 6 March 2018. See also Lardy (2014).

57. McFaul (1995); Hoffman (2002); Walder (2003).

58. Glaeser and Goldin (2006).

59. 내가 참조한 자료는 검찰 연감과 법 연감이다.

60. Wedeman (2004); Guo (2008); Ko and Weng (2012); Wedeman (2012).

61. Ko and Weng (2012). "개혁 시기 부패의 현상학"에서 쑨옌은 10개의 일반적인 부패 행위와 4개의 부정행위를 다룬다(Sun 2004).

62. Ko and Weng (2012)

63. Wedeman (2004); Guo (2008); Ko and Weng (2012); Wedeman (2012).

64. 매니언(Manion 2004)에 따르면 시진핑 이전의 마지막 반부패 운동은 1995년에 있었다. 이 책이 다루는 자료가 나오기 이전 시기에 해당한다.

65. *Wall Street Journal*, 11 January 2012; *New York Times*, 24 August 2011. See also Wedeman (2012).

66. 1998년 검찰은 3만 5000건, 연루 공무원 4만 162명의 부패를 수사했다. 이 수치는 2001년에 4만 5266건(5만 292명)으로 정점에 달했으며, 2001년은 중앙 정부가 전국적인 행정 개혁을 시작한 시기와 일치한다. 이 수치는 점점 감소해 2009년에 역대 최저를 기록했다.

67. Wedeman (2004).

68. 위드먼은 비슷한 주장을 한다. "교환을 동반한 부패는 관련 구성원들에게 상호 이익을 준다. 그러나 약탈은 경제적 활력을 좀먹고 재산권을 불안전하게 만들며 자본 도피를 조장한다." Andrew Wedeman, "Growth and Corruption in China," *China Research Center (Website)*, 30 December 2012.

69. 3장 부록에 각 범주의 법적인 정의를 영어로 번역했다.

70. Ang (2012).

71. Ko and Weng (2012).

72. Ko and Weng (2012, 727).

73. "上海已全部收回社保违规资金(상하이는 횡령한 자금을 원한다)", *Xinhua*, 29 January 2007.

74. 2012년부터 2017년까지 기율 당국은 27만 8000명의 향 당서기와 촌장들을 처벌했다. "Work Report of the 18th Central Discipline Inspection Commission," Website of the Central Discipline Inspection Commission, 29 October 2017.

75. Ang (2012).

76. Manion (2016); Conversation with Christopher Buckley, 2 July 2018.

77. 중국 발음으로 이를 나타내는 용어는 다음과 같다. 뇌물 수수(賄賂, 후이루), 뇌물 공여(行賄, 싱후이), 묵시적 규칙(潛規則, 치앤구이저), 지대 추구(尋租, 쉰주), 고상한 뇌물(雅賄, 야후이, 뇌물로 예술품을 주는 행위), 매표(賄選, 후이쉬앤), 기러기 아빠(裸官, 루오관, 배우자와 자식이 모두 해외에 있는 관료), 돈세탁(洗錢, 시치앤).

78. 중국 발음으로 이를 나타내는 용어는 다음과 같다. 관료제적 강제 할당(攤派, 탄파이), 자의적 수수료 갈취(亂收費, 루완쇼우페이), 자의적 벌금 부과(亂罰款, 루완파콴), 공금 유용(挪用公款, 누오용공콴).

79. 그래프는 전체 빈도수로 나눈 상대 비율이며 세로축의 단위는 고정되어 있지 않다. 각 용어들이 사용되는 상대 비율이 시간에 따라 변하는 것을 비교할 것이다. 절대 빈도수는 세로축 단위를 고정했음을 의미한다. 이 방법으로는 그래프를 해석하기 힘들다. 상대적으로 매우 낮은 빈도로 미디어에 언급되는 용어들은 자주 언급이 되는 용어에 비해 거의 수평한 직선처럼 보이기 때문이다.

80. 〈그림 3-11〉과 〈그림 3-12〉는 미디언 언급 빈도수를 LOESS 회귀 분석법을 사용해 부드럽게 나타낸 것이다.

81. Pastor and Tan (2000).

82. Interview B2007 93.

83. Anthony Ou, "The Chinese Art of Elegant Bribery," *Open Economy*, 25 June 2011.

84. "文强受贿物品曝光(Wen Qiang's Corrupt Booty Exposed)," *Sohu News*, 4 February 2010.

85. Zhao (2018). See also Susan Whiting, "Land Rents and Vote Buying in China's Village Elections," Lecture at Stanford University Freeman Spogli Institute, 7 March 2018.

86. See my historical analysis of Humble County in Hubei province (Ang 2016, Chapter 6).

87. 연구 주제와 관련된 기간을 특정하지 못하는 것은 '장님이 코끼리 만지기' 문제를 더 악화할 뿐이다. 여러 연구가 서로 모순인 것처럼 보이는 것은 서로 다른 기간을 대상으로 했기 때문이다.

88. Fan et al. (2010). See "What's Worse, Bribery or Embezzlement?," *Wall Street Journal*, 23 November 2010.

89. Fan et al. (2010).

90. Sun (2004).

91. Yang (2004); Ko and Weng (2012).

92. 예를 들어 다음을 참조, Kang (2002b); Johnston (2008); Sun and Johnston (2010); Wedeman (2012).

93. Glaeser and Goldin (2006); Parrillo (2013).

4장 중국식 관료주의가 이익을 공유하는 방법

1. Fisman and Golden (2017).

2. '베버로 바로 넘어가기(skip straight to Weber)'는 Pritchett and Woolcock (2004)가 맹목적으로 최고의 것을 복제하는 행위를 비판하면서 사용한 용어다.

3. Olowu (2010); Pritchett et al. (2013).

4. Fisman and Golden (2017).

5. Matthew Rosenberg and Jawad Sukhanyar, "Afghan Police, Often Derided, Face Another Drawback: Missing Pay," *The New York Times*, 12 January 2014.

6. Lü (2000).

7. Mookherjee (1997)는 "공무원은 그들의 노력이 사회에 어떤 의미를 지니는가에 대해 개인적 이해가 전혀 없다"고 말한다.

8. 조세 징수 도급(tax farming)은 징수자가 수금한 세금의 일부를 받는 것으로 녹봉주의의 변형이다.

9. Weber (1968).

10. Brewer (1988); Parrillo (2013).

11. 미국 관료주의를 연구한 학자들은 '이익'이라는 개념이 모든 공공 관료주의에 무관하다고 가정한다. Moe(1984)는 "피고용인에게 그들의 노력의 대가로 '이익'의 일부를 주는 유인 정책은 제외한다"고 말한다. 그러나 중국 관료주의에서는 개별적 공무원이 벌어들인 수입의 일부를 합법적으로 받을 수 있기 때문에 '이익'이라는 개념이 존재한다.

12. Becker and Stigler (1974).

13. Besley and McLaren (1993).

14. World Bank (2004, 118). PROFIT SHARING, CHINESE STYLE.

15. OECD (2006); Landry (2008).

16. Ang (2016, Chapter 3).

17. OECD (2006); World Bank and DRC of State Council (2014).

18. 지방 금융 통계 연감에 의하면 정확한 숫자는 4980만 명이다. Ang(2012).

19. Walder (2004). 이 계층은 당서기, 행정장관, 중앙부장급 관리, 처장급 관리를 포함한다.

20. 2006년 공무원법이 통과되고 이런 관료들의 공식 명칭이 '공무원(civil servants)'이 되었다.

그 이전에 그들은 공산주의 용어로 '간부(cadres)'라고 불렀다. Ang(2012).

21. 시와 현급 수준에서의 우두머리인 당서기는 당위원회의 구성원이며 5년 임기로 임명된다 (B2011 236; B2011 241). 그러나 부현장(副縣長) 같은 경우에는 임기 제한이 없다. 그리고 부현 장 같은 관료가 한 지역에서 종신 임기로 근무하는 것을 자주 볼 수 있다(B2011 237). 임기 제 한은 나머지 직급에게는 해당하지 않는다. 아주 예외적으로 현급 간부가 다른 현으로 발령 이 나는 경우도 있다(B2011 237; B2011 239; B2011 240). 지도급 간부가 아니면 압도적으로 그 지방 출신인 경우가 많다(B2011 236; B2011 22; B2011 222; B2011 225; B2011 239; B2011 240; B2011 237).

22. Lipsky (1980).

23. Ang (2016, Chapters 1 and 5).

24. '도움의 손(helping hand)'은 Walder(1995a) 참조. '약탈의 손(grabbing hand)'은 다음을 참조. Frye and Shleifer (1997); Shleifer and Vishny (1998); Brown et al. (2009).

25. 대표적인 사례로 다음을 참조. Li and Zhou (2005); Landry 2008; Kung and Chen 2011; Shih et al. (2012); Lü and Landry (2014); Jia et al. (2015).

26. 현(縣) 리더 수준에서도 승진의 기회는 극도로 제한된다(Kostka and Yu 2014).

27. 인터뷰 B2010 188.

28. 인터뷰 B2011 230.

29. 인터뷰 B2011 229.

30. 중앙 정부가 2006년에 발행한 "직위와 호봉에 따른 공무원의 월급" 문건.

31. 인터뷰 B2011 235.

32. "중국이 공무원의 월급을 올렸다." *Reuters*, 20 January 2015.

33. Xu (2007).

34. Klitgaard (1988); Besley and McLaren (1993).

35. Whiting (2001); Burns (2007); Chan and Ma (2011).

36. Lü (2000); Sun (2004).

37. Fan et al. (2010).

38. '쌍궤(dual-track)' 가격 제도는 중앙 집권적으로 결정된 가격과 시장에 기반한 가격 결정이 혼합된 방식이며 중국의 시장 자유화 초기에 도입된 제도다. 이 제도는 점진적인 개혁이 제 대로 작동한 모범 사례로 꼽힌다.

39. Colclough (1997); World Bank (2004).

40. Lazear (1995); Baker et al. (1998).

41. 초기의 이론들은 지방 정부를 하나의 전체로 취급했고 수익 공유가 성장을 촉진하는 효과 만 강조했다(Oi 1992, 1999; Montinola et al. 1996; Walder 1995b; Whiting 2001).

42. 인터뷰 B2007 127.

43. 인터뷰 B2007 114.

44. 인터뷰 B2007 111; B2007 114; B2007 115; B2007 116; B2007 117.

45. 인터뷰 B2007 128.

46. Tsai(2004)가 발전형 국가에 대한 문헌을 두고 비평한 것처럼 우리는 중국에서 "지방의 발전 지향적인 정부에 용납하기 어려울 정도 약탈적인 갈취 행위"를 발견했다.

47. Li and Zhou (2005).

48. 인터뷰 B2012 301.

49. 인터뷰 B2012 302.

50. Manion (2004). 정치 엘리트가 생각하는 정책 선택과 집행을 구성하는 '인지 지도(Cognitive Maps)'의 역할에 대해서는 다음을 참조. Mehta and Walton (2014); Sen et al. (2014).

51. O'Brien (2006).

52. Olowu (1999).

53. Evans and Rauch (1999); Treisman (2000); Van Rijckeghem and Weder di Mauro (2001); Di Tella and Schargrodsky (2003).

54. 부가적 보상은 공공 지출의 형태를 띤다는 것을 잊지 말아야 한다. 이런 유형의 보상은 개인적으로 받은 뇌물이나 횡령한 자금으로부터 나오지 않는다. 따라서 내부 예산 상세 자료는 이러한 유형의 보상을 반영한다.

55. 이 수치는 1998년을 기준으로 한 것이다. 현재의 명곡 가격은 인플레이션을 고려하면 더 크다. 도시 노동자 평균 임금은 산둥성 통계 연감을 참고했다.

56. Oi (1999); Edin (2003); Whiting (2004).

57. 청 왕조의 현(縣) 행정을 연구한 Reed(2000)는 비슷한 이야기를 한다. "관아의 행정 업무를 하던 사람들의 연간 소득은 사치와는 상당한 거리가 있었다."

58. 미국에서 주지사의 연봉은 주와 시간에 따라 변하지만 행정 기관 공무원들의 급여는 거의 비슷하다(Di Tella and Fisman 2004).

59. 재정국 관료와의 인터뷰, Stanford NDRC Joint Field Trip, August 2012.

60. 통계학적으로 ECM의 기본적인 출발점은 2개 이상의 시계열 자료 간에 장기적 균형이 존재한다는 것이다. 물론 단기적으로는 장기적 균형으로부터의 이탈이 존재할 수 있다. 따라서 설명 변수가 종속 변수의 변화에 주는 영향은 동시적이거나(같은 시기에 벌어지는) 또는 누적적일 수 있다(De Boef and Keele 2008).

61. 종속 변수를 부가적인 보상에 대해서만 회귀 분석해도 결과는 다르지 않다.

62. 차이가 있다면 1인당 GDP는 세수와 상관관계가 높기 때문에 추정된 계수들을 약간 낮추는 효과가 있다는 점이다.

63. 인터뷰 B2011 286.

64. 뒤처진 독립 변수를 사용해 추정된 계수로부터 장기적인 효과를 바로 알 수는 없다. 'L. 세수'의 계수(효과)는 13.45이지만 이 수치를 ECM 모형의 음수로 나온 추정치로 나누어야 장기적인 효과를(33위안) 계산할 수 있다. ECM 모형의 의미는 장기적으로 여러 기간에 걸쳐서 영향을 주는 것이다. ECM 모형의 값이 0.46이라면 장기적으로 봤을 때 같은 기간에 미치는 영향은 46퍼센트이고 다음 기간 이후의 긴 기간에 미치는 영향은 54퍼센트임을 의미한다.

65. 인터뷰 B2012 301.

66. King et al. (2000).

67. 인도를 분석한 논문에서 인도의 '황금 거위' 효과를 언급한 적이 있다. 그러나 그들의 요점
은 부가적인 혜택보다는 '불법적인 미래의 지대' 즉, 뇌물 갈취에 있었다 (Niehaus and Sukhtan-
kar 2013).

68. 인터뷰 B2008 136.

69. 인터뷰 B2013 324.

70. 인터뷰 B2006 7.

71. 인터뷰 B2006 3.

72. 인터뷰 B2006 7.

73. 이것은 최근 인도 총리 모디의 현금 없는 거래에 기반한 부패와의 싸움에서 잘 드러난다.

74. 인터뷰 B2010 196; B2011 226; B2011 227; B2011 228.

75. 인터뷰 B2011 237.

76. 인터뷰 REG 2012 012; REG 2012 015.

77. 인터뷰 B2013 334; REG 2012 023.

78. 지방 정부 산하 작은 단위의 기관들은 심각한 예산 압박에 직면해 있는데 재정 충당의 책임
이 바로 그 기관에 있기 때문이다(World Bank and DRC of State Council 2013).

79. Lindauer and Nunberg (1994).

80. Olowu (2010).

81. Olowu (2010, 642).

82. Andrews et al. (2013).

83. Becker and Stigler (1974); Di Tella and Schargrodsky (2003).

84. 전략적 성과 관리(SPM)은 다음을 참조, Heinrich (2004); Lah and Perry (2008); Richard
(2013). 개발도상국에 널리 퍼졌던 초기 제1세계 모델은 신공공 관리(New Public Management)
다. 이 모델은 민간 부분의 경영 기법과 뉴질랜드의 경험을 바탕으로 도입되었다(Lane 2000).

85. 나는 울콕이 이 점을 강조한 것에 대해 감사한다. 그와 공저자들은 실제로는 그렇지 않지만
근대적 국가처럼 '보이게' 하려는 것에 대해 경고한다(Pritchett and Woolcock 2004; Pritchett et
al. 2013).

86. Klitgaard (1988).

87. Kaufman (1960); Woolcock and Narayan (2000); Tsai (2007b); Lee (2015); McDonnell (2017).
나이지리아와 가나의 공무원에 대한 최근 조사는 '성과에 기반한 인센티브'를 경력 부분에
서 측정하고 조사했다(Rasul et al. 2017; Rasul and Rogger 2018). 반면에 내 분석은 부가적 보상
에 집중했다.

88. Qian (2003).

89. 예를 들어 윌슨의 고전《관료주의》(1989)는 미국의 관료주의에 관한 것이지만 '관료주의'라
는 제목을 달았다.《공공 행정의 백과사전》으로 칭송받는 레이니(1997)의 교과서는 '공공 조

직에 대한 이해와 관리'라는 제목을 달고 있다. 이 책은 서구와 제1세계에 관한 책이다. 중국과 아프리카의 경험으로부터 나온 책이 '공공 조직'이란 제목으로 나올 수 있을까? 서구의 경험이 규범으로 받아들여지면 비서구적 경험은 일탈로 가정된다(Wong 1997; Centeno 2002; Hui 2005).

90. Perry and Wise (1990); Perry (1996).

91. 정성적인 연구와 정량적인 연구의 보완 관계에 대해서는 다음을 참조, George and Bennett (2005).

92. Collier et al. (2003).

93. King et al. (1994); 이에 대한 비평으로 다음을 참조, Mahoney (2009).

94. Fenno (1978).

95. 무언가를 '기술'하는 것은 어떤 분석적 수치 없이 이야기하는 것이다. 그러나 무언가를 발견하는 것은 흥미롭기도 하고 중요하다. 발견은 여러 수치 자료에서 패턴을 찾거나 실제 세계에 몰입함으로써, 또는 2가지 모두를 통해 가능해진다.

96. 이것은 국제 개발에서 보통 접하는 문제다. 좋은 의도를 지닌 단체가 원조를 할 때 실제 제3세계의 지역 공동체가 원하지 않는 원조를 하는 경우가 발생한다(Ang 2018d; Coyne 2013).

97. Di Tella and Schargrodsky (2003, 276).

98. Riggs(1964). 그의 시각을 반영한 최근의 영향력 있는 글은 다음을 참조, Andrewsetal. (2017).

5장 부패와 경제 성장이 공존할 수 있는 이유

1. Demetri Sevastopulo, "China's Goldfinger General Quizzed in Corruption Probe," *Financial Times*, 15 January 2014.

2. Pei (2016), pp. 2, 183에서 인용. Bachman, Howson, and Sun offer a careful set of reviews in Asia Policy in 2017.

3. 보시라이의 실각 후에도 충칭 주민들은 계속해서 그의 리더십에 대해 공감을 표했다. 웨이보에는 "보시라이는 매년 15퍼센트의 성장을 이루어 냈다. 그는 매일 130만 명의 농촌 어린이들에게 계란과 우유를 무료로 지급했다. 그는 농촌 거주민들에게 도시 주민들과 같은 건강 보험을 제공했다. 나는 그를 그리워할 것이다"라는 내용이 있었다. "Party Ousts Chinese Regional Chief," *The New York Times*, 15 March 2012.

4. Huang (2011); Mulvad (2015); Stromseth et al. (2017).

5. 불용어(과사, 전치사, 조사 등 검색 단어로 의미가 없는 단어)를 제외한 후 낙마 이전과 낙마 이후의 단어들의 빈도를 전체 기사에서 쓰인 단어 수로 나누었다. 한 단어가 최고로 많이 쓰인 경우는 250회였다.

6. 보시라이 사건에 대해서 나는 《인민일보》의 보도(중국국가지식 데이터베이스에서 추출)를 분

석했다. 보시라이는 2012년 3월 15일 낙마했다. 그가 낙마하기 전의 시기는 2011년 3월부터 2012년 3월 15일까지고, 낙마 후 시기는 2012년 3월 16일부터 2013년 4월까지다. 전부 66개의 기사를 분석했다.

7. 지젠예의 경우에는 《인민일보》와 신화통신에 나온 보도(중국국가지식 데이터베이스에서 추출)를 분석했다. 지젠예에 대한 조사는 2013년 10월 16일 공식적으로 발표되었다. 내 분석은 그의 낙마 전후 총 49개의 기사를 대상으로 했다.

8. Bachman (2017).

9. "Bo Xilai, the Insider Brought Down by His Tendency to Break Rules," *The Guardian*, 21 September 2013.

10. "Bo Xilai Removed by China from Chongqing Leadership Post," *BBC News*, 12 March 2012.

11. 1985년부터 2005년까지 충칭의 1인당 GDP는 31개 성 중에서 18위였다. 2006년에는 19위로 떨어졌다. 보시라이가 낙마한 2012년에는 12위까지 올라섰다.

12. 2007년 충칭의 1인당 GDP는 16만 5728위안이었고, 2012년에는 3만 9236위안이었다(중국 국가통계국).

13. 충칭의 경제 연감과 충칭 20주년 개발보고서에서 계산.

14. David Lammie, "Pillar of the West," *US China Business Review*, 1 January 2009.

15. "Chongqing: Land of Laptops," *China Daily*, 16 June 2014. 해외, 국내를 모두 포함한 연안 지역에서 충칭으로의 생산 설비 이동은 2000년대에 일어난 국내 생산 기지 이전의 한 경향이었다(Ang 2018b).

16. "五个重庆 : 落实科学发展观的生动实践(5개의 충칭: 과학적 발전의 생생한 사례)," Chongqing Ribao, 6 February 2012. 다음을 참조https://web.archive.org/web/20100812003230/http://www.cq.xinhuanet.com/2009/5.cq/ (accessed 16 March 2019).

17. Cai (2014). 다음을 참조, "Chongqing Sets Stage for China's National Land Reforms," *Nikkei Asian Review*, 9 January 2014.

18. 충칭 경제 통계 연감.

19. 부채에 관한 자료는 중국금융연감(China Finance Yearbooks)의 "국내와 해외 통화로 본 부채 잔액(outstanding loans in domestic and foreign currencies)"에서 볼 수 있고, GDP에 대한 자료는 중국 통계 연감(China Statistical Yearbooks)과 충칭 통계 연감(Chongqing Statistical Yearbooks)에서 찾아볼 수 있다.

20. 다음을 참조, Sharon Lafraniere and Jonathan Ansfield, "Bo Xilai's Crackdown Adds to Scandal," *New York Times*, 26 March 2012.

21. 다음을 참조, Zoey Zhang, "What Chongqing's Declining Growth Tells us about China's Slowdown," *China Briefing*, 14 March 2019; Sidney Leng, "Chongqing Battles Unemployment," *South China Morning Post*, 15 February 2019.

22. 2018년 민간 부문은 충칭 경제의 절반에 못 미치고 있다. 이는 중국 전체 평균보다 낮은 값이다. 다음을 참조, "In Chongqing, a Painful Economic Transition Is on Full Display," *South*

China Morning Post, 18 January 2019.

23. Amsden (1989); Wade (1990); Evans (1995); Johnson (1995); Kohli (2004); Haggard (2018).

24. Sen (1999); Evans and Heller (2013); Singh (2013).

25. Quoted in *New York Times*, 26 March 2012.

26. Steven Myers and Mark Landler, "Frenzied Hours for U.S. on Fate of a Chinese Insider," *New York Times*, 17 April 2012.

27. Malcolm Moore, "Bo Xilai Tells the Moment His Life Fell Apart," *Telegraph*, 24 August 2013.

28. "薄熙来受贿, 贪污, 滥用职权案庭审纪实(보시라이에 대한 뇌물 수수, 권력 남용, 횡령에 대한 재판 기록)," 다음을 참조, Jiancha Ribao [Procuratorate Daily], 28 August 2013.

29. Andrew Jacobs and Dan Levin, "Son's Parties and Privilege Aggravate Fall of Chinese Elite Family," *The New York Times*, 16 April 2012.

30. Ibid, 주 29번과 같은 기사 내용.

31. Li Yuan(《월스트리트저널》의 편집자) "Bo Xilai: Inside the Scandal" (2012).

32. 예를 들어 국가개혁발전위원회의 석탄 부서 부국장은 2억 위안의 뇌물을 선물이 아닌 현금으로 받았다. 마찬가지로 부패로 수감된 그의 전임자는 3600만 위안의 뇌물을 받았다. 둘 다 모두 보시라이가 공식적으로 받은 뇌물의 액수보다 많다. 다음을 참조, "Corrupt Coal Official Had 200 Million Yuan in Cash Stacked at Home," *South China Morning Post*, 31 October 2014.

33. 미국에 기반을 둔 중국어 독립 매체에 의하면 보시라이 부인의 법률 회사가 "대규모 해외 투자와 관련한 다롄시의 거의 모든 법률 자문"을 했다고 한다. 다음을 참조, 보시라이의 3대 거악 "薄熙内定三宗大罪(Three Internally Decided Indictments of Bo)," *Mingjing News*, No. 27, May 2012.

34. "与时俱进看昆山(쿤산의 시대와 함께 가자)," *People's Daily*, 14 November 2002.

35. "始于城建, 终于城建(건설로 시작했고, 건설로 끝나다), '季拆拆'城建史(불도저 지젠예의 건설 역사)," *Nanfang Weekend*, 24 October 2013.

36. "季建业升迁路(지젠예의 승진 경로)," *Caixin*, 25 October 2013.

37. 자료, CEIC Data, www.ceicdata.com/zh-hans/china (accessed 25 November 2019).

38. *Nanfang Weekend*, 24 October 2013.

39. Caixin, 25 October 2013.

40. "南京市民对梧桐树有深厚感情(추이만리: 난징 시민들이 오동나무에 대해 가지는 깊고 넓은 감정)," *Phoenix TV*, 19 March 2011.

41. *Caixin*, 25 October 2013.

42. Cang Wei and Song Wenwei, "Nanjing Announced Cleanup Program Ahead of Games," *China Daily*, 14 August 2012.

43. 地铁与大树争路'砍'与'移'争锋(지하철과 큰 나무와의 투쟁)," *Nanfang Weekend*, 18 March 2011.

44. "南京原市长季建业被开除党(전임 난징 시장이 당적을 박탈당하다)," *Caixin*, 30 January 2014.

45. "季建业判决书要点公布(지젠예 기소 내용),"*Peoples Daily*, 7 April 2015.

46. "季建业的家族腐败之路(지젠예 가족의 부패),"*China Youth Daily*, 17 January 2015.

47. "FDI in Brief: Cambodia,"UNCTAD (accessed 4 May 2019).《인민일보》는 이것을 '기적'이라고 표현했다. 다음을 참조, *Peoples Daily*, 14 November 2002.

48. "南京落马的季建业和他事发后的苏南政商震荡(지젠예의 낙마와 남부 장수 지역 정재계의 충격),"*The Paper*, 18 December 2014.

49. Ibid, 주 48번과 같은 기사.

50. 보시라이가 횡령죄로 기소되었지만 50만 위안 규모는 그의 뇌물에 비하면 매우 적은 금액이다. 횡령죄를 추가한 것은 보시라이에게 도둑 이미지를 씌워 중국 대중들에게 보이려 한 측면이 강하다. 법정 기록에 의하면 보시라이가 다롄시의 당서기였을 때 시정부 건설 부문의 책임자가 건설 프로젝트 계좌에서 보시라이의 부인 구카이라이에게 50만 위안을 이체했다. 법정에서 그녀는 이것을 보시라이에게 알렸다고 했지만 보시라이는 이를 부인했다.

51. 이러한 치부 방식은 1990년대 말에 유행했던 것이다. 중국이 급속한 사유화의 길을 걸으면서 이런 방식은 '자산 탈취(asset stripping)'라고 불렸다(Pei 2006; Wedeman 2012). 이런 행위는 부패에 해당했지만 영민하고 정치적으로 결탁한 쉬밍 같은 민간 부문 거물이 발흥하는 첫 풍조를 만들어 냈다.

52. *Caixin*, 6 December 2015.

53. "活得张扬，判得诡异，死得神秘"이 메시지는 2012년 12월 7일 웨이보에 올려졌지만 곧 삭제되었다. 그러나 중국어 웹사이트인 중국인권저널(China Human Rights Journal)에 다시 올려졌다. 다음을 참조, China Human Rights Journal http://biweeklyarchive.hrichina.org/repost/30869.html (accessed 16 March 2019).

54. "金螳螂捕钱，季建业在后(지젠예가 골든맨티스의 이윤 획득의 뒷배경이었다),"*Xinjingbao*, 24 October 2013.

55. "张蕾：公诉季建业(장레이: 지젠예 기소),"CCTV 13 News Documentary, 12 April 2014.

56. "多名地产商因季建业落马被查(여러 부동산 개발업체들이 지젠예의 낙마로 조사를 받다),"*Xinjingbao*, 21 November 2013.

57. Shleifer and Vishny (1993); Bardhan (1997); Gray and Kaufman (1998); Wei (2000); Fisman and Svensson (2007).

58. "大连实德原董事长徐明病死狱中(전임 스더그룹의 회장이 감옥에서 사망하다),"*Caixin*, 6 December 2015.

59. *The Paper* (Chinese), 18 December 2014.

60. *Xinjingbao* (Chinese), 24 October 2013.

61. Yu Ning and Wen Qiu, "Dalian Businessman Who Built an Empire Vanishes," *Caixin* 9 April 2012.

62. *China Youth Report* (Chinese), 17 January 2015.

63. Ibid, 주 62번과 같은 기사.

64. 다음을 참조, Ang (2016, Chapter 3).

65. 부패가 가져오는 해악은 경제 주체가 생산적인 활동으로부터 멀어지게 하는 것이다 (Krueger 1974; Bhagwati 1982).

66. 이 연구는 청두남서대학교의 금융경제학과의 간리(Gan Li)에 의한 것이다. 다음을 참조, "A Fifth of China's Homes Are Empty," *Bloomberg*, 8 November 2018. 소비자들은 최고의 수익률을 제공하기 때문에 투자를 목적으로 집을 여러 채 구매한다.

67. Ibid, 주 66번과 같은 기사.

68. Ehlers et al. (2018).

69. 다음을 참조, "Narrow Dwellings: A TV Series That Slipped through SARFT's Guidelines," *Danwei*, 11 December 2009.

70. Rawski (2017), cited in Lardy (2019, 77); Walder (2018, 30).

71. Pei (2016, 7, 22, 267).

72. *Caixin*, 25 October 2013.

73. *Caixin*, 6 December 2015.

74. Lin et al. (2015); Jia et al. (Forthcoming).

75. Bell (2016); Eric Li, "A Tale of Two Political Systems," TED Talk, posted 1 July 2013.

76. Louise Story, "As Companies Seek Tax Deals, Governments Pay High Price," *The New York Times*, 1 December 2012.

77. "地方优惠政策整治风暴(지방 정부의 우대 정책에 관한 논쟁)," *Shidai Zhoubao*, 18 December 2014.

78. 이 인터뷰에서 "요즘 토지에 대해 말할 것 같으면 모든 일 처리는 반드시 규제를 따라야 하며 할당된 양만큼만 할 수 있다. 이전에 우리는 세금 리베이트나 특정 기업에 혜택을 주는 것이 가능했다. 요즘은 더 이상 가능하지 않다"고 덧붙였다. (B2013 325).

79. 5장 부록에서 나는 보시라이와 지젠예의 범주와는 다른 관료들을 조사했다.

6장 시진핑의 반부패 운동과 중국의 미래

1. "China's Effective Campaign Sets Model for Global Anticorruption Cause," *Xinhua*, 11 March 2018.

2. 우리는 반부패 운동과 경제 성장에 대한 단순한 회귀 분석으로 반부패 운동이 경제 성장을 저해했는가를 평가할 수 없다. 시진핑의 반부패 운동은 전국적으로 동시에 시작되었다. 반부패 운동을 겪은 지역과 그렇지 않은 지역을 비교하는 것으로는, 반부패 운동이 경제 성장에 끼친 영향만 따로 떼어 낼 수 없기 때문이다.

3. 이러한 결과는 2012~2017년 기간인 기간 1에만 해당한다. 낙마를 결정하는 요소는 시간에 따라 상당히 크게 변한다.

4. Manion (2016).

5. Quade (2007).

6. Quade (2007); Ko and Weng (2012); Ang (2016).

7. Manion (2016).

8. "Work Report of the 18th Central Discipline Inspection Commission," 29 October 2017, www.ccdi.gov.cn/xxgk/hyzl/201710/t20171031 114178.html (accessed 3 March 2019).

9. 한 연구에 의하면 1993~2010년까지 부패 사안의 3퍼센트가 사형 선고를 받았다고 한다(Zhu 2015).

10. 자오룬화, "Half a Million Party Members Penalized for Corruption in 2018," *Caixin*, 21 February 2019.

11. Manion (2016).

12. Dong Jing, Wu Hongyuran, and Charlotte Yang, "Fallen Chief of Bad Assets Had Tons of Cash, Literally," *Caixin*, 16 October 2018.

13. "3 CCTV Employees Detained in Probe," *China Daily*, 18 June 2014.

14. Yang (2015). 다음을 참조, "China Arrests University Official in New Graft Crackdown," *Reuters*, 25 December, 2013.

15. "Eight point Austerity Rules," *China Daily*, 28 October 2016.

16. Li and Walder (2001); Li and Zhou (2005); Landry (2008); Jia et al. (2015); Zuo (2015).

17. Li and Zhou (2005); Lü and Landry (2014); Huang (2015).

18. 최근 연구에 의하면 미디어에 노출 빈도가 높은 정치 지도자일수록 당대회에서 적은 표를 받는다고 한다. 이는 동료 정치인들에게 인기가 낮음을 의미한다(Lu and Ma 2018).

19. Nathan (1973); Shih (2008). 정실주의는 가장 낮은 촌급에서도 중국 정치를 규정하는 특징이다(Oi 1985).

20. Nathan (1973).

21. "Can Xi Jinping Make Use of the Power He Has Accumulated," *The Economist*, 31 March 2018.

22. Murong Xuecun, "Xi's Selective Punishment," *The New York Times*, 16 January 2015.

23. Scott Neuman, "Sun Zhengcai, Once a Rising Star, Gets Life Sentence," *National Public Radio*, 8 May 2018.

24. Perry (2011).

25. Lieberthal (1995).

26. Lieberthal (1995).

27. Economy (2018).

28. 인터뷰 B2013 323.

29. 인터뷰 B2012 291.

30. Lü 와 Landry (2014)에 의하면, 리더의 성과는 성정부 산하 같은 수준의 그룹과 비교해서 평가되어야 한다.

31. 나는 반부패 운동이 시작되기 전의 미디어 언급이 리더들의 기존 유명세를 보여 주는 지표라고 생각한다. 반부패 운동과 이를 뒤따른 가능한 기소들은 미디어의 관심에 영향을 줄 수 있기 때문이다.

32. Shih (2008); Shih et al. (2012); Jia et al. (2015); Zeng and Yang (2017).

33. 이론적으로 핵심 인사에 대한 인사는 상급 수준 정부 기관인 당 위원회와 조직부에 의해 집단적으로 결정되어야 한다. 그러나 실제로는 당서기가 이 문제에 관해 전적인 결정권을 가지고 있다.

34. Fan and Wang (2000).

35. Landry (2008); Guo (2009).

36. B2011 236; B2011 241.

37. 발령은 다른 시로 옮겨지거나 더 높은 수준의 직급으로 승진하는 것을 의미한다. 은퇴하거나 불특정한 위치로 발령받는 경우도 포함한다. 발령의 대다수는 다른 시로 옮기는 경우다.

38. 〈표 6-2〉는 낙마한 리더들의 지리적 분포를 보여 준다.

39. 다음을 참조, Baydar et al. (1990); Crowley and Skocpol (2001); Walder and Hu (2009).

40. Carter and Signorino (2010).

41. Carter and Signorino (2010).

42. NERI 국가 시장 관계는 다음 세 측면에서 바라본 복합적인 측정이다. ① 시장 기제가 국가계획에 대해 상대적으로 강한 정도, ② 시장에서 국가 개입의 감소, ③ 국가 행정 기구와 공공 부문의 규모.

43. 〈그림 6-5〉의 통계치는 CCDI 웹사이트에서 구했다. 웹사이트에 보고되지 않은 부패 조사 건도 있을 수 있다. 따라서 이 통계치는 불완전하다.

44. Chen and Zhong (2017). Lin et al. (2016)은 반부패 운동의 사기 저하 효과는 기업과 국가의 이전 관계에 의존한다고 덧붙인다.

45. "China Stimulus Push Stalls as Local Officials Avoid Anti-corruption Spotlight," *Reuters*, 15 November 2015.

46. Li Yuan, "China's Entrepreneurs Are Wary of Its Future," *The New York Times*, 23 February 2019; Gunter (2017).

47. Yao Yang, "Graft or Growth in China," *Project Syndicate*, 4 May 2015.

48. "习近平在十九届中央纪委三次全会上发表重要讲话(19기 중앙기율위원회에 대한 시진핑의 중요 연설)," 11 January 2019, www.ccdi.gov.cn/toutiao/201901/t20190111_186902.html

49. "Report of the 7th Inspection Committee to the NDRC" [in Chinese], CCDI Website, 30 January 2019 (현재 접속 불가능). 다음을 참조, Andrew Gilholm, "Xi Jinping's New Watchdog," *Foreign Affairs*, 6 March 2018.

50. "CPC Meeting Reviews Work Rules of Rural Organizations, Disciplinary Inspection Agencies," *Xinhua*, 26 November 2018.

51. 루샨 회의에서 마오는 자기 정책을 비판했던 펑더화이를 실각시켰다. 이 사건은 관료들이

자기 목소리를 내는 것을 회피하게 만들었고 세계에서 가장 큰 인재였던 대약진 운동의 발판을 마련했다(Yang 2012).

52. 〈인민의 이름으로〉라는 유명 TV 드라마는 당의 이상적인 관료의 모습을 보여 준다. 당서기였던 주인공 리다캉은 지치지 않고 경제 발전에 모든 것을 헌신했다. 그 과정에서 정책 실수를 저지르기도 하고 가족에게 소홀히도 했지만 절대로 부패와 타협하지 않는 관료로 묘사된다.

53. 타깃을 넓힘으로써 생기는 공무원의 복지부동 문제는 새로운 것은 아니다(Zhao 2013; Ang 2016; Zhang 2017), 그러나 반부패 운동에 의해 더 악화되었다.

54. "庸政懶政怠政问责了！这16个典型案例被国办通报(게으른 공무원은 책임을 져야 한다. 16개의 전형적인 사례들)," China.gov.cn, 16 June 2017, www.gov.cn/xinwen/2017 06/16/content_5203106. htm (2019년 3월 3일 접속). '란정'은 드라마 〈인민의 이름으로〉의 중요한 소재이기도 했다. 극중에서 당서기 리다캉은 게으른 관료들을 심하게 질책한다.

55. 2009년에 향촌의 리더들은 100가지 목표에 대해 평가를 받았다(Ang 2016, 118 22). 그리고 그 목표 수가 점점 늘어나고 있다. 따라서 새로운 선결 과제에 대해 새로운 목표치를 정하는 것이 정책 순응을 가져올 것이라는 생각은 지나치게 단순한 것이다. 다음을 참조, "解决形式主义突出问题为基层减负(기층의 부담을 줄이기 위해 형식주의를 해결하자)," *The People's Daily*, 12 March 2019.

56. 실제 부패의 수준을 나타내는 대용 변수로 해석할 수 있는 지방 제도의 특성 역시 위험률을 예측하지 못하고 있다.

57. 다음을 참조, "Robber Barons Beware," *The Economist*, 22 October 2015; Katy Barnato, "How China's Anticorruption Drive Is Hurting Growth," *CNBC*, 4 December 2015.

7장 중국과 미국의 도금 시대로 살펴본 부패의 역설

1. "Red Alert," *The Economist*, 22 October 1998; Pei (1999; 2006); Chang (2001).

2. 이 이야기는 다음에 근거했다. Brands (2010); White (2011).

3. 다음을 참조, Sun (1999); Rock and Bonnett (2004); Johnston (2008); Wedeman (2012).

4. Acemoglu and Robinson (2006, 32).

5. Menes (2006, 63).

6. 인도의 자유화 이후 시기는 미국의 도금 시대를 닮은 개발도상국의 사례다. Walton의 비교 분석을 참조하라.

7. 사회학자들은 '압축적 현대화'라고 부른다(Beck and Lau 2005; Han and Shim 2010).

8. Glaeser and Goldin (2006).

9. 이런 방식은 경제의 규모 또한 고려해야 한다. 규모가 큰 경제는 더 많은 상업 활동이 벌어지고 따라서 더 많은 뉴스를 생산한다는 가정을 한 것이다.

10. Ramirez (2014).

11. 게다가 중국에서의 부패에 대한 언급은 당의 부패에 대한 관심을 반영한다. 당의 관심은 대중의 여론을 만들고 반영하기 때문이다. 이에 비해 미국의 부패에 대한 언급은 독립적이다.

12. Walder (2018, 32).

13. Wedeman (2012, 190 91).

14. Glaeser and Goldin (2006); Menes (2006).

15. Ramirez (2014, 76).

16. Huntington (1968), Ramirez (2014)에서 인용함.

17. 다음을 참조, Brewer (1988); Theobald (1990); Ramirez (2014).

18. Whyte (2015, 3 4).

19. White (2011, Kindle 547).

20. Parrillo (2013).

21. "Jack Abramoff: The Lobbyist's Playbook," *60 Minutes*, 6 November 2011.

22. *The Financial Crisis Inquiry Report: Final Report of the National Commission on the Causes of the Financial and Economic Crisis in the United States.* Washington, DC: Financial Crisis Inquiry Commission ,2011 ,p .xviii ,https://lccn.loc.gov/2011381760 (accessed 29 November 2019).

23. 2008년 금융 위기의 배후에는 여러 가지 요인이 있었지만 규제 포획과 독직은 그중 하나였다(Baker 2010; Igan et al. 2011; Fisman and Golden 2017, 45 46).

24. Igan et al. (2011, 34).

25. Stromseth et al. (2017).

26. Lessig (2018, Kindle 237).

27. North et al. (2009); Acemoglu and Robinson (2012).

28. Mungiu-Pippidi (2015, 14).

29. Pomeranz (2000); White (2011); Khan (2012).

30. Chang (2002).

31. Olson (2000).

32. Khan (2010); Pritchett et al. (2018).

33. Sun (2004).

34. Andrews et al. (2013; 2017).

35. Bell(2016,6). 다른 비판으로 다음을 참조, Yasheng Huang, "Why Democracy Still Wins," "TED Blog, 1 July 2013; Andrew Nathan, "The Problem with the China Model," *Chinafile*, 5 November 2015.

36. Bell (2016, xii, 10).

37. Pei (1999; 2006; 2016); Chang (2001).

38. 시진핑의 반부패 운동에 대한 루와 로렌첸의 연구는 부패한 관료가 무능하다는 것을 가정한다. 따라서 부패한 관료를 체포하면 당은 더욱 유능하게 된다. "당은 당의 정책과 법령을

부패한 중국은 왜 성장하는가

효율적으로 실행할 수 있는 관료 집단을 필요로 한다. 현재의 반부패 운동은 이러한 요구를 반영한다"(Lu and Lorentzen 2016, 25). 이러한 가정은 이 책이 보였듯이 잘못된 것이다.

39. Eric Li, "A Tale of Two Political Systems," TED Talk, posted 1 July 2013.

40. 이것이 조우 하오의 다큐멘터리에 나온 일관된 주제 의식이다. 이 다큐멘터리는 지방 리더가 개인적으로 여러 업무에 개입하고 개인적인 청원 같은 사소한 요구까지 챙기는 것을 보여 주었다.

41. Zhao Runhua, "Half a Million Party Members Penalized for Corruption in 2018," Caixin, 21 February 2019.

42. 게다가 Lardy(2019)의 주장처럼 중국이 경제 개혁을 계속하고 국가 주도를 줄여 나간다면 여전히 성장할 여지가 있다.

43. Geddes (1994).

44. 인터뷰 B2007 08.

45. Martin Wolf, "Xi Jinping's China Seeks to Be Rich and Communist," Financial Times, 9 April 2019.

46. 중국은 소득 간, 도시-농촌 간, 지역 간 불평등으로 특징지을 수 있다. 시진핑이 2012년에 정권을 잡았을 때 중국의 지니 계수는 0.472였다. 이 수치는 미국, 영국보다 높았다. 남방대학교에서 진행된 가계 금융 조사는 지니 계수를 0.61로 발표했다. 남아프리카공화국의 지니 계수와 비슷한 수치다. 다음을 참조, "Gini out of the Bottle," The Economist, 26 January 2013; "To Each, Not According to His Needs," The Economist, 15 December 2012.

47. Acemoglu and Robinson (2008); North et al. (2009).

48. Ang(2018a;2018c). "How the West(and Beijing) Got China Wrong," Lecture at Camden Conference, posted on YouTube in April 2019, www.youtube.com/watch?v=2bNB4S_HTw&t=1374s (accessed 29 November 2019).

49. Walder (2018).

50. Pei (2006; 2016); Acemoglu and Robinson (2012); Wedeman (2012).

51. Evans (1989, 562).

52. 딕슨의 조사는 30개의 중국 도시를 대상으로 했으며 2010년과 2014년에 이루어졌다. 2014년에는 60퍼센트의 응답자가 부패가 개선되었다고 응답해 2010년도의 26퍼센트보다 많았다(Dickson 2016).

53. Walder (2018, 25).

54. 5장에서 논의한 것처럼 인허가료는 그림자 금융과 지방 정부와 부동산 개발업체의 치솟는 부채, 투기적 시장에 대한 과도한 투자와 관련된다.

55. Sherry Ju and Lucy Hornby, "Beijing Renews Warnings on Systemic Financial Risks," Financial Times, 25 February 2019.

56. "The Land That Failed to Fail," The New York Times, 18 December 2018.

57. 중국의 '권위주의적인 회복력'에 대해서는 다음을 참조, "authoritarian resilience"(Nathan

2003).

58. 간부 평가 타깃은 다음을 참조, Chapter 4 of Ang (2016); 적응적 통치에 대해서는 다음을 참조, Heilmann and Perry (2011); Oi and Goldstein (2018).

59. Economy (2018); Lardy (2019).

60. 전체 투자 자본 금액은 3.5조 위안(5200억 달러)이다. 이 역시 큰 금액이다(Wei et al. 2019).

61. 하나의 사례는 장쑤 일대일로 투자 펀드로, 2015년에 30억 위안 규모로 설립되었다. 이 펀드는 전기 자동차 생산업체인 바이톤(Byton)에 투자했는데 이 회사는 일대일로 국가들에 광범위한 공급망을 가지고 있는 회사다.

62. 일대일로에 대한 배경지식은 다음을 참조, "Demystifying China's Belt and Road: The Struggle to Define China's Project of the Century," *Foreign Affairs*, 22 May 2019(Ang).

63. World Bank (1997b); International Monetary Fund (2016); Transparency International (2016).

64. 부패의 정의와 정의의 중요성에 대해서는 다음을 참조, Issacharoff (2010, 122); Nicholas (2017).

65. Fisman and Golden (2017, 78 79).

66. Lessig (2018, Kindle 237).

67. Glaeser and Goldin (2006, 3).

68. Whyte (2015, 1).

69. Fisman and Golden (2017, 78 79).

70. 하나의 예외는 로비스트 아브라모프다. 그는 인디언 카지노 로비 스캔들에서 모의, 사기, 탈세 혐의로 유죄 선고를 받았다. 그는 고객에게 8500만 달러의 로비 비용을 청구했다.

71. 예를 들어 36개 OECD 국가와 8개 비OECD 국가의 서명을 받은 OECD 반뇌물회의에서는 '국제 비즈니스에서 뇌물을 범죄화하기 위한 법률적 표준'을 정했다. 그러나 이 조직은 뇌물 외에도 다른 형태의 부패가 있음을 인정했다(OECD 2008, 22, cited in Nichols 2017).

72. Li et al. (2008); Ang and Jia (2014); Jia (2014; 2016); Wang (2015).

73. 주목할 만한 예외는 다음을 참조, Faccio (2006).

74. Svensson (2003); the World Bank's Enterprise Survey.

75. 예를 들어 다음을 참조, Wedeman (1997); Kang (2002b); Johnston (2008); Wedeman (2012); Pritchett et al. (2018).

76. Treisman (2007, 225).

77. 여러 다른 유형의 부패가 상이한 영향을 주는 것에 대한 통계적 분석은 극히 드물다. '규제 (red tape)'와 '부패'를 구별한 연구에서는 부패가 아닌 규제가 경제 성장을 저해한다는 것을 알아냈다(Ehrlich and Lui 1999). 그러나 저자들의 측정은 조악했고 매우 오래된 방식이었다 (1981~1992). 이는 정성적으로 다른 유형의 부패를 전 국가에 걸쳐서 측정할 수 없었던 사정을 반영한다.

78. White (2011).

79. Glaeser and Goldin (2006, 8).

80. Jain (2001, 74).

81. Shleifer and Treisman (2000, 10).

82. Piketty (2018).

83. Gilens (2012).

84. 정치적 불평등에 관해 전 국가에 걸쳐서 분석한 이 책은 민주주의, 계급 정치학, 소수 집단을 위한 입법 대표자 등을 고려한다. 그러나 이 책에도 부패에 관한 언급은 거의 없다(Dubrow 2015).

85. "2019 Human Development Report to Focus on Inequality," 21 March 2019, http://hdr. undp.org/en/content/2019 human development report focus inequality (accessed 29 November 2019).

86. Mark Pyman, "The Unhelpful Nature of Anti-corruption Research, as Seen by People Trying to Develop Solutions," *CDA Perspectives Blog*, 24 January 2017.

87. 다음을 참조, Pyman's website, "Curbing Corruption," https://curbingcorruption.com/about/(accessed 29 November 2019); OECD (2018).

88. Ang (2016; 2017). Rodrik's (2007)은 제도의 형태보다는 기능에 집중할 것을 요구한다.

89. 초기 정치 경제 이론들은 경쟁에 초점을 두었다(Rose Ackerman 1978; Shleifer and Vishny 1993; Ades and Di Tella 1999).

90. Pritchett et al. (2013).

91. Stromseth et al. (2017, 2).

92. Ang (2014); Nichols and Robertson (2017).

93. Benedict (1974).

94. 국무부 정책기획실 디렉터인 키론 스키너는 "소련과 그에 대한 경쟁은 서구 사회 내부의 투쟁이라고 할 수 있다. 백인(Caucasian) 사회가 아닌 강대국(중국)과 경쟁하는 것은 이번이 처음이다." 안타깝게도, 스키너가 사용한 '백인(Caucasian)'은 인종차별적인 용어다. 중국-미국의 경쟁을 두 인종 간의 싸움으로 보는 것이다. 다음을 참조, "State Department Preparing for Clash of Civilizations with China," *Washington Examiner*, 30 April 2019.

부록

1. Tom Orlik, "Eight Questions: Andrew Wedeman, China's Corruption Paradox," *The Wall Street Journal*, 26 March 2012.

2. Cai (2015).

3. 이 대사는 로이터에 또 인용된다. "China Bets Future on Inland Cities," *Reuters*, 3 August 2010.

4. 위와 같은 기사.

5. Whiting (2004); Edin (2005); Cai (2015); Ang (2016).

6. "Hunan City's Top Cadres Hit with Massive Vote Buying Case," *South China Morning Post*, 30 December 2013.

7. "童名谦被免去湖南省政协副主席职务(퉁밍첸이 헝양시 매표와 관련해 면직되다)," *People's Daily*, 27 January 2014.

8. "Mediocre official Tong Mingqian" (起底庸官样本童名谦), *Southern Weekend* (Nanfang Zhoumo), reposted in Sohu, 26 June 2014.

9. 영화감독 조우하오는 〈과도기〉를 만든 감독이다.

10. Dennis Harvey, "Sundance Film Review: The Chinese Mayor," *Variety*, 30 January 2015.

11. Pei (2016, 183).

부패한 중국은 왜 성장하는가

참고문헌

Acemoglu, Daron, and James A. Robinson.

2008. "The Role of Institutions in Growth and Development." Working Paper No. 10. Washington, DC: Commission for Growth and Development.

2012. *Why Nations Fail: The Origins of Power, Prosperity* and Poverty. New York, NY: Crown Publishers.

Ades, Alberto, and Rafael Di Tella.

999. "Rents, Competition, and Corruption." *The American Economic Review* 89(4): 982 93.

Amsden, Alice.

1989. *Asia's Next Giant: South Korea and Late Industrialization.* New York, NY: Oxford University Press.

Andrews, Matt, Lant Pritchett, and Michael Woolcock.

2013. "Escaping Capability Traps through Problem Driven Iterative Adaptation (PDIA)." *World Development* 51(C): 234 44.

Andrews, Matt, Michael Woolcock, and Lant Pritchett.

2017. *Building State Capability: Evidence, Analysis, Action.* Oxford: Oxford University Press.

Ang, Yuen Yuen.

2012. "Counting Cadres: A Comparative View of the Size of China's Public Employment." *The China Quarterly* 211: 676 96.

2014. "Authoritarian Restraints on Online Activism Revisited: Why 'I Paid a Bribe' Worked in India but Failed in China." *Comparative Politics* 47(1): 21-40.

2016. *How China Escaped the Poverty Trap.* Ithaca, NY: Cornell University Press.

2017. "Beyond Weber: Conceptualizing an Alternative Ideal Type of Bureaucracy in Developing Contexts." *Regulation and Governance* 11(3): 282-98.

2018a. "Autocracy with Chinese Characteristics: Beijing's Behind the Scenes Reforms." *Foreign Affairs* 97(3): 39-46.

2018b. "Domestic Flying Geese: Industrial Transfer and Delayed Policy Diffusion in China." *The China Quarterly* 234: 420-43.

2018c. "The Real China Model: It's Not What You Think It Is." *Foreign Affairs* (29 June).

2019d. "Going Local 2.0: How to Reform Aid Agencies to Make Development Agencies More Than Talk." *Stanford Social Innovation Review*, https://ssir.org/articles/entry/going_Local_2.0_how_to_reform_development_agencies_localized_aid#(accessed11November2019).

Ang, Yuen Yuen, and Nan Jia.

2014. "Perverse Complementarity: Political Connections and the Use of Courts among Private

Firms in China." *The Journal of Politics* 76(2): 318-32.

Åslund, Anders.

2013. *How Capitalism Was Built: The Transformation of Central and Eastern Europe, Russia, the Caucasus, and Central Asia*, 2nd edn. Cambridge: Cambridge University Press.

Bachman, David.

2017. "China Is Corrupt, but There Is More to the Story." *Asia Policy* 23: 158-62.

Baker, Andrew.

2010. "Restraining Regulatory Capture? Anglo America, Crisis Politics and Trajectories of Change in Global Financial Governance." *International Affairs* 86(3): 647-63.

Banerjee, Abhijit V., and Rohini Pande.

2007. "Parochial Politics: Ethnic Preferences and Politician Corruption." KSG Working Paper No. RWP07 031, http://dx.doi.org/10.2139/ssrn.976548 (accessed 11 November 2019).

Bardhan, Pranab.

1997. "Corruption and Development: A Review of Issues." *Journal of Economic Literature* 35(3): 1320-46.

2010. *Awakening Giants, Feet of Clay: Assessing the Economic Rise of China and India*. Princeton, NJ: Princeton University Press.

Baum, Richard, and Alexei Shevchenko.

1999. "The 'State of the State,'" in Merle Goldman and Roderick MacFarquhar (eds.), *The Paradox of China's Post Mao Reforms*. Cambridge, MA:Harvard University Press, pp. 333-60.

Baydar, Nazli, Michael White, Charles Simkins, and Ozer Babakol.

1990. "Effects of Agricultural Development Policies on Migration in Peninsular Malaysia." *Demography* 27(1): 97-109.

Beck, Ulrich, and Christoph Lau.

2005. "Second Modernity as a Research Agenda." *The British Journal of Sociology* 56(4): 525 57.

Becker, Gary, and George J. Stigler.

1974. "Law Enforcement, Malfeasance, and Compensation of Enforcers." *The Journal of Legal Studies* 3(1): 1-18.

Bell, Daniel.

2016. *The China Model: Political Meritocracy and the Limits of Democracy*. Princeton, NJ: Princeton University Press.

Benedict, Ruth.

1974. *The Chrysanthemum and the Sword: Patterns of Japanese Culture*. Scarborough, Ont.; New York, NY: New American Library.

Bernstein, Thomas, and Xiaobo Lü.

2003. *Taxation without Representation in Rural China*. Cambridge: Cambridge University Press.

Besley, Timothy, and John McLaren.

1993. "Taxes and Bribery: The Role of Wage Incentives." *Economic Journal* 103(416): 119-41.

Bhagwati, Jagdish N.

1982. "Directly Unproductive, Profit Seeking Activities." *The Journal of Political Economy* 90(5): 988 1002.

Bhargava, Vinay.

2005. "The Cancer of Corruption." Paper presented at the World Bank Global Issues Seminar Series, October 2005.

Blanchard, Olivier, and Andrei Shleifer.

2001. "Federalism with and without Political Centralization: China versus Russia." *IMF Staff Papers* 48(S1): 171-79.

Blecher, Marc.

1991. "Developmental State, Entrepreneurial State: The Political Economy of Socialist Reform in Xinju Municipality and Guanghan County," in Gordon White (ed.), *The Chinese State in the Era of Economic Reform: The Road to Crisis.* London: Macmillan, pp. 265-91.

Blecher, Marc, and Vivienne Shue.

2001. "Into Leather: State Led Development and the Private Sector in Xinji." *The China Quarterly* 166: 368-93.

Bose, Niloy, Salvatore Capasso, and Antu Panini Murshid.

2008. "Threshold Effects of Corruption: Theory and Evidence." *World Development* 36(7): 1173-91.

Brands, H. W.

2010. *American Colossus: The Triumph of Capitalism, 1865-1900.* New York, NY: Doubleday.

Brewer, John.

1988. *The Sinews of Power: War, Money, and the English State, 1688-1783.* London; Boston, MA: Harvard University Press.

Brown, J. David, John S. Earle, and Scott Gehlbach.

2009. "Helping Hand or Grabbing Hand? State Bureaucracy and Privatization Effectiveness." *American Political Science Review* 103(2): 264-83.

Burns, John P.

2007. "Civil Service Reform in China." *OECD Journal on Budgeting* 7(1): 1-25.

Bussell, Jennifer.

2012. *Corruption and Reform in India: Public Services in the Digital Age.* Cambridge; New York, NY: Cambridge University Press.

2015. "Typologies of Corruption: A Pragmatic Approach," in Susan Rose Ackerman and Paul Lagunes (eds.), *Greed, Corruption, and the Modern State.* Cheltenham: Edward Elgar, pp. 21-45.

Cai, Meina.

2014. "Flying Land: Institutional Innovation in Land Management in Contemporary China," in Jessica C. Teets and William Hurst (eds.), *Local Governance Innovation in China: Experimentation, Diffusion, and Defiance.* New York, NY: Routledge, pp. 63-87.

Cai, Yongshun.

2015. *State and Agents in China: Disciplining Government Officials.* Stanford, CA: Stanford University Press.

Carter, David, and Curtis Signorino.

2010. "Back to the Future: Modeling Time Dependence in Binary Data." *Political Analysis* 18(3): 271-92.

Centeno, Miguel.

2002. *Blood and Debt: War and the Nation State in Latin America.* University Park, PA: Pennsylvania State University Press.

Chan, Hon S., and Jun Ma.

2011. "How Are They Paid? A Study of Civil Service Pay in China." *International Review of Administrative Sciences* 77(2): 294-321.

Chang, Gordon.

2001. *The Coming Collapse of China.* New York, NY: Random House.

Chang, Ha Joon.

2002. *Kicking Away the Ladder: Development Strategy in Historical Perspective.* London: Anthem.

Chen, Hui, David Parsley, and Ya Wen Yang.

2015. "Corporate Lobbying and Firm Performance." *Journal of Business Finance & Accounting* 42(3 4): 444-81.

Chen, Ling.

2014. "Varieties of Global Capital and the Paradox of Local Upgrading in China." *Politics and Society* 42(2): 223-52.

Chen, Nan, and Zemin Zhong.

2017. "The Economic Impact of China's Anti-corruption Campaign." *SSRN Electronic Journal* (16 September), http://dx.doi.org/10.2139/ssrn.2996009 (accessed 12 November 2019).

Chen, Yunling, Ming Liu, and Jun Su.

2013. "Greasing the Wheels of Bank Lending: Evidence from Private Firms in China." *Journal of Banking and Finance* 37(7): 2533-45.

Coase, Ronald, and Ning Wang.

2012. *How China Became Capitalist.* New York, NY: Palgrave Macmillan.

Colclough, Christopher.

1997. *Public Sector Pay and Adjustment: Lessons from Five Countries.* New York, NY: Routledge.

부패한 중국은 왜 성장하는가

Cole, Matthew, Robert Elliott, and Jing Zhang.

2009. "Corruption, Governance and FDI Location in China: A Province Level Analysis." *The Journal of Development Studies* 45(9): 1494-512.

Collier, David, and Robert Adcock.

1999. "Democracy and Dichotomies: A Pragmatic Approach to Choices about Concepts." *Annual Review of Political Science* 2: 537-65.

Collier, David, Jason Seawright, and Henry E. Brady.

2003. "Qualitative versus Quantitative: What Might This Distinction Mean?" *Qualitative Methods* (1): 1-8.

Coyne, Christopher.

2013. *Doing Bad by Doing Good: Why Humanitarian Action Fails.* Stanford, CA: Stanford University Press.

Crowley, Jocelyn, and Theda Skocpol.

2001. "The Rush to Organize: Explaining Associational Formation in the United States, 1860s- 1920s." *American Journal of Political Science* 45(4): 813-29.

Davis, James, and John Ruhe.

2003. "Perceptions of Country Corruption: Antecedents and Outcomes." *Journal of Business Ethics* 43(4): 275-88.

De Boef, Suzanna, and Luke Keele.

2008. "Taking Time Seriously." *American Journal of Political Science* 52(1): 184-200.

Di Tella, Rafael, and Raymond Fisman.

2004. "Are Politicians Really Paid Like Bureaucrats?" *The Journal of Law and Economics* 47(2): 477-513.

Di Tella, Rafael, and Ernesto Schargrodsky.

2003. "The Role of Wages and Auditing during a Crackdown on Corruption in the City of Buenos Aires." *The Journal of Law, Economics and Organization* 46(1): 269-92.

Dickson, Bruce J.

2008. *Wealth into Power: The Communist Party's Embrace of China's Private Sector.* Cambridge: Cambridge University Press.

2016. *The Dictator's Dilemma: The Chinese Communist Party's Strategy for Survival.* New York, NY: Oxford University Press.

Ding, Xueliang.

2000. "The Illicit Asset Stripping of Chinese State Firms." *The China Journal* 43: 1-28.

Dubrow, Joshua.

2015. *Political Inequality in the Age of Democracy: Cross National Perspectives.* London; New York, NY: Routledge.

Duckett, Jane.

1998. *The Entrepreneurial State in China: Real Estate and Commerce Departments in Reform Era Tianjin.* London; New York, NY: Routledge.

Economy, Elizabeth.

2018. *The Third Revolution: Xi Jinping and the New Chinese State.* New York, NY: Oxford University Press.

Edin, Maria.

2003. "State Capacity and Local Agent Control in China: CCP Cadre Management from a Township Perspective." *The China Quarterly* 173: 35-52.

2005. "Remaking the Communist Party State: The Cadre Responsibility System at the Local Level in China." *China: An International Journal* 1(1): 1-15.

Ehlers, Torsten, Steven Kong, and Feng Zhu.

2018. "Mapping Shadow Banking in China: Structure and Dynamics." Bank for International Settlements Working Paper 701.

Ehrlich, Isaac, and Francis Lui.

1999. "Bureaucratic Corruption and Endogenous Economic Growth." *Journal of Political Economy* 107(S6): 270-93.

Evans, Peter.

1989. "Predatory, Developmental, and Other Apparatuses: A Comparative Political Economy Perspective on the Third World State." *Sociological Forum* 4(4): 561-87.

1995. *Embedded Autonomy: States and Industrial Transformation.* Princeton, NJ: Princeton University Press.

Evans, Peter, and Peter Heller.

2013. "Human Development, State Transformation and the Politics of the Developmental State," in Stephan Leibfried, Frank Nullmeier, Evelyne Huber, Matthew Lange, Jonah Levy, and John D. Stephens (eds.), *The Oxford Handbook of Transformations of the State.* Oxford: Oxford University Press.

Evans, Peter, and James Rauch.

1999. "Bureaucracy and Growth: A Cross National Analysis of the Effects of 'Weberian' State Structures on Economic Growth." *American Sociological Review* 64(5): 748-65.

Faccio, Mara.

2006. "Politically Connected Firms." *American Economic Review* 96 (1): 369-86.

Fan, Chengze Simon, Chen Lin, and Daniel Treisman.

2010. "Embezzlement versus Bribery." NBER Working Paper 16542.

Fan, Gang, and Xiaolu Wang.

2000. *NERI Index of Marketization of China's Provinces.* Beijing: Economic Science Press.

Fenno, Richard.

1978. *Home Style: House Members in Their Districts*. Boston, MA: Little, Brown.

Fisman, Raymond, and Miriam Golden.

2017. *Corruption: What Everyone Needs to Know*. New York, NY: Oxford University Press.

Fisman, Raymond, and Jakob Svensson.

2007. "Are Corruption and Taxation Really Harmful to Growth? Firm Level Evidence." *Journal of Development Economics* 83(1): 63-75.

Fisman, Raymond, and Yongxiang Wang.

2014. "Corruption in Chinese Privatizations." NBER Working Paper No. 20090.

Frye, Timothy, and Andrei Shleifer.

1997. "The Invisible Hand and the Grabbing Hand." *The American Economic Review* 87(2): 354-58.

Geddes, Barbara.

1994. *Politician's Dilemma: Building State Capacity in Latin America*. Berkeley, CA: University of California Press.

George, Alexander, and Andrew Bennett.

2005. *Case Studies and Theory Development in the Social Sciences*. Cambridge, MA: MIT Press.

Gerring, John, and Strom C. Thacker.

2004. "Political Institutions and Corruption: The Role of Unitarism and Parliamentarism." *British Journal of Political Science* 34(2): 295-330.

Gilens, Martin.

2012. *Affluence and Influence: Economic Inequality and Political Power in America*. Princeton, NJ: Princeton University Press.

Glaeser, Edward, and Claudia Goldin.

2006. *Corruption and Reform: Lessons from America's Economic History*. Chicago, IL: University of Chicago Press.

Gong, Ting.

2002. "Dangerous Collusion: Corruption as a Collective Venture in Contemporary China." *Communist and Post-communist Studies* 35(1): 85-103.

Gould, David, and Jose Amaro Reyes.

1983. "The Effects of Corruption on Administrative Performance: Illustrations from Developing Countries." World Bank Working Papers No. 580.

Gray, Cheryl W., and Kaufman, Daniel.

1998. *Corruption and Development*. PREM Notes No. 4. Washington, DC: World Bank.

Grimmer, Justin, Sean Westwood, and Solomon Messing.

2014. *The Impression of Influence*. Princeton, NJ: Princeton University Press.

Gunter, Frank.

2017. "Corruption, Costs, and Family: Chinese Capital Flight, 1984-2014." *China Economic Review* 43(C): 105-17.

Guo, Gang.

2009. "China's Local Political Budget Cycles." *American Journal of Political Science* 53(3): 621-32.

Guo, Yong.

2008. "Corruption in Transitional China: An Empirical Analysis." *The China Quarterly* 194: 349-64.

Haggard, Stephan.

2018. *Developmental States.* New York, NY: Cambridge University Press.

Han, Sang Jin, and Young Hee Shim.

2010. "Redefining Second Modernity for East Asia: A Critical Assessment." *The British Journal of Sociology* 61(3): 465-88.

Hao, Yufan, and Michael Johnston.

1995. "China's Surge of Corruption." *Journal of Democracy* 6(4): 80-94.

He, Zengke.

2000. "Corruption and Anti-corruption in Reform China." *Communist and Post-communist Studies* 33(2): 243-70.

Heilmann, Sebastian, and Elizabeth Perry.

2011. *Mao's Invisible Hand: The Political Foundations of Adaptive Governance in China.* Cambridge, MA: Harvard University Press.

Heinrich, Carolyn.

2004. "Measuring Public Sector Performance and Effectiveness," in Guy Peters and Jon Pierre (eds.), *Handbook of Public Administration.* London: Sage Publications, pp. 25-37.

Hicken, Allen.

2011. "Clientelism." *Annual Review of Political Science* 14: 289-310.

Hillman, Ben.

2014. *Patronage and Power: Local State Networks and Party State Resilience in Rural China.* Stanford, CA: Stanford University Press.

Hilton, Root.

1996. "Corruption in China: Has It Become Systemic?" *Asian Survey* 36(8): 741-57.

Hoffman, David.

2002. *The Oligarchs: Wealth and Power in the New Russia.* New York, NY: Public Affairs.

Houston, Joel, Liangliang Jiang, Chen Lin, and Yue Ma.

2014. "Political Connections and the Cost of Bank Loans." *Journal of Accounting Research* 52 (1): 193-243.

부패한 중국은 왜 성장하는가

Howson, Nicholas.

2017. "A Partial View of China's Governance Trajectory." *Asia Policy* 23: 162-66.

Hsueh, Roselyn

2011. *China's Regulatory State: A New Strategy for Globalization.* New York, NY: Cornell University Press.

Huang, Philip C. C.

2011. "Chongqing: Equitable Development Driven by a 'Third Hand'?" *Modern China* 37(6): 569-622.

Huang, Yukon.

2017. *Cracking the China Conundrum: Why Conventional Economic Wisdom Is Wrong.* New York, NY: Oxford University Press.

Hui, Eddie Chi Man, Cong Liang, Ziyou Wang, Bo Tong Song, and Qi Gu.

2012. "Real Estate Bubbles in China: A Tale of Two Cities." *Construction Management and Economics* 30(11): 951-61.

Hui, Victoria Tin bor.

2005. *War and State Formation in Ancient China and Early Modern Europe.* New York, NY: Cambridge University Press.

Huntington, Samuel P.

1968. *Political Order in Changing Societies.* New Haven, CT: Yale University Press.

Igan, Deniz, Prachi Mishra, and Thierry Tressel.

2011. "A Fistful of Dollars: Lobbying and the Financial Crisis." NBER Working Paper No. 17076.

International Monetary Fund.

2016. "IMF and Good Governance," www.imf.org/external/np/exr/facts/gov.htm (accessed 26 August 2019).

Issacharoff, Samuel.

2010. "On Political Corruption." *Harvard Law Review* 124(1): 118-42.

Jain, Arvind.

2001. "Corruption: A Review." *Journal of Economic Surveys* 15(1): 71-121.

Jia, Nan.

2014. "Are Collective Political Actions and Private Political Actions Substitutes or Complements? Empirical Evidence from China's Private Sector." *Strategic Management Journal* 35(2): 292-315.

2016. "Political Strategy and Market Capabilities: Evidence from the Chinese Private Sector." *Management and Organization Review* 12(1): 75-102.

Jia, Nan, Jing Shi, and Yongxiang Wang

2018. "The Interdependence of Public and Private Stakeholder Influence: A Study of Political Patronage and Corporate Philanthropy in China." *Advances in Strategic Management.*

Jia, Ruixue, Masayuki Kudamatsu, and David Seim.

2015. "Political Selection in China: The Complementary Roles of Connections and Performance." *Journal of the European Economic Association* 13(4): 631-68.

Johnson, Chalmers.

1995. *Japan: Who Governs? The Rise of the Developmental State.* New York, NY: Norton.

Johnston, Michael.

2008. "Japan, Korea, the Philippines, China: Four Syndromes of Corruption." *Crime, Law and Social Change* 49(3): 205-23.

Joseph, Richard A.

1987. *Democracy and Prebendal Politics in Nigeria: The Rise and Fall of the Second Republic.* Cambridge: Cambridge University Press.

Kalathil, Shanthi.

2018. "China in Xi's 'New Era': Redefining Development." *Journal of Democracy* 29(2): 52-58.

Kang, David C.

2002a. "Bad Loans to Good Friends: Money Politics and the Developmental State in South Korea." *International Organization* 56(1): 177-207.

2002b. *Crony Capitalism: Corruption and Development in South Korea and the Philippines.* Cambridge; New York, NY: Cambridge University Press.

Kaufman, Herbert.

1960. *The Forest Ranger: A Study in Administrative Behavior.* Baltimore, MA: Johns Hopkins Press.

Kaufmann, Daniel, Aart Kraay, and Pablo Zoido Lobatón.

1999. "Governance Matters." Policy Research Working Paper no. WPS 2196. Washington, DC: World Bank.

Kaufmann, Daniel, and Shang Jin Wei.

2000. "Does 'Grease Money' Speed up the Wheels of Commerce?" IMF Working Paper.

Kenny, Charles.

2017. *Results Not Receipts: Counting the Right Things in Aid and Corruption.* Washington, DC: Center for Global Development.

Khan, Mushtaq.

2010. "Political Settlements and the Governance of Growth Enhancing Institutions." Working Paper. School of Oriental and African Studies, University of London.

2012. "Governance and Growth Challenges for Africa," in Akbar Noman, Kwesi Botchwey, Howard Stein, and Joseph Stiglitz (eds.), *Good Growth and Governance in Africa: Rethinking*

Development Strategies. Oxford: Oxford University Press, pp. 114-39.

Kim, Jin Hyuk.

2008. "Corporate Lobbying Revisited." *Business and Politics* 10(2): 3-23.

King, Gary, and Jonathan Wand.

2007. "Comparing Incomparable Survey Responses: Evaluating and Selecting Anchoring Vignettes." *Political Analysis* 15(1): 46-66.

King, Gary, Robert Keohane, and Sidney Verba.

1994. *Designing Social Inquiry: Scientific Inference in Qualitative Research.* Princeton, NJ: Princeton University Press.

King, Gary, Christopher J. L. Murray, Joshua A. Salomon, and Ajay Tandon.

2004. "Enhancing the Validity and Cross cultural Comparability of Measurement in Survey Research." *American Political Science Review* 98: 191-207.

King, Gary, Michael Tomz, and Jason Wittenberg.

2000. "Making the Most of Statistical Analyses: Improving Interpretation and Presentation." *American Journal of Political Science* 44(2): 347-61.

Klitgaard, Robert E.

1988. *Controlling Corruption.* Berkeley, CA: University of California Press.

Ko, Kilkon, and Cuifen Weng.

2012. "Structural Changes in Chinese Corruption." *The China Quarterly* 211: 718-40.

Kohli, Atul.

2004. State *Directed Development: Political Power and Industrialization in the Global Periphery.* New York, NY: Cambridge University Press.

Kostka, Genia, and Xiaofan Yu.

2014. "Career Backgrounds of Municipal Party Secretaries: Why Do So Few Municipal Party Secretaries Rise from the County Level?" *Modern China* 41(5): 467-505.

Krueger, Anne.

1974. "The Political Economy of the Rent Seeking Society." *American Economic Review* 64(3): 291-303.

Kung, James Kai Sing, and Shuo Chen.

2011. "The Tragedy of the Nomenklatura: Career Incentives and Political Radicalism during China's Great Leap Famine." *American Political Science Review* 105(1): 27-45.

La Porta, Rafael, Florencio Lopez de Silanes, Andrei Shleifer, and Robert W. Vishny.

1999. "The Quality of Government." *Journal of Law, Economics and Organization* 15(1): 222-79.

Lah, Tae Joon, and James L. Perry.

2008. "The Diffusion of the Civil Service Reform Act of 1978 in OECD Countries: A Tale of Two Paths to Reform." *Review of Public Personnel Administration* 28(3): 282-99.

Landry, Pierre.

2008. *Decentralized Authoritarianism in China: The Communist Party's Control of Local Elites in the Post Mao Era.* Cambridge; New York, NY: Cambridge University Press.

Lane, Jan Erik.

2000. *New Public Management.* London: Routledge.

Lardy, Nicholas.

2014. *Markets over Mao: The Rise of Private Business in China.* Washington, DC: Peterson Institute for International Economics.

2019. *The State Strikes Back: The End of Economic Reform in China?* Washington, DC: Peterson Institute for International Economics.

Larsson, Tomas.

2006. "Reform, Corruption, and Growth: Why Corruption Is More Devastating in Russia Than in China." *Communist and Post-communist Studies* 39(2): 265-81.

Lau, Lawrence J., Yingyi Qian, and Gérard Roland.

2000. "Reform without Losers: An Interpretation of China's Dual Track Approach to Transition." *Journal of Political Economy* 108(1): 120-43.

Lazear, Edward P.

1995. *Personnel Economics.* Cambridge, MA: MIT Press.

Leahy, Nathan.

2010. "The Panic of 1893 and 'The £1,000,000 Bank Note.'" *The Mark Twain Annual* no. 8: 76-85.

Lee, Charlotte.

2015. *Training the Party: Party Adaptation and Elite Training in Reform Era China.* Cambridge; New York, NY: Cambridge University Press.

Leff, Nathaniel H.

1964. "Economic Development through Bureaucratic Corruption." *American Behavioral Scientist* 8(3): 8-14.

Lessig, Lawrence.

2018. *America, Compromised.* Chicago, IL: University of Chicago Press.

Li, Bobai, and Andrew G. Walder.

2001. "Career Advancement as Party Patronage: Sponsored Mobility into the Chinese Administrative Elite, 1949-1996." *The American Journal of Sociology* 106(5): 1371-408.

Li, Hongbin, and Li An Zhou.

2005. "Political Turnover and Economic Performance: The Incentive Role of Personnel Control in China." *Journal of Public Economics* 89(9 10): 1743-62.

Li, Hongbin, Lingsheng Meng, Qian Wang, and Li An Zhou.

2008. "Political Connections, Financing and Firm Performance: Evidence from Chinese Private Firms." *Journal of Development Economics* 87(2): 283-99.

Li, Hongbin, Lingsheng Meng, and Junsen Zhang.

2006. "Why Do Entrepreneurs Enter Politics? Evidence from China." *Economic Inquiry* 44(3): 559-78.

Lieberthal, Kenneth.

1995. *Governing China: From Revolution through Reform*. New York, NY: W. W. Norton.

Lin, Chen, Randall Morck, Bernard Yeung, and Xiaofeng Zhao.

2016. "Anti-corruption Reforms and Shareholder Valuations: Event Study Evidence from China." NBER Working Paper 2201.

Lin, Karen Jingrong, Jinsong Tan, Liming Zhao, and Khondkar Karim.

2015. "In the Name of Charity: Political Connections and Strategic Corporate Social Responsibility in a Transition Economy." *Journal of Corporate Finance* 32(C): 327-46.

Lindauer, David, and Barbara Nunberg.

1994. *Rehabilitating Government: Pay and Employment Reform in Africa*. Washington, DC: World Bank.

Lipsky, Michael.

1980. *Street Level Bureaucracy: Dilemmas of the Individual in Public Services*. New York, NY: Russell Sage Foundation.

Lu, Fengming, and Xiao Ma.

2018. "Is Any Publicity Good Publicity? Media Coverage, Party Institutions, and Authoritarian Power Sharing." *Political Communication* 36(1): 64-82.

Lu, Xiaobo.

2000. "Booty Socialism, Bureau preneurs, and the State in Transition: Organizational Corruption in China." *Comparative Politics* 32(3): 273-94.

Lü, Xiaobo.

2000. *Cadres and Corruption: The Organizational Involution of the Chinese Communist Party*. Stanford, CA: Stanford University Press.

Lü, Xiaobo, and Pierre F. Landry.

2014. "Show Me the Money: Interjurisdiction Political Competition and Fiscal Extraction in China." *American Political Science Review* 108(3): 706-22.

Lu, Xi, and Peter Lorentzen.

2016. "Rescuing Autocracy from Itself: China's Anti corruption Campaign." *SSRN Electronic Journal*, 6 November, http://dx.doi.org/10.2139/ssrn.2835841 (accessed 9 November 2018).

Mahoney, James.

2009. "After KKV: The New Methodology of Qualitative Research." *World Politics* 62(1): 120-47.

Malesky, Edmund J., and Markus David Taussig.

2008. "Where Is Credit Due? Legal Institutions, Connections, and the Efficiency of Bank Lending in Vietnam." *The Journal of Law, Economics, and Organization* 25(2): 535-78.

Manion, Melanie.

1996. "Corruption by Design: Bribery in Chinese Enterprise Licensing." *Journal of Law, Economics, and Organization* 12(1): 167-95.

2004. *Corruption by Design: Building Clean Government in Mainland China and Hong Kong.* Cambridge, MA: Harvard University Press

2016. "Taking China's Anticorruption Campaign Seriously." *Economic and Political Studies* 4(1): 3-18.

Mauro, Paolo.

1995. "Corruption and Growth." *Quarterly Journal of Economics* 110(3): 681-712.

1996. "The Effects of Corruption on Growth, Investment, and Government Expenditure." IMF Working Paper WP/96/98. Washington, DC: International Monetary Fund.

McDonnell, Erin Metz.

2017. "Patchwork Leviathan: How Pockets of Bureaucratic Governance Flourish within Institutionally Diverse Developing States." *American Sociological Review* 82(3): 476-510.

McFaul, Michael.

1995. "State Power, Institutional Change, and the Politics of Privatization in Russia." *World Politics* 47(2): 210-43.

McMillan John, and Pablo Zoido.

2004. "How to Subvert Democracy: Montesinos in Peru." *Journal of Economic Perspective* 18(4): 69-92.

Mehta, Pratap Bhanu, and Michael Walton,

2014. "Ideas, Interests, and the Politics of Development Change in India." Global Development Institute Working Paper Series, ESID 036 14, University of Manchester.

Menes, Rebecca.

2006. "Limiting the Reach of the Grabbing Hand: Graft and Growth in American Cities," in Edward Glaeser and Claudia Goldin (eds.), *Corruption and Reform: Lessons from America's Economic History.* Chicago, IL: University of Chicago Press, pp. 63-94.

Méon, Pierre Guillaume, and Khalid Sekkat.

2005. "Does Corruption Grease or Sand the Wheels of Growth?" *Public Choice* 122(1): 69-97.

Minzner, Carl.

2015. "China after the Reform Era." *Journal of Democracy* 26(3): 129-43.

Mo, Pak Hung.

2001. "Corruption and Economic Growth." *Journal of Comparative Economics* 29(1): 66-79.

Moe, Terry.

1984. "The New Economics of Organization." *American Journal of Political Science* 28(4): 739-77.

Montinola, Gabriella, and Robert Jackman.

2002. "Sources of Corruption: A Cross country Study." *British Journal of Political Science* 32(1): 147-70.

Montinola, Gabriella, Yingyi Qian, and Barry R. Weingast.

1995. "Federalism, Chinese Style: The Political Basis for Economic Success in China." *World Politics* 48(1): 50-81.

Mookherjee, Dilip.

1997. "Incentive Reforms in Developing Country Bureaucracies: Lessons from Tax Administration." aper presented at the Annual World Bank Conference in Development Economics, Washington, DC.

Mulvad, Andreas.

2015. "Competing Hegemonic Projects within China's Variegated Capitalism: 'Liberal' Guangdong vs. 'Statist' Chongqing." *New Political Economy* 20(2): 199-227.

Mungiu Pippidi, Alina.

2015. *The Quest for Good Governance: How Societies Develop Control of Corruption.* Cambridge: Cambridge University Press.

Nathan, Andrew J.

1973. "A Factionalism Model for CCP Politics." *The China Quarterly* 53: 34-66.

2003. "Authoritarian resilience." *Journal of Democracy* 14(1): 6-17.

Naughton, Barry.

1995. *Growing out of the Plan: Chinese Economic Reform, 1978-1993.* New York, NY: Cambridge University Press

2018. *The Chinese Economy: Adaptation and Growth.* Cambridge, MA: MIT Press.

Nee, Victor.

1989. "A Theory of Market Transition: From Redistribution to Markets in State Socialism." *American Sociological Review* 54(5): 663-81.

Nichols, Philip M.

2017. "What Is Organizational Corruption?," in Michael S. Aßländer and Sarah Hudson (eds.), *The Handbook of Business and Corruption: Cross sectoral Experiences.* Bingley: Emerald Publishing, pp. 3-23.

Nichols, Philip M., and Diana C. Robertson (eds.).

2017. *Thinking about Bribery: Neuroscience, Moral Cognition and the Psychology of Bribery.* Cambridge: Cambridge University Press.

Niehaus, Paul, and Sandip Sukhtankar.

2013. "Corruption Dynamics: The Golden Goose Effect." *American Economic Journal: Economic Policy* 5(4): 230-69.

North, Douglass C., John Wallis, and Barry R. Weingast.

2009. *Violence and Social Orders: A Conceptual Framework for Interpreting Recorded Human History.* Cambridge; New York, NY: Cambridge University Press.

Nye, Joseph S.

1967. "Corruption and Political Development: A Cost Benefit Analysis." *The American Political Science Review* 61(2): 417-27.

O'Brien, Kevin J.

2006. "Discovery, Research (Re)Design, and Theory Building," in Maria Heimer and Stig Thøgersen (eds.), *Doing Fieldwork in China.* Hawaii, HI: University of Hawaii Press, pp. 27-41.

Oded, Galor.

1996. "Convergence? Inferences from Theoretical Models." *The Economic Journal* 106(437): 1056-69.

OECD.

2006. *Challenges for China's Public Spending: Toward Greater Effectiveness and Equity.* Paris: OECD Publishing.

2008. *Corruption: A Glossary of International Standards in Criminal Law.* Paris: OECD Publishing.

2016. "Putting an End to Corruption," www.oecd.org/corruption/putting an end to corruption.pdf (accessed 26 November 2019).

2018. "OECD Strategic Approach to Combating Corruption and Promoting Integrity," www.oecd.org/corruption/oecd strategic approach to combating corruption and promoting integrity.htm (accessed 11 November 2019).

Oi, Jean C.

1985. "Communism and Clientelism: Rural Politics in China." *World Politics* 37(2): 238-66.

1992. "Fiscal Reform and the Economic Foundations of Local State Corporatism in China." *World Politics* 45(1): 99-126.

1999. *Rural China Takes Off: Institutional Foundations of Economic Reform.* Berkeley, CA: University of California Press.

Oi, Jean C., and Steve Goldstein (eds.).

2018. *Zouping Revisited: Adaptive Governance in a Chinese County.* Stanford, CA: Stanford University

Press.

Olken, Benjamin.

2009. "Corruption Perceptions vs. Corruption Reality." *Journal of Public Economics* 93(7 8): 950-64.

Olowu, Bamidele.

1999. "Redesigning African Civil Service Reforms." *The Journal of Modern African Studies* 37(1): 1-23.

2010. "Civil Service Pay Reforms in Africa." *International Review of Administrative Sciences* 76(4): 632-52.

Olson, Mancur.

2000. *Power and Prosperity: Outgrowing Communist and Capitalist Dictatorships.* New York, NY: Basic Books.

Osburg, John.

2013. *Anxious Wealth: Money and Morality among China's New Rich.* Redwood City, CA: Stanford University Press.

Overholt, William.

1986. "The Rise and Fall of Ferdinand Marcos." *Asian Survey* 26(11): 1137-63.

Parrillo, Nicholas.

2013. *Against the Profit Motive: The Salary Revolution in American Government, 1780-1940.* New Haven, CT: Yale University Press.

Pastor, Robert, and Qingshan Tan.

2000. "The Meaning of China's Village Elections." *The China Quarterly* 162: 490-512.

Pei, Minxin.

1999. "Will China Become Another Indonesia?" *Foreign Policy*, 116: 94-109.

2006. *China's Trapped Transition: The Limits of Developmental Autocracy.* Cambridge, MA: Harvard University Press.

2016. *China's Crony Capitalism: The Dynamics of Regime Decay.* Cambridge, MA: Harvard University Press.

Perry, Elizabeth.

2011. "From Mass Campaigns to Managed Campaigns: 'Constructing a New Socialist Countryside,'" in Elizabeth Perry and Sebastian Heilmann (eds.), *Mao's Invisible Hand: The Political Foundations of Adaptive Governance in China.* Cambridge, MA: Harvard University Press, pp. 30-61.

Perry, James L.

1996. "Measuring Public Service Motivation: An Assessment of Construct Reliability and Validity." *Journal of Public Administration Research and Theory* 6(1): 5-22.

Perry, James L., and Lois Recascino Wise.

1990. "The Motivational Bases of Public Service." *Public Administration Review* 50(3): 367-73.

Piketty, Thomas.

2018. *Capital in the Twenty First Century.* Cambridge, MA: Harvard University Press.

Pitcher, Anne.

2012. *Party Politics and Economic Reform in Africa's Democracies.* New York, NY: Cambridge University Press.

Pomeranz, Kenneth.

2000. *The Great Divergence: China, Europe, and the Making of the Modern World Economy.* Princeton, NJ: Princeton University Press.

Pritchett, Lant, Kunal Sen, and Eric Werker (eds.).

2018. *Deals and Development: The Political Dynamics of Growth Episodes.* Oxford: Oxford University Press.

Pritchett, Lant, and Michael Woolcock.

2004. "Solutions When the Solution Is the Problem: Arraying the Disarray in Development." *World Development* 32(2): 191-212.

Pritchett, Lant, Michael Woolcock, and Matt Andrews.

2013. "Looking Like a State: Techniques of Persistent Failure in State Capability for Implementation." *Journal of Development Studies* 49(1): 1-18.

Qian, Yingyi.

2003. "How Reform Worked in China," in Dani Rodrik (ed.), *In Search of Prosperity: Analytic Narratives on Economic Growth.* Princeton, NJ: Princeton University Press, pp. 297-333.

Quade, Elizabeth A.

2007. "The Logic of Anticorruption Enforcement Campaigns in Contemporary China." *Journal of Contemporary China* 16(50): 65-77.

Rainey, Hal G.

1997. *Understanding and Managing Public Organizations*, 2nd edn. New York, NY: Wiley.

Ramirez, Carlos D.

2014. "Is Corruption in China 'out of Control'? A Comparison with the US in Historical Perspective." *Journal of Comparative Economics* 42(1): 76-91.

Rasul, Imran, and Daniel Rogger.

2018. "Management of Bureaucrats and Public Service Delivery: Evidence from the Nigerian Civil Service." *The Economic Journal* 128(608): 413-46.

Rasul, Imran, Daniel Rogger, and Martin Williams.

2017. "Management and Bureaucratic Effectiveness: A Scientific Replication in Ghana and Nigeria." International Growth Centre Policy Brief 33301.

부패한 중국은 왜 성장하는가

Rawski, Tom.

2017. "Growth, Upgrading and Excess Cost in China's Electric Power Industry." Unpublished manuscript.

Razafindrakoto, Mireille, and François Roubaud.

2010. "Are International Databases on Corruption Reliable? A Comparison of Expert Opinion Surveys and Household Surveys in Sub Saharan Africa." *World Development* 38(8): 1057-69.

Reed, Bradly Ward.

2000. *Talons and Teeth: County Clerks and Runners in the Qing Dynasty*. Stanford, CA: Stanford University Press.

Reinikka, Ritva, and Jakob Svensson.

2004. "Local Capture: Evidence from a Central Government Transfer Program in Uganda." *The Quarterly Journal of Economics* 119(2): 679-705.

Richard, Walker.

2013. "Strategic Management and Performance in Public Organizations: Findings from the Miles and Snow Framework." *Public Administration Review* 73(5): 675-85.

Riggs, Fred Warren.

1964. *Administration in Developing Countries: The Theory of Prismatic Society*. Boston, MA: Houghton Mifflin.

Rock, Michael T., and Heidi Bonnett.

2004. "The Comparative Politics of Corruption: Accounting for the East Asian Paradox in Empirical Studies of Corruption, Growth and Investment." *World Development* 32(6): 999-1017.

Rodrik, Dani.

2007. *One Economics, Many Recipes: Globalization, Institutions, and Economic Growth*. Princeton, NJ: Princeton University Press.

Rose Ackerman, Susan.

1978. *Corruption: A Study in Political Economy*. New York, NY: Academic Press.

1997. "The Role of the World Bank in Controlling Corruption." *Law and Policy in* International *Business* 29: 93-114.

1999. *Corruption and Government: Causes, Consequences, and Reform*. New York, NY: Cambridge University Press.

2002. "When Is Corruption Harmful?," in Arnold J. Heidenheimer and Michael Johnston (eds.), *Political Corruption: Concepts & Contexts*, 3rd edn. New Brunswick, NJ: Transaction Publishers.

Saich, Anthony.

2002. "The Blind Man and the Elephant: Analysing the Local State in China," in Luigi Tomba (ed.), *East Asian Capitalism: Conflicts and the Roots of Growth and Crisis*. Milan: Fondazione Giangiacomo Feltrinelli, pp. 75-99.

Scott, James.

1972. *Comparative Political Corruption*. Englewood Cliffs, NJ: Prentice Hall.

Seligson, Mitchell A.

2006. "The Measurement and Impact of Corruption Victimization: Survey Evidence from Latin America." *World Development* 34(2): 381-404.

Sen, Amartya.

1999. *Development as Freedom*. New York, NY: Oxford University Press.

Sen, Kunal, Badru Bukenya, and Sam Hickey.

2014. *The Politics of Inclusive Development: Interrogating the Evidence*. Oxford: Oxford University Press.

Shih, Victor.

2008. *Factions and Finance in China: Elite Conflict and Inflation*. Cambridge; New York, NY: Cambridge University Press.

Shih, Victor, Christopher Adolph, and Mingxing Liu.

2012. "Getting Ahead in the Communist Party: Explaining the Advancement of Central Committee Members in China." *The American Political Science Review* 106(1): 166-87.

Shirk, Susan L.

1993. *The Political Logic of Economic Reform in China*. Berkeley, CA: University of California Press.

Shleifer, Andrei, and Daniel Treisman.

2000. *Without a Map: Political Tactics and Economic Reform in Russia*. Cambridge, MA: MIT Press.

Shleifer, Andrei, and Robert W. Vishny.

1993. "Corruption." *The Quarterly Journal of Economics* 108(3): 599-617.

1998. *The Grabbing Hand: Government Pathologies and Their Cures*. Cambridge, MA: Harvard University Press.

Singh, Prena.

2013. "Subnationalism and Social Development: A Comparative Analysis of Indian States." Paper presented at the Princeton Oxford Conference on State Capacity in the Developing World.

Solinger, Dorothy J.

2018. "A Challenge to the Dominant Portrait of Xi Jinping." *China Perspectives* no. 1/2: 3-6.

Solnick, Steven Lee.

1996. "The Breakdown of Hierarchies in the Soviet Union and China: A Neoinstitutional Perspective." *World Politics* 48(2): 209-38.

부패한 중국은 왜 성장하는가

Stephenson, Matthew C.

2015. "Corruption and Democratic Institutions: A Review and Synthesis," in Susan Rose Ackerman and Paul Lagunes (eds.), *Greed, Corruption and the Modern State*. London: Edward Elgar, pp. 92-133.

Stockman, David.

2013. *The Great Deformation: The Corruption of Capitalism in America*. New York, NY: Public Affairs.

Stromseth, Jonathan, Edmund Malesky, Dimitar D. Gueorguiev, Hairong Lai, Xixin Wang, and Carl Brinton.

2017. *China's Governance Puzzle: Enabling Transparency and Participation in a Single Party State*. Cambridge: Cambridge University Press.

Sun, Yan.

1999. "Is Corruption Less Destructive in China Than in Russia?" *Comparative Politics* 32(1): 1-20.

2004. *Corruption and Market in Contemporary China*. Ithaca, NY: Cornell University Press.

Sun, Yan, and Michael Johnston.

2010. "Does Democracy Check Corruption? Insights from China and India." *Comparative Politics* 42(2): 1-19.

Svensson, Jakob.

2003. "Who Must Pay Bribes and How Much? Evidence from a Cross Section of Firms." *The Quarterly Journal of Economics* 118(1): 207-30.

2005. "Eight Questions about Corruption." *The Journal of Economic Perspectives* 19(3): 19-42.

Teachout, Zephyr.

2014. *Corruption in America: From Benjamin Franklin's Snuff Box to Citizens United*. Cambridge, MA: Harvard University Press.

Theobald, Robin.

1990. *Corruption, Development, and Underdevelopment*. London: Macmillan.

Transparency International.

2016. "What Is Corruption?," www.transparency.org/what is corruption/ (accessed 28 August 2019).

Treisman, Daniel.

2000. "The Causes of Corruption: A Cross national Study." *Journal of Public Economics* 76(3): 399-457.

2007. "What Have We Learned about the Causes of Corruption from Ten Years of Cross-national Empirical Research?" *Annual Review of Political Science* 10: 211-44.

Tsai, Kellee.

2004. "Off Balance: The Unintended Consequences of Fiscal Federalism in China." *Journal of Chinese Political Science* 9(2): 1-27.

2007a. *Capitalism without Democracy: The Private Sector in Contemporary China.* Ithaca, NY: Cornell University Press.

Tsai, Lily.

2007b. *Accountability without Democracy: Solidary Groups and Public Goods Provision in Rural China.* New York, NY: Cambridge University Press.

Tsui, Kai yuen, and Youqiang Wang.

2004. "Between Separate Stoves and a Single Menu: Fiscal Decentralization in China." *The China Quarterly* 177: 71-90.

Van Rijckeghem, Caroline, and Beatrice Weder di Mauro.

2001. "Bureaucratic Corruption and the Rate of Temptation: Do Wages in the Civil Service Affect Corruption, and by How Much?" *Journal of Development Economics* 65(2): 307-31.

Vogel, Ezra.

2011. *Deng Xiaoping and the Transformation of China.* Cambridge, MA: Belknap Press.

Wade, Robert.

1990. *Governing the Market: Economic Theory and the Role of Government in East Asian Industrialization.* Princeton, NJ: Princeton University Press.

Walder, Andrew G.

1995a. "China's Transitional Economy: Interpreting Its Significance." *The China Quarterly* 144: 963-79.

1995b. "Local Governments as Industrial Firms: An Organizational Analysis of China's Transitional Economy." *American Journal of Sociology* 101(2): 263-301.

1996a. *China's Transitional Economy.* Oxford; New York, NY: Oxford University Press.

1996b. "Markets and Inequality in Transitional Economies: Toward Testable Theories." *American Journal of Sociology* 101(4): 1060-73.

2002. "Markets and Income Inequality in Rural China: Political Advantage in an Expanding Economy." *American Sociological Review* 67(2): 231-53.

2003. "Elite Opportunity in Transitional Economies." *American Sociological Review* 68(6): 899-916.

2004. "The Party Elite and China's Trajectory of Change." *China: An International Journal* 2(2): 189-209.

2018. "Back to the Future? Xi Jinping as an Anti-bureaucratic Crusader." *China: An International Journal* 16(3): 18-34.

Walder, Andrew G., and Songhua Hu.

2009. "Revolution, Reform, and Status Inheritance: Urban China, 1949-1996." *American Journal of Sociology* 114(5): 1395-427.

Wallis, John Joseph.

2001. "What Caused the Crisis of 1839?" NBER Historical Working Paper 133.

2005. "Constitutions, Corporations, and Corruption: American States and Constitutional Change, 1842 to 1852." *The Journal of Economic History* 65(1): 211-56.

Walton, Michael.

2020. "An Indian Gilded Age? Continuity and Change in the Political Economy of India's Development," in Liz Chatterjee and Matthew McCartney (eds.), *The Political Economy of Development in India Revisited*. Oxford: Oxford University Press.

Wang, Yuhua.

2013. "Connected Autocracy." Working Paper, University of Pennsylvania.

2015. *Tying the Autocrat's Hands: The Rise of the Rule of Law in China*. New York, NY: Cambridge University Press.

Weber, Max.

1968. *Economy and Society: An Outline of Interpretive Sociology*. New York, NY: Bedminster Press.

Wedeman, Andrew.

1997. "Looters, Rent Scrapers, and Dividend Collectors: Corruption and Growth in Zaire, South Korea, and the Philippines." *The Journal of Developing Areas* 31(4): 457-78.

2000. "Budgets, Extra Budgets, and Small Treasuries: Illegal Monies and Local Autonomy in China." *Journal of Contemporary China* 9(25): 489-511.

2004. "The Intensification of Corruption in China." *The China Quarterly* 180: 895-921.

2005a. "Anticorruption Campaigns and the Intensification of Corruption in China." *Journal of Contemporary China* 14(42): 93-116.

2005b. "Review of *Corruption and Market in Contemporary China*." *The China Quarterly* 181: 177-79.

2012. *Double Paradox: Rapid Growth and Rising Corruption in China*. Ithaca, NY: Cornell University Press.

Wei, Shang Jin.

2000. "How Taxing Is Corruption on International Investors?" *Review of Economics and Statistics* 82(1): 1-11.

Wei, Yifan, Nan Jia, and Milo Wang.

2019. "Beware of Strange Bed Fellows: An Analysis of Public Private Partnerships in Managing Government Guiding Funds in China." Working Paper.

White, Richard.

2011. *Railroaded: The Transcontinentals and the Making of Modern America*. New York, NY: W. W. Norton.

Whiting, Susan.

2001. *Power and Wealth in Rural China: The Political Economy of Institutional Change*. New York, NY: Cambridge University Press.

2004. "The Cadre Evaluation System at the Grass Roots: The Paradox of Party Rule," in Barry Naughton and Dali L. Yang (eds.), *Holding China Together: Diversity and National Integration in the Post-Deng Era*. New York, NY: Cambridge University Press.

Whyte, David.

2015. *How Corrupt Is Britain?* London: Pluto Press.

Wilson, James.

1989. *Bureaucracy: What Government Agencies Do and Why They Do It*. New York, NY: Basic Books.

Wong, Roy Bin.

1997. *China Transformed: Historical Change and the Limits of European Experience*. Ithaca, NY: Cornell University Press.

Woolcock, Michael, and Narayan Deepa.

2000. "Social Capital: Implications for Development Theory, Research, and Policy." *The World Bank Research Observer* 15: 225-49.

World Bank.

1997a. *World Development Report 1997: The State in a Changing World*. Washington, DC: World Bank.

1997b. *Helping Countries Combat Corruption: The Role of the World Bank*. Washington, DC: World Bank.

2004. "Human Resource Management," in *Zambia: Public Expenditure Management and Financial Accountability Review*. Washington, DC: World Bank.

World Bank and DRC of State Council.

2013. *China 2030: Building a Modern, Harmonious, and Creative Society*. Washington, DC: World Bank.

2014. *Urban China: Toward Efficient, Inclusive, and Sustainable Urbanization*. Washington, DC: World Bank Publications.

Xu, Songtao.

2007. *Huimou zhongguo renshi zhidu gaige 28 nian [Looking Back at 28 Years of Personnel Reform]*. Beijing: Zhongguo Renshi Press.

Yang, Dali.

2004. *Remaking the Chinese Leviathan: Market Transition and the Politics of Governance in China.* Stanford, CA: Stanford University Press.

Yang, Jisheng.

2012. *Tombstone: The Great Chinese Famine, 1958 1962*, 1st American edn. New York, NY: Farrar, Straus and Giroux.

Yang, Rui.

2015. "Corruption in China's Higher Education System: A Malignant Tumor." *International Higher Education* 39(Spring): 18-20.

Zeng, Qingjie, and Yujeong Yang.

2017. "Informal Networks as Safety Nets: The Role of Personal Ties in China's Anti-corruption Campaign." *China: An International Journal* 15(3): 26-57.

Zhang, Xuehua.

2017. "Implementation of Pollution Control Targets: Has a Centralized Enforcement Approach Worked?" *The China Quarterly* 231: 749-74.

Zhao, Shukai.

2013. "Rural China: Poor Governance in Strong Development." Conference paper presented at Stanford University's Center on Democracy, Development and the Rule of Law.

Zhao, Tan.

2018. "Vote Buying and Land Takings in China's Village Elections." *Journal of Contemporary China* 27(110): 277-94.

Zhu, Jiangnan.

2008. "Why Are Offices for Sale in China? A Case Study of the Office Selling Chain in Heilongjiang Province." *Asian Survey* 48(4): 558-79.

2018. "Corruption in Reform Era: A Multidisciplinary Review," in Weiping Wu and Mark W. Frazier (eds.), *The SAGE Handbook of Contemporary China*. Newbury Park, CA: SAGE Publications.

Zhu, Lin.

2015. "Punishing Corrupt Officials in China." *The China Quarterly* 223: 595-617.

Zuo, Cai.

2015. "Promoting City Leaders: The Structure of Political Incentives in China." *The China Quarterly* 224: 955-84.